U0612973

我国畜禽养殖绿色发展战略研究

Woguo Chuqin Yangzhi Lüse Fazhan Zhanlüe Yanjiu

何泽军　贾云飞◎著

中国农业出版社
北　京

序 言

| Preface |

　　生态兴则文明兴，生态衰则文明衰。党的十八大以来，习近平总书记高度重视生态文明建设，在多个场合反复强调要像保护眼睛一样保护自然和生态环境、绿水青山就是金山银山、良好的生态环境就是最普惠的民生福祉等一系列重要论述，为全面推动绿色可持续发展指明了方向。

　　畜禽养殖业是农业的重要组成部分，同时也是农业农村发展过程中影响环境的重要污染源。畜禽养殖绿色发展肩负着农业供给安全的重任，必须坚持走资源节约、环境友好、产品安全、产出高效的发展道路。《国务院办公厅关于促进畜牧业高质量发展的意见》中，将绿色发展作为畜牧业高质量发展的重要内容。在生态文明建设日益重要和全面推行高质量发展的背景下，畜禽养殖绿色发展对于降碳减排、生态安全、产品安全、乡村振兴的意义显而易见。

　　本书站在国家战略高度，通过实地调研、文献查询、走访座谈和专家咨询等方式，对畜禽养殖绿色发展的内涵进行界定，对畜禽养殖绿色发展的现状进行评价，对未来发展机遇和面临制约进行解析。借助典型国家畜牧业绿色发展的经验与启示，经过深入思考，提出了未来五到十五年中国畜禽养殖绿色发展的定位、目标、任务与举措，并从产业链的种业、生物安全防控、饲养、废弃物处理等重点环节提出相关政策建议，具有较高的参考价值。

值得注意的是，绿色发展是人类永续发展的必要条件和人民对美好生活追求的重要体现，发展理念直接关乎发展成败，具有全局性、战略性、纲领性和引领性的特点。本书在思考畜禽养殖绿色发展的战略定位、战略目标、主要任务和建设工程等方面做了许多有益的尝试，希望作者在此基础上，继续进行更加深入细致的研究，总结探索出更贴近实际的绿色发展实践模式。

中国工程院院士

2022 年 9 月 12 日

目　录

| Contents |

第一章
基本概念与基本理论及畜禽养殖绿色发展的战略意义 ▶▶▶

绿色发展是畜禽养殖业转型升级的战略选择，也是其高质量发展的内在要义。何为绿色发展、何为绿色发展战略，本章对其基本概念进行界定，同时对绿色发展战略的相关理论进行介绍，对当前中国畜禽养殖绿色发展的重大意义进行分析，以期为后文阐述奠定基础。

第一节　基本概念

畜禽养殖绿色发展战略涉及绿色发展、战略、畜禽养殖业等基本概念，本节对这些基本概念进行介绍。

一、绿色经济与产业绿色发展

1. 绿色经济与绿色发展理念

18世纪以来，工业革命的发展带来了一系列的社会问题，伴随着对城市化和传统工业化这两种模式所存在问题的不断质疑，绿色理念开始逐渐被人们提出，呼吁大众保护环境。德内拉·梅多斯（Donella Meadows）等于1972年对西方工业化国家日益增长的高消耗、高污染工作模式下的可持续性发展提出了严重的质疑[1]。但在当时的情况下，人类的绿色理念还主要集中在治理污染的末端方面。1987年世界环境和发展委员会发布《我们共同的未来》，强调如何合理地开发新资源、如何有效地利用新资源，并在提高现有资源利用效率时双管齐下，降低污染的排放。1989年，英国环境经济学家大卫·皮尔斯出版

---

① 德内拉·梅多斯，乔根·兰德斯，丹尼斯·梅多斯，1972. 增长的极限 [M]. 李涛，王智勇，译. 北京：机械工业出版社.

了《绿色经济的蓝图》，在书中提出建立一种"可承受的经济"①。他认为经济应该从区域的社会及生态条件出发，并在自然环境的可承受范围之内进行发展，避免因为盲目地追求经济增长而导致资源耗竭，从而造成严重的社会分裂和生态危机，其思想的核心是强调生态环境的安全性。联合国开发计划署在2002年提出绿色发展是一种可持续发展模式，本质上是强调经济发展与环境保护之间的统一协调。2005年在联合国亚太经社会（UNESCAP）第五届部长级会议上首次提出了"绿色增长"的概念，这次会议通过的《环境可持续的经济增长（绿色增长）首尔倡议》将绿色增长定义为环境可持续的经济增长。2009年经济合作与发展组织（OECD）《绿色增长战略》宣言发布，认为在防止代价昂贵的环境破坏、气候变化、生物多样化丧失和以不可持续的方式使用自然资源的同时，追求经济增长和发展。上述绿色发展的关注过程也代表着世界国际经济发展新趋势的绿色经济开始迅速发展。

2010年中国科学院可持续发展战略研究组指出，绿色发展是与传统的"黑色"发展模式相对立的新的经济发展模式，绿色发展有利于资源节约和环境保护，目的是实现经济增长与资源环境之间的脱钩。2010年北京师范大学科学发展观与经济可持续发展研究基地人员、西南财经大学绿色经济与经济可持续发展研究基地人员等一致认为，绿色发展是资源高效利用的发展、是保护生态环境的清洁发展、是社会经济可持续的发展、是经济发展与生态环境和谐统一的发展。2012年世界银行（World Bank）发表《包容性的绿色发展——实现可持续发展的路径》的报告，指出绿色增长是一种环境友好、社会包容的经济增长，目标是提高自然资源的利用效率，尽可能地减少污染物排放并降低对环境的影响。2012年"里约＋20"联合国可持续发展大会提出绿色发展相较于以效率为导向的传统经济发展模式，需再添加两个维度：一是将水、空气等自然资源计入国家财富预算，强调经济增长要受到自然资本的限制；二是强调公平的重要性，其与效率都是经济发展追求的目标。

党的十八届五中全会将绿色发展作为一种发展理念提出来，并作为指导我国未来较长一段时间内科学发展的理念与方式。绿色理念是以节约资源和保护环境为宗旨的设计理念及方法，强调资源利用、保护自然生态环境和经济发展的协调统一。将绿色发展作为一种模式，是指建立在生态环境容量和资源承载力的约束条件下，将环境保护作为实现可持续发展重要支柱的一种新型发展模式。这一模式将环境、资源作为社会经济发展的内在要素；把实现经济、社会和环境的可持续发展作为绿色发展的目标；把经济活动过程和结果的"绿色

---

① 大卫·皮尔斯，1989. 绿色经济的蓝图［M］. 初兆丰，译. 北京：北京师范大学出版社.

化""生态化"作为绿色发展的主要内容及途径。

综上所述，绿色发展理念和内涵备受各界的关注。经济层面的绿色发展内涵维度由经济增长、环境友好两个维度发展为经济增长、环境友好、资源节约三个维度。绿色发展也由理念层面逐渐走向具体操作层面，成为一种发展方式。绿色发展作为实现社会、经济与环境协调发展的重要理念，已被世界所接受，已逐渐成为全球可持续发展的目标。同时，绿色发展承载着人民对美好生活的期许，是有效化解发展不平衡不充分难题的重要方式，是实现人、社会、自然三者和谐发展的重要途径[①]。

2. 产业绿色发展

产业绿色发展，是绿色发展这一概念和理念在产业层面的运用与延伸。其中，"产业"是主体，"发展"是核心，"绿色"是方式与目标[②]。产业绿色发展包含去污（农业生产过程的清洁化）、提质（产地绿色化和产品优质化）、增效（绿色成为农业高质量发展的内生动力）共三个层次[③]。产业绿色发展同时也是投入产出系统。从产业投入看，同等产出下投入资源较少既是"发展"（效率高而经济效益增加），又是"绿色"（投入节约促进排放减少），因而资源节约是产业绿色发展的应有之义；从产业产出看，废弃物排放尽可能要少，对环境的损害达到最低程度，产品产出尽可能安全，满足人们对产品品质消费升级的需求，因而环境友好与产品安全是"绿色"的必然要求；从产业产量产值看，人均占有产量产值增加、利润率增加或成本费用率下降是"发展"的核心要义，因而产出高效是绿色发展的目的所在。

基于上述分析，本书认为，产业绿色发展是指产业在投入产出转换过程中不断趋近资源节约、环境友好、产品安全、产出高效等目标，最终实现人与自然和谐共生的发展模式。与经济层面的绿色发展内涵相比，产业层面的绿色发展内涵增加了"产品安全"这一维度。

目前，关于农业绿色发展内涵的界定多围绕目标绿色、过程绿色和链条绿色开展。首先，是以目标绿色为导向的内涵界定。汪克亮等（2015）认为，经济增长、资源节约和环境保护之间的平衡关系是绿色发展最基本的内涵[④]；魏

---

① 王丹，郝雨浓，2021. 绿色发展理念的内涵与价值探究［J］. 人民论坛·学术前沿（23）：129-131.

② 焦翔，2019. 我国农业绿色发展现状、问题及对策［J］. 农业经济（7）：3-5.

③ 金书秦，牛坤玉，韩冬梅，2020. 农业绿色发展路径及其"十四五"取向［J］. 改革（2）：30-39.

④ 汪克亮，孟祥瑞，杨宝臣，等，2015. 基于环境压力的长江经济带工业生态效率研究［J］. 资源科学，37（7）：1491-1501.

琦等（2018）提出，农业绿色发展的核心要义是统筹协调农业发展的经济、社会、环境和生态效益，实现资源节约、环境友好、生态保育、质量高效，突出强调实现农业产地环境、生产过程和农产品的绿色化[1]；巩前文和李学敏（2020）提出，农业绿色发展涵盖低碳性、经济性、安全性三个方面[2]。其次，是以过程绿色为标准的内涵界定。屈志光等（2013）认为，农业绿色发展能力是指在正确认识本国环境约束与发展需求相关关系的基础上，选择恰当的农业绿色发展激励模式与政策，增强制度、组织、科技和资源等供给，以保证实现农业绿色发展的能力[3]；孙炜琳等（2019）认为，农业绿色发展是强调如何正确处理农业发展和生态环境保护关系的发展理念，包括农业生产生活方式的绿色化和生态化，以及资源环境保护和生态系统修复等内容[4]；张新美（2019）认为，绿色发展理念强调的是人与自然的和谐共生、低碳循环发展、生态环保、资源节约、产能高效的发展方式[5]；马文奇等（2020）认为，农业绿色发展强调树立农业发展与生态环境协调的发展观，转变发展方式，追求农业经济与生态协调发展，实现农业生产功能发展[6]；金书秦和韩冬梅（2020）提出，农业绿色发展包括农业生产过程清洁化、产地环境保护、绿色驱动发展三个维度[7]。再次，从链条绿色角度看，尹昌斌等（2021）认为，农业绿色发展是以资源环境承载力为基准、以资源利用节约高效为特征、以生态保育为要求、以环境友好为属性、以绿色产品供给有力为重要目标的人与自然和谐共生的发展新模式[8]。

由上可知，农业绿色发展是绿色发展在农业领域的具体应用。农业绿色发展本质上是一种新型发展模式，涵盖农业生产目标、生产过程以及产业链的各

---

① 魏琦，张斌，金书秦，2018. 中国农业绿色发展指数构建及区域比较研究 ［J］. 农业经济问题（11）：11-20.

② 巩前文，李学敏，2020. 农业绿色发展指数构建与测度：2005—2018 年 ［J］. 改革（1）：133-145.

③ 屈志光，崔元锋，邓远建，2013. 基于多任务代理的农业绿色发展能力研究 ［J］. 生态经济（4）：102-105.

④ 孙炜琳，王瑞波，姜茜，等，2019. 农业绿色发展的内涵与评价研究 ［J］. 中国农业资源与区划，40（4）：14-21.

⑤ 张新美，2019. 论绿色发展理念与农业现代化 ［J］. 农业经济（6）：26-27.

⑥ 马文奇，马林，张建杰，2020. 农业绿色发展理论框架和实现路径的思考 ［J］. 中国生态农业学报（中英文），28（8）：1103-1112.

⑦ 金书秦，韩冬梅，2020. 从"两山"理论到农业绿色发展 ［J］. 中国井冈山干部学院学报，13（3）：18-24.

⑧ 尹昌斌，李福夺，王术，等，2021. 中国农业绿色发展的概念、内涵与原则 ［J］. 中国农业资源与区划，42（1）：1-6.

个环节，目的在于构建节约、生态、高质、高效的农业生产体系。农业绿色发展注重农业资源节约与农村环境保护的发展方式，强调农业生产投入、生产过程、农产品产出等各个环节的绿色、安全、可持续。实现农业绿色发展，既是破解中国农业发展生态环境压力和资源短缺困境的重要突破口，也是满足人民日益增长的美好生活需要的客观要求。2015 年，党的十八届五中全会提出绿色发展理念。2017 年，中共中央办公厅、国务院办公厅印发的《关于创新体制机制推进农业绿色发展的意见》要求加快推进农业供给侧结构性改革，推进农业绿色发展；同年，十九大报告把农业绿色发展上升为国家战略。农业绿色发展已成为农业未来发展和改革的必由之路。

3. 畜牧业绿色发展

畜牧业是农业的一部分，因而畜牧业绿色发展也是农业绿色发展的重要部分。关于畜牧业绿色发展的研究，在概念上尚没有定论，在具体名称上并不统一，如称为"绿色畜牧业"。绿色畜牧业是从业态上对畜牧业绿色发展进行界定的。褚素萍（2005）认为，绿色畜牧业就是进行绿色畜产品生产的畜牧业，就是绿色生产和生产绿色产品，在生产满足人们需要的畜产品时，能合理利用自然资源并保护环境，实现生态平衡[①]。布仁等（2008）认为，处理好畜牧业与环境的关系就是绿色畜牧业[②]。丁淑芳（2013）认为，绿色畜牧业是按照绿色食品的生产标准，集饲料生产、养殖、加工、包装、运输、销售于一体的畜产品生产经营链，核心是实现对生产经营全过程的控制[③]。张喜德（2017）认为，绿色畜牧业是生产绿色畜产品的畜牧业、是可持续发展的畜牧业，特点在于能将环境、人口、资本、技术和制度变革有机结合，以生产健康食品、确保满足畜产品需求为终极目标，促进社会、经济和环境的良性发展[④]。

本书认为，畜禽养殖绿色发展是以绿色理念为引领、以资源节约为手段、以环境友好为基础、以产品安全为保障、以产出高效为目标，兼顾畜禽养殖的足量、稳定供给，应用绿色生产技术以推动畜禽养殖业生产和生态环境和谐共生的发展模式。其中，资源节约侧重投入环节，强调以较少的资源投入获得较多的畜产品产出；环境友好侧重过程环节，强调在生产过程中的排泄物尽可能少地对环境产生侵害；产品安全侧重产出的成果导向，强调产出品适应人们对绿色、健康、营养的品质安全需求；产出高效侧重产出的价值意义，强调绿色

---

① 褚素萍，2005. 绿色畜牧业是我国畜牧业发展的必由之路 [J]. 中国畜牧兽医文摘 (4)：4-5.
② 布仁，王学理，康桂英，等，2008. 绿色畜牧业概述 [J]. 内蒙古民族大学学报（自然科学版），23 (6)：665-667.
③ 丁淑芳，2013. 绿色畜牧业概述 [J]. 新疆畜牧业 (8)：19-22.
④ 张喜德，2017. 发展绿色畜牧业存在的问题及建议 [J]. 河南农业 (17)：9-10.

发展对经济、社会、自然环境的价值贡献。

二、产业战略与绿色发展战略及畜禽养殖绿色发展战略

1. 产业战略

产业战略，亦称产业发展战略（规划），是指在明确国家或区域整体战略基础上，对国家或区域产业结构调整、产业发展布局进行整体布局和规划，同时注重协调好土地开发、生态保护、民生问题、基础设施建设等各方面关系。产业发展战略包括以下几个内容：区域功能定位、产业战略定位（重点与方向）、产业发展策略、重点项目策划和规划实施方案。区域功能定位是指产业规划的研究，必须对区域整体发展战略有准确的把握，主要指根据规划区以前所作的相关规划或者政府工作计划进行深入分析、研究，确定规划区的区域功能定位、区域功能布局等，作为产业规划方案制定最直接的依据。产业战略定位主要基于区域功能定位的总体结论性意见，对规划区的产业发展，从产业细分门类视角进行深入讨论和规划，确定规划区要发展的产业门类、产业结构、产业布局及产业目标，描绘规划区的产业蓝图。产业发展策略关注的是，为达到既定的产业发展目标，所应采取的发展策略和产业政策，为各产业职能部门提供最直接的工作方向和思路。重点项目策划部分主要从行政区属的角度，进行落地的产业项目策划，内容包括总体概述、重要性分析、可行性分析、开发理念、项目设计、运营建议等。规划实施方案是实现产业发展规划的计划和路径，主要是推动产业按照产业目标向前发展的一系列对策、措施的集合，不仅能落实到各个产业部门，而且能落实到各个空间地块。规划实施方案的提出，主要涉及战略阶段的划分、发展模式的确立、推进措施的建议等内容。

2. 绿色发展战略

绿色发展战略本质上是以发展绿色经济为基本内容，以经济与生态、社会协调可持续发展为核心的发展战略。我国作为世界上最大的发展中国家，面对世界绿色发展的共识和新趋势，同样要作出绿色发展战略抉择。在"十一五"规划中把绿色发展战略融入到《国民经济和社会发展"十一五"规划》，以及相对应的地区和部门规划中，形成了绿色发展战略规划。党的十七大，提出了"生态文明"的科学概念，同时，在新时期全面建设小康社会的进程中，建设资源节约、生态文明和环境友好型社会成为重大战略目标和任务，并成为加快转变经济发展方式重要支撑点。党的十八届五中全会提出了树立创新、协调、绿色、开放、共享的五大发展理念。"绿色发展"这一全新的发展理念把生态文明和中国现代化建设融入到文化、政治、社会建设等各方面。党的十九大指

出，建设生态文明是中华民族永续发展的千年大计。必须树立和践行"绿水青山就是金山银山的理念"，坚持节约资源和保护环境的基本国策，形成绿色发展方式和生活方式。

实施绿色发展战略有三个重点：一是树立绿色发展理念。传统工业经济发展模式以总量增长代替全面发展，带来了经济结构失衡、分配差距拉大、资源能源短缺、生态环境保护不足等一系列问题，是经济不可持续发展的深刻根源。树立绿色理念，是按照绿色发展的要求，推动经济活动从高消耗、高污染向低消耗、低污染转变，构建生态环境与经济社会协调可持续的发展模式。二是明确绿色战略内涵。人类不仅是环境资源的利用者，同时也是保护者和建设者。绿色发展战略就是以发展适应人类环保、健康和全面发展需要的绿色经济为基本内容，以经济与生态、社会协调可持续发展为核心的发展战略。三是确立绿色发展导向。实施绿色发展战略，需要把资源承载能力、生态环境容量作为经济活动的重要前提条件，完善发展绿色经济的政策措施，创新体制机制，深化行政审批、事业单位改制、投融资、财税等重点领域的配套改革，让市场在生产要素配置中起基础性作用，解决资源环境约束的突出矛盾。

3. 畜禽养殖绿色发展战略

畜禽养殖绿色发展战略是基于畜禽养殖发展特征提出的战略问题。我国传统畜禽养殖规模小、效率低、粪污处理不力，是一个高投入、高污染的产业。在我国整体经济向绿色化转型的背景下，畜禽养殖必须向绿色发展转型，而且这一转型还应该上升到战略层面。因而，本书提出畜禽养殖绿色发展战略，力求在区域布局、技术进步、结构优化、种养结合几个方面采取重大行动，推动畜禽养殖朝着绿色化方向升级发展。

（1）区域布局　区域布局主要研究各个区域不同的生产优势，根据优势的差异性科学确定各个地区畜禽养殖生产类型，合理进行畜禽养殖生产布局。区域布局要遵循自然规律和经济规律。首先要因地制宜，根据自然资源优势、经济发展状态来把握布局；其次要发挥优势性，比如劳动力有优势、基础设施更齐全、技术更先进等；最后要坚持布局适当集中，实现农业生产布局的区域化、现代化、专业化。合理的畜禽养殖区域布局不仅可以最大程度地实现资源的优化配置，提高养殖效率，降低生产成本，提高养殖利润，促进我国畜禽养殖的快速发展；而且还可以转变畜禽养殖的发展模式，协调生态环境和畜禽养殖发展的关系，实现畜禽养殖的可持续发展，满足未来人民群众对畜产品的消费需求。

（2）技术进步　狭义概念的农业技术进步是指在农业生产活动中，通过使用化学、机械、生物和电子技术等自然科学类的硬技术推动农业生产技术水平提升，进一步提高农业全要素的生产率和农业发展质量。广义概念的农业技术进步将农业生产活动中的经营、决策、管理等软技术环节纳入其中，范围扩展至农业生产中任何有助于农业生产力发展的要素，突破了以物化形式存在的硬技术层面的内涵，从更广的视阈强调了有利于提升经济效益的农业技术进步概念，是农业生产活动中软技术与硬技术的综合，更能全面体现农业技术提升对促进经济增长原动力的作用。本书指的是广义概念，即把握畜禽养殖绿色发展总体要求，以降低资源消耗、降低动物废弃物排放、降低动物体内有害物质残留、增加动物产品安全性为目标，以优质畜种技术、疫病防控技术、废弃物排放技术、绿色饲养技术研发与应用为切入点，实现畜禽养殖绿色发展科技创新能力的大幅提升。

（3）结构优化　结构优化是对某个区域的产业结构进行优化与调整。优化过程实际上是遵循市场运行规律，设置科学的分配原则，结合各产业间的物质、能量和信息流的流动方向及其内在联系，有效地配置生产要素，提升资源利用率，平衡经济、社会和生态三方面的效益。因此，一个地区畜牧业结构的合理性，将对该地区整个系统的效益、效率产生较大的影响，甚至会影响该地区畜牧业现代化发展水平的高低。畜禽养殖的结构优化是以优化畜禽品种结构为主，并加强产业、产品区域流通体系建设，逐步调整畜禽消费结构，提升产业竞争力和产业绿色发展水平。

（4）种养结合　种养结合是一种结合种植业和养殖业的生态农业模式，该模式是将禽畜养殖产生的粪便、有机物作为有机肥的基础，为种植业提供有机肥来源，同时种植业中生产出的作物又能给畜禽养殖提供食源。种养加结合就是将传统农业产业中相对独立的种植业、养殖业作为一个整体与加工业高效对接的一体化发展模式。该模式能够充分将物质和能量在动植物之间进行转换及良好循环，是解决畜禽养殖粪污处理与综合利用的最有效途径，能将农业活动对生态环境的有害影响达到最低，确保农业生态环境的相对平衡。

三、畜禽养殖及其绿色发展的主要环节

1. 畜禽养殖

畜禽养殖生产就是在规模养殖场场址布局、栏舍建设、生产设施配备、良种选择、投入品使用、卫生防疫、粪污处理等方面严格执行法律法规和相关标准的规定，并按程序组织生产的过程。主要环节应包括以下几个方面：一是畜禽良种化。因地制宜，选用高产优质高效畜禽良种，品种来源清楚、检疫合格，实现畜禽品种良种化。二是养殖设施化。养殖场选址布局科学合理，符合

防疫要求，畜禽圈舍、饲养和环境控制等生产设施设备满足标准化生产需要，实现养殖设施化。三是生产规范化。落实畜禽养殖场和小区备案制度，制定并实施科学规范的畜禽饲养管理规程，配备与饲养规模相适应的畜牧兽医技术人员，配制和使用安全、高效的饲料，严格遵守饲料、饲料添加剂和兽药使用的有关规定，生产过程实行信息化动态管理。四是防疫制度化。防疫设施完善，防疫制度健全，加强动物防疫条件审查，科学实施畜禽疫病综合防控措施，有效防止重大动物疫病发生，对病死畜禽实行无害化处理。五是粪污无害化。畜禽粪污处理方法得当，设施齐全且运转正常，达到相关排放标准，实现粪污处理无害化或资源化利用。六是监管常态化。依照《畜牧法》《饲料和饲料添加剂管理条例》《兽药管理条例》等法律法规，对饲料、饲料添加剂和兽药等投入品使用，畜禽养殖档案建立和畜禽标识使用等实施有效监管，从源头上保障畜产品质量安全，实现监管常态化。

2. 畜禽养殖绿色发展的主要环节

当前我国畜禽养殖生产方式正在向绿色发展方向转型升级，绿色生产也成为当前畜禽养殖的核心内容之一。本书认为，畜禽绿色养殖的核心内容包括畜禽育种、畜禽饲养、畜禽疫病防控和畜禽粪污处理等关键环节的绿色转型升级。

（1）畜禽育种　种业是国家战略性、基础性核心产业，是食品安全的根基。而种业位于农业产业链的最上游，属于"高精尖"产业，农业要绿色发展，离不开绿色种业引领。加快发展绿色畜牧业，首先必须加快发展绿色畜禽种业。绿色畜禽种业既是现代农业的"航母"，又是绿色畜禽养殖的"芯片"。畜禽种业绿色发展的内涵是基于"绿色发展"理念，利用现代自主创新技术，构建资源节约型、环境友好、优质抗病育种体系，培育高产、节粮、抗病、优质且适应现代社会需求的绿色畜禽新品种。

（2）畜禽饲养　畜禽饲养是指使禽畜（一般为肉用禽畜）在被宰杀前快速生长的养殖过程。常见的有肉牛育肥、肉羊育肥等。我国牛羊育肥，一般是将产自饲养条件较差地区的成年牛羊集中育肥，或直接从幼畜断奶就开始育肥。随着农业农村部大力推进产业结构调整，着力推行绿色发展方式，积极谋划供给侧结构性改革，我国现代畜牧业进入了绿色发展时代，畜禽养殖育肥也进入了绿色养殖模式。目前我国畜禽养殖遵循可持续发展原则，按照特定生产方式，生产经专门机构认定、许可使用绿色食品标志的无污染、无公害的安全、优质畜产品。畜禽养殖育肥绿色养殖模式的转变是促进畜禽养殖生产优化升级的必然途径、是农业供给侧结构性改革的必然要求、是乡村振兴的重大举措。

（3）畜禽疫病防控　畜禽疫病防控是制约我国畜禽养殖健康发展的重要因

素，是保障我国动物源性食品安全及公共卫生安全的战略需求，也是维护我国生态环境安全与稳定发展大局的现实需求。近年来，我国畜禽养殖进入了以环保为重点的绿色发展转型阶段，重点解决发展中出现的各种资源和环境问题。虽然在中央一系列政策措施的支持下，我国畜禽疫病防控工作基础不断加强，不仅完善了相关制度，也落实了地方政府责任制，建立了强制免疫、监测预警、应急处置、区域化管理等畜禽疫病防控工作体系。但是当前我国畜禽养殖的发展仍面临着动物重大畜禽疫病的严峻挑战，禽流感、非洲猪瘟、猪链球菌病、猪繁殖与呼吸综合征、猪圆环病毒病、牛结核病和新城疫等重大动物传染病的流行造成了巨大的经济损失，严重阻碍了我国畜禽养殖业的绿色发展进程。与此同时，新发和变异病原的出现、动物源性人兽共患病的流行、食源性动物疫病的流行，也给生物安全防控和公共卫生安全增加了潜在的威胁。

（4）畜禽粪污处理　畜禽粪污包括养殖废弃物和屠宰废弃物，养殖废弃物主要有动物排泄物和死亡的畜禽，屠宰废弃物由屠宰副产物和污水组成。畜禽废弃物处理绿色发展，即畜禽废弃物减量化、无害化处理和资源化利用，是畜禽养殖绿色发展中的重要环节。从内涵上看，畜禽废弃物处理绿色发展是在畜禽废弃物传统处理技术上的一种模式创新，是建立在生态环境容量和土地承载力的约束条件下，将环境保护作为实现可持续发展重要支柱的一种新型发展模式。综合多种因素，在硬件、技术、政策与法律保障等方面提出具有建设性的意见，使畜禽废弃物处理更加科学、高效，最终推动我国整个畜禽养殖的绿色可持续发展。

第二节　基本理论

畜禽养殖绿色发展是畜牧业发展进入高质量发展的必经途径和最终状态。推动畜禽养殖品种开发、饲料投入、疫病防控、末端治理等全环节绿色发展必须由国家战略推动，必须考虑全过程的资源与环境综合效应。因而，畜禽养殖绿色发展集中体现了可持续发展、循环经济的思想，反映了资源与环境经济学理念，是国家绿色发展战略的具体应用。因此，对绿色发展理论、战略管理理论及资源环境经济学理论的回顾和分析有助于加深畜禽养殖绿色发展的认识和理解，并为其研究提供可借鉴的理论基础。

一、绿色发展理论

党的十九大报告提出，建立健全绿色低碳循环发展的经济体系，故绿色、低碳、循环应该是绿色发展的核心。作为新发展理念之一，绿色发展是当前研究的重点议题。关于绿色发展理论，与此相关的有可持续发展理论、循环经济理论、生态经济理论。

1. 可持续发展理论

世界环境与发展委员会出版的《我们共同的未来》，将可持续发展概念定义为"既满足当代人需要，又不危害后代所需资源的发展模式"。农业可持续发展是可持续发展理论在农业领域上的应用，农业可持续发展秉承可持续发展的理论观念，实行农业技术革新，提高农业资源的利用率，提升农产品的产出率，满足社会需求，保护生态环境，实现生态与农业的持续发展[①]。近年来，我国畜禽养殖获得快速发展，但同时畜禽粪便污染物排放、食品安全形势依然严峻。因此，必须在最大程度上改善生态环境，合理开发资源，优化资源分配，以此作为实现可持续发展的有效手段。

2. 循环经济理论

循环经济是一种新形态的经济发展模式，以资源的循环和高效利用作为经济发展的核心，遵循"3R"原则，即"减量化（Reduce）、再利用（Reuse）、再循环（Recycle）"。其基本特征为"两低一高"，即低排放、低消耗、高效率，其发展理念与可持续发展一致。循环经济的核心是资源循环利用，"循环"的直义不是指经济循环，而是资源在国民经济再生产的各个领域、各个环节中不断地循环消费与使用，侧重于强调资源的节约与高效利用。尤其是在废弃物的处理上，循环经济展示出了极大的优势。畜禽养殖绿色发展要充分发挥经济手段，利用循环经济中的调节作用实现废弃物的资源化利用，以此加快畜禽养殖转变原有发展模式转变。

3. 生态经济理论

生态经济的本质，就是把经济发展建立在生态环境可承受的基础之上，实现经济发展和生态保护的"双赢"，建立经济、社会、自然良性循环的复合型生态系统。具体地说，生态经济既是从生态学的角度对经济活动进行分析，又从经济学的角度研究生态系统和经济系统相结合形成的更高层次的复杂系统及其之间的各种要素。党的十八大以来，以习近平同志为核心的党中央，围绕生态环境保护和经济发展提出了中国化的生态经济理念。我国生态经济是以"增进民生福祉"为出发点和落脚点，以实现"人与自然和谐共生"为目标的正确的价值理念。该理念指引我们树立"绿水青山就是金山银山"的正确发展思

---

① 尹昌斌，周颖，2008. 循环农业发展的基本理论及展望［J］. 中国生态农业学报（6）：1552-1556.

路，明确"绿色发展"是化解我国生态经济矛盾的根本之策，并为全面推动绿色发展指明了实践路径。在中国特色社会主义生态经济理论的指引下，我国畜禽养殖绿色发展不断取得新的成就。

二、战略管理理论

1. 价值链理论

价值链理论是哈佛大学商学院教授迈克尔·波特于 1985 年提出的。波特认为，"每一个企业都是在设计、生产、销售、发送和辅助其产品的过程中进行种种活动的集合体，所有这些活动可以用一个价值链来表明。"基于迈克尔·波特的研究，企业完整的价值链活动是由基本活动和辅助活动构成的。其中，基本活动主要是指产品或服务从生产者转移到消费者而产生的一系列活动，主要包括内部后勤、生产经营、外部后勤、市场营销和服务；辅助活动是指包括采购、技术开发、人力资源管理和企业基础设施在内的对基本活动辅助支持的一系列活动。根据价值链理论的观点，企业与企业之间的竞争综合力水平不是取决于某一项活动，而是与价值链上各环节的每项活动都有关系。但一个企业在价值创造活动中，只有某些特定战略环节才能真正创造价值，在企业竞争中才能发挥优势作用。所以，深入分析企业价值链每个环节的重要节点活动有关键作用，能够为企业创造核心竞争力提供指导性建议，有利于提高企业的经营管理水平。随着价值链理论的深入研究，其应用已经延伸到除企业之外的多个行业中，对其他行业发展中的经济活动也具有借鉴意义。

对畜禽养殖绿色发展而言，绿色生产的价值也来源于基本活动与辅助活动，以及活动之间的链接。因而，寻找不同区域畜禽养殖绿色发展竞争优势主要通过分析不同区域畜禽养殖的价值链活动是否绿色化及绿色化程度而确定。

2. 国家竞争优势理论

国家竞争优势理论是由迈克尔·波特基于国家理论和公司理论提出的国际贸易理论，亦称"钻石模型"。随着世界经济的持续发展，国家间的经贸交流愈发频繁，形成了开放型的世界经济环境。在这一环境下，各国产业结构必将处于不断变化之中，国家实力和企业能力必将共同作用于产业的发展，决定产业的国际竞争实力。国家竞争优势理论认为，一国的贸易优势并不像传统的国际贸易理论宣称的那样简单取决于一国的自然资源、劳动力、利率、汇率，而是在很大程度上取决于一个国家的产业创新和升级能力。通过对多个国家和产业进行深入研究后，波特认为，一国企业自身竞争能力在很大程度上受本国国内经济环境的影响，其中表现最明显的就是生产要素、国内市场需求、相关产业支持、企业战略结构四个因素。它们彼此相互影响，相辅相成，形成一个整体，共同决定国家竞争力水平的高低。除以上四个因素外，一国的国际竞争优势还受政府政策和机遇的影响，二者对一国提高国际竞争力起到辅助作用。波特认为，当这些影响竞争的因素共同发生作用时，能够促进或阻碍一国竞争优势的形成。当前，国际竞争更多依赖于知识的创造和吸收，竞争优势的形成和发展不局限于单一企业或行业的范围，而是由经济体内部的诸多因素共同作用形成和发展，各国的经济、政治、历史文化、价值观等诸多方面都成为其在国际竞争中的优势来源。

对畜禽养殖绿色发展而言，某区域畜禽养殖绿色发展竞争优势的决定因素主要在于生产要素、国内需求、相关产业支撑、企业战略结构、政府支持、机遇等。畜禽养殖绿色发展竞争优势水平的高低也可以通过这些因素来综合评判。

三、资源环境经济学理论

资源环境经济学主要探究环境保护与经济发展之间的共生互利关系，研究环境物质和经济活动和谐依存的规律。资源环境经济学纠正了传统经济学理论中对资源、环境绝对稀缺性缺乏考虑的缺陷，以及在经济分析中忽视自然资源和环境价值的问题，从而使经济学研究人类社会福利最大化问题时能够得出更为科学、全面的结论；同时，也从经济学的角度揭示了人类社会面临的资源环境问题的严重性，并通过公共政策的研究为人类解决资源环境问题提出了一些可行的措施。资源环境经济学是研究绿色生产的重要理论基础，其核心内容包括环境外部性和资源稀缺性。

1. 环境外部性

外部性的概念是由剑桥大学的马歇尔和庇古在 20 世纪初提出的。外部性是指在实际经济活动中，生产者或消费者的活动对其他生产者或消费者没有任何相关的经济交易，但却带来非市场性的影响。当这种影响有益时，称为外部经济性；当这种影响有害时，称为外部不经济性。

环境污染就是一种典型的外部不经济性现象，企业制造的废气、废水、废渣、废物对环境造成污染，对人体健康有害，自然界和人类与企业没有相关的经济交易，但却受到企业废弃物的有害影响。环境外部不经济性产生的根本原因是把企业的排污成本让社会公众来承担，污染者没有压力和负担，导致空气和水污染严重，应该让排污者把产生污染的外部费用计入企业成本，让污染者付费，把外部不经济性转化为内部成本，只有这样才能从根源上降低污染物的排放。庇古（Pigou，1920）认为，当出现了外部不经济性时，经济系统自发的力量不起作用，依靠市场是难以解决的，产生了市场失灵，就要采取相应的政府干预等措施来实现外部性内化。环境外部性内化是在环境问题突出时才去治理，而绿色生产是从源头的原材料、生产过程中的工艺本身和生产出的产品全过程进行治理，任何生产环节中只要涉及环境问题的时段都进行控制，绿色生产是环境外部性内化的重要手段，政府提供一定的导向是环境外部性内化的重要基础，但相关法律和制度缺陷则容易造成内化方法的失灵。因此，绿色生产是有效减少环境问题、节约内化成本的最佳手段。

畜禽养殖过程中产生大量的污染如果得不到有效治理，就会对社会公众产生一定的危害，从而形成外部不经济性。因而，这种外部不经济性难以用市场化手段解决，需要政府制定相应法规来进行治理。

2. 资源稀缺性

萨缪尔森（Samuelson，1945）认为，经济学是研究社会如何利用稀缺资源来生产有价值的商品，并在不同经济主体间进行分配的科学。稀缺性是动态的，会随社会经济条件的变化而变化，并且环境资源的容量资源是有限的，这种资源的有限性就意味着稀缺性。环境容量资源的稀缺性主要表现在以下两个方面：①环境的某种要素难以同时满足人们的生活和生产需求，引发人们对某种资源的竞争、对立和冲突，导致环境的某种功能资源产生了稀缺性。②生产力不发达时，人们可以无偿使用环境，污染环境也不需要付费；当不付代价地使用环境资源导致环境资源供给难以满足需求时，环境容量资源的稀缺性就体现出来了。

环境本身承受污染的有限性及环境资源的稀缺性决定了畜禽养殖绿色生产开展的必要性。将环境稀缺性纳入到生产中，是最大限度地利用环境资源的一种生产模式，畜禽养殖必须考虑到环境资源的承载力，并以此承载力作为环境稀缺性的限度。

第三节　畜禽养殖绿色发展的战略意义

前文已述，畜禽养殖绿色发展是畜牧业转变原有注重数量速度发展模式，走"资源节约、环境友好、产品安全、产出高效"发展模式的过程。在当前中国，畜禽养殖绿色发展对经济社会高质量发展、人们高品质生活需要、产业竞争力、乡村振兴等具有重要意义。

一、是实现高质量发展的重要取向

目前我国经济已由高速增长阶段转向高质量发展阶段。高质量发展是统筹推进"五位一体"总体布局和协调推进"四个全面"战略布局，坚持以供给侧结构性改革为主线，以高效益、高品质、高效率、生态化为本质特征的增长方式。畜牧业是国民经济的基础产业和农村经济的支柱产业，是农业经济最具潜力的增长点。畜牧业高质量发展，首先是高效益发展，要求产业效益达到较高水平。就经济效益而言，发达国家畜牧业产值占农业总产值均达到 50% 以上，澳大利亚甚至达到 80%，而我国仅仅为 28%，我国畜牧业效益提升空间较大。其次是高品质发展，即要提升畜产品品质质量。我国畜产品品质近年来迅速提升，但与人民群众期待又有差距，因而需要进一步提升质量，发展绿色畜禽产品。再次是高效率发展。我国畜禽养殖饲料资源紧张，大豆主要依靠进口，提高发展效率迫在眉睫。最后是生态化发展，要与环境保护相协调。我国畜禽养殖中绝大部分主体是中小养殖户，环保意识不足，投入力度不够，迫切需要生态化水平。正因此，畜牧业高质量发展中的提高畜产品质量、促进资源节约、改善生态环境、保障生产效益，也是推动经济高质量发展的重要组成部分。国务院办公厅发布的《关于促进畜牧业高质量发展的意见》（国办发〔2020〕31号）明确提出，要推动畜牧业绿色循环发展。因而，推进畜牧业绿色发展能够提高畜产品供给质量和效益，提高资源利用率，保障畜牧业生产过程安全健康可持续，推动我国畜牧业高质量发展。从畜牧业高质量发展的内涵看，畜牧业高质量发展也是要资源节约、环境友好、产品安全、产出高效，与绿色发展的内涵是一致的，因而绿色发展是高质量发展的重要取向。

二、是满足高品质生活的必然之举

我国进入特色社会主义新时代后，主要矛盾已经转变为人民日益增长的美好生活需要和不平衡不充分的发展之间的矛盾。现阶段居民对高品质、健康产品的需求不断增加。我国居民饮食结构已经由中华人民共和国成立初期粮食产品、果蔬产品、肉奶产品的 8:1:1 发展成当前的 4:3:3。对畜禽产品而言，居民不仅要求肉、蛋、奶等畜禽产品的数量不断增长，而且对畜产品的品质安全更加关注。绿色畜禽产品，尤其是"三品一标"产品（安全食品、绿色食品、有机食品、地理标志食品）越来越受到人们的喜爱。以猪肉为例，2018年绿色猪肉产量为 9.85 万吨，较 2008 年增长了 1 倍。畜禽养殖绿色发展就是要从供给端出发为居民提供高品质畜产品，满足居民高品质生活需求。不仅如此，高品质生活离不开高品质的生态环境。畜禽养殖的粪便污染成为生态环境的主要污染源之一。如果将产品安全界定为"合意"产出，那么畜禽粪便便是"不合意"产出，"不合意"产出越少或得到有效治理才能提高"合意"度。畜禽养殖绿色发展的目的之一就是尽可能少地减少污染排放。因而，畜禽养殖绿色发展是满足居民高品质生活需求的必然举措。

三、是实施乡村振兴战略的重要途径

实施乡村振兴战略，产业兴旺是重点。畜禽养殖产品种类多、规模大、链条长，是乡村振兴的基础性、支撑性产业，且与农村生态环境密切相关[①]。实施乡村振兴战略要推动乡村产业振兴、人才振兴、文化振兴、生态振兴、组织振兴。当前我国畜禽养殖生产发展面临资源约束趋紧、疫病风险威胁、保障体系不健全和抵御风险能力弱等问题，畜产品稳产保供的基础不牢固，存在畜禽养殖粪便污染比较严重、散户养殖污染治理难等问题。解决上述问题迫切需要转变畜牧业发展方式，走绿色发展道路，推动产业振兴与生态振兴。畜禽养殖绿色发展强调"低碳、绿色、循环"的发展理念，与当前乡村绿色发展理念与文化是一致的，因而畜禽养殖绿色发展有助于乡村文化振兴。同时，乡村是畜禽养殖发展的主阵地，畜禽养殖发展必然促进人才在乡村集聚，也有助于乡村人才振兴；而现代化的畜牧业不是养殖户自己单打独斗，而是与当地合作社或养殖龙头企业等合作，有助于乡村组织化建设，有助于乡村组织振兴。综上，畜禽养殖绿色发展有助于推动乡村五大振兴，对助力乡村全面振兴有着重要意义。

四、是提升国际竞争力的重要渠道

在经济全球化的背景下，产业竞争力不仅来源于成本价格，更来源于产品质量。只有高品质才能形成高效益的产业竞争力。尽管我国是畜牧业生产大国、消费大国，但还不是畜牧业强国。目前我国畜产品生产价格较高，在国际市场中处于被动和不利的地位。短期内，我国畜产品高成本、高价格的现状不会改变，在成本方面的国际竞争力不会有很大提升。以生猪为例，2000年中

① 陈焕春，李成林，2018.当前我国养猪业转型升级的思考与建议［J］.今日养猪业（2）：52-55.

国生猪每千克的平均生产成本为 5.47 元（为方便比较，中美统一为每千克生猪产出的生产成本，下同），美国为 9.97 元（汇率以当年年度平均汇率折算），中国成本优势明显高于美国；然而，2017 年中国成本为 6.80 元/千克，美国为 4.96 元/千克，美国成本优势又明显高于中国[①]。从产品质量上看，我国可以通过提升畜产品品质来提升竞争力。而要解决品质问题就必须依靠畜牧业自身的改革与发展，走畜禽养殖绿色发展道路。就提升产业国际竞争力而言，未来中国可以通过大力推进畜禽养殖绿色发展，培育优质畜产品品牌，提高畜禽养殖的生产效率与产品质量，逐步打开国际市场。

---

① 何泽军，王济民，马恒运，等，2020. 中美农产品生产成本差距缘何越来越大——以生猪为例[J]. 农业经济问题（5）：104-118.

第二章
典型国家畜禽养殖绿色发展经验与主要启示 ▶▶▶

目前全球形成了几个较大的畜牧带，主要包括大洋洲畜牧带、欧洲畜牧带、美洲畜牧带和亚洲畜牧带。大洋洲畜牧带以澳大利亚、新西兰为代表，以亚热带气候为主，自然环境优越，草地资源丰富，绿色发展是以自然环境保护为特征的规范化、高效益现代草地畜牧业；欧洲畜牧带以德国、丹麦、荷兰、瑞典等为代表，属于温带海洋性气候，草地耕地资源相对丰富，但劳动力相对缺乏，绿色发展是以资本和技术密集、规模适度、农牧结合为特征的家庭农场畜牧产业；美洲畜牧带以美国、加拿大为代表，地域广阔，土地资源丰富，资金、技术实力雄厚，但劳动力资源紧缺，其绿色发展是以资本和技术密集、规模化为特征的工厂化畜牧业；亚洲畜牧带，以日本和韩国为代表，人多地少，受自然资源影响，其绿色发展是以技术密集、适度规模的集约化畜牧业[1][2]。这些典型国家利用各自资源禀赋结合畜牧科技，形成各自发达的畜牧业，同时在绿色发展方面也做了一些积极的探索，取得了一些经验。

第一节　经　　验

上述畜牧带中主要国家绿色发展特征体现在资源节约、环境友好、产品安全和产出高效各个方面，但从其做法上看，主要在育种、疫病防控、饲养、废弃物处理、屠宰等多个方面采取相应措施，促进绿色发展。

---

① 刘玉满，2007. 发达国家畜牧业经济发展趋势及对我国的启示 [J]. 饲料广角 (13)：8-10，39.

② 王杰，2012. 国外畜牧业发展特点与中国畜牧业发展模式的选择 [J]. 世界农业 (10)：32-35.

一、高度重视育种技术开发与使用

育种技术为畜禽养殖绿色发展打下了牢固的基础，种业是最重要的物质基础之一。

1. 采用全面育种理念，注重品种综合性能

典型国家在畜禽育种中逐渐从单纯追求畜禽产品的数量提升转变为追求综合性能，即在设计育种目标时，考虑对包括养殖效益、抗病性、节料性等多个性状进行评估。例如，美国荷斯坦协会发布的总性能指数 TPI（the total performance index）考虑了奶牛的生产性能、体型、生产寿命、繁殖力等综合性状，并用基因组选育技术使得品种的世代间隔已经缩短到 3～3.5 年；不仅如此，TPI 计算公式不断进行动态调整，包括各性状的增减和权重的变化，而这些变化则凸显了未来奶牛育种的方向和追求目标[①]。

2. 挖掘利用优秀种质资源，加速品种改良

典型国家政府或相关行业协会在国内或行业内建立统一育种信息共享发布机制，广泛发掘优秀种质资源统一加以利用。政府统一制度标准与行业协会有效服务相结合，在基础技术上，围绕高产、节粮、耐粗饲、抗病等畜禽种质资源的分子解析与评价，挖掘优良功能基因、构建核心种质；在育种环节增加选育基础群数量，积累有效数据资源，实施统一遗传评估，通过高强度选择加快遗传改良速度。比如，日本肉牛生产以优良品质和高效率而闻名，日本政府实行严格的种牛登记制度，统一全国编号，形成种牛的资格证书；从 1999 年开始，在国家补助下实施肉牛跨区域后代鉴定制度，实现全国范围可比的种公牛评价[②]。

3. 加强产学研合作，推进育繁推一体化发展

典型国家构建符合各自国情的利益联结机制，充分调动包括高校、科研机构、相关企业和生产者等各方主体在育种、繁殖、推广中的积极性及创造性。例如，美国以实力强大的畜禽育种公司为良种培育的主导，利用跨国育种公司在全球范围内整合资源，寻求伙伴开展联合育种，并与高校和科研机构进行合作，建立以市场为导向的产学研利益联结机制，推动良种的研发与推广应用。丹麦国家生猪生产委员会联合皇家农业、畜牧大学、农业研究所等高校和科研

---

① 李建明，施丽，于进永，等，2017. 美国荷斯坦协会 TPI 计算公式最新解读［J］. 今日畜牧兽医（12）：3.

② 李冉，2014. 国外畜禽良种繁育发展及经验借鉴［J］. 世界农业（3）：30-33，37.

单位以及全国 43 家种猪场（约 72 个种猪群），建立了金字塔形的三级种猪繁育体系，共同开展联合育种工作；丹麦肉食品和家禽协会（Danish Meat & Poultry Association）通过收取农场主会员费和屠宰公司屠宰税，将这些资金主要用于猪育种、健康控制、市场活动等中（李冉，2014）。

4. 推动育种数字化与企业化，提升育种效率

典型国家正通过数字化与组织化促进育种技术的升级，动物育种技术已开始进入大数据时代，来源于分子水平、个体水平和群体水平的各种数据为育种提供了大量信息。美国在分子水平上开展系统性的畜禽遗传资源鉴定评价和创新利用研究，重点挖掘优异新材料和新基因，并结合生物信息技术，建立海量数据的遗传学分析方法，构建核心种质群，挖掘优异功能基因，解析重要经济性状遗传规律和形成机制。典型国家正在努力培育专门化的育种企业，推动育种企业成为种业科技创新的主体，鼓励大型养殖企业也作为主要力量参与到育种环节中。一些跨国种业集团逐步形成了种质资源、育种科技和全球营运的垄断态势，推动育种效率的改进。例如，目前全球知名的跨国种业公司有 PIC、Hypor、ABS 等，已经发展成为国际种业市场上重要的跨国种业公司。这些公司不仅建立了育种核心群，甚至还有研究机构，其中的代表是 PIC 公司。PIC 是国际领先的猪遗传改良公司，拥有 190 万头产仔记录，670 万个个体记录，估计育种值（estimated breeding value，EBV）每周更新，每年有 48.2 万项测定记录，为 15.3 万头母猪提供繁殖和使用年限记录，每天增加或更新 4.6 万个育种和生长记录。从 1962 年开始测定繁殖性能、乳头数、肢蹄结构、饲料、生长、背膘、体型等数据；1991 年利用亲属资料使用 BLUP 法进行遗传评估；1995 年从 EBV 中增加了胴体和肉质性状方面的资料。通过活猪、精液、全球数据系统形成世界育种体系，进行全球遗传评估。PIC 公司的发展在美国可以说非常成功，据 PIC 公司提供的数据，美国 2004 年屠宰的 1 亿多头猪中，47%使用了该公司的公猪。

二、以养殖模式创新促进效率改进

先进的养殖模式为畜禽养殖绿色发展提供了有力支撑。畜禽养殖模式不仅包括养殖的规模化、专业化程度，还包括先进的养殖观念、设施装备技术的采用。

1. 以规模化、机械化养殖提升生产效率

规模大的生产单位相较于小规模生产单位具有明显的生产效率优势。典型国家集约使用投入品、技术和资金的大规模经营，以及专业化生产的特点和趋势，大幅提升了生产效率，减少了资源浪费，保护了环境。例如，美国与加拿大畜牧养殖业以规模化、机械化、设备化为主要特征，以精饲料、资本和技术密集投入的高投入、高产出带来高效益；随着大量新技术的采用和设施投入的增加，养殖场的数量相对减少而规模却在增加，变得更加工业化、专业化和集约化。澳大利亚养殖业以家庭牧场和农场的形式运作，年总产值在 2 万澳元以上的大农场占 90％以上，60％以上的大农场从事谷物种植业、养羊业、养牛业或兼营其中的两种或三种。日本畜牧养殖业主要采用家庭牧场的经营方式，家庭牧场不仅保留了日本传统的精细管理方式，又应用了新技术、机械化的养殖方式，这使得家庭牧场的专业化程度较高①。

2. 重视饲料安全，从源头提高品质安全

典型国家重视饲料安全监督与管理。例如，美国将饲料安全等同于食品安全，饲料安全管理工作推行危害分析与关键控制点（hazard analysis and critical control point，HACCP）管理体系。美国谷物检验、批发、储存局负责检测饲料原料，食品及药物管理局负责对加药饲料进行严格管控，任何个人和单位都不得擅自使用未经批准的加药饲料，联邦政府实行关键点控制策略直接到生产单位。欧盟食品安全局和各成员国食品安全局重点负责饲料安全风险的评估监控，监控范围包括饲料卫生、饲料标签、产品注册、不良物质、饲料添加剂等的安全使用，动物源性饲料的生产使用；欧盟饲料生产商联盟还制定《国际饲料成分标准》，统一有关加工饲料成分安全准则的基本要求；增强饲料成分来源的可追溯性，实行更为严格的标签法规；统一制定并实行食品、饲料快速预警系统。

3. 推行福利养殖，以制度促进品质改善

动物福利是指为了使动物能够康乐而采取的一系列行为和给动物提供相应的外部条件，包括生理福利、环境福利、卫生福利、行为福利和心理福利。注重动物福利，不仅是体现出人道主义精神，更重要的是通过改善动物的生存状况，减少疫病的发生与传播，并最终改善畜禽产品品质，能够使人类更好地利用动物获取更高品质的相关产品②。目前，包括欧盟、美国、加拿大、澳大利亚等畜禽养殖发达国家/地区在内的全球 100 多个国家/地区都制定了《动物福利法》，其中有的是一部独立的法律，有的是由一系列法律所组成③。20 世纪

① 莫佳蓓，刘庆友，2017. 中国和日本奶牛养殖业规模化发展的比较分析［J］. 江苏农业科学，45（9）：303-307.

② 陈少渠，方旭，2010. 国外动物福利的现状及发展动向（下）［J］. 河南畜牧兽医（综合版），31（8）：33-37.

③ 学谦，王茜，2019. 论动物福利的法律回应［J］. 法制与社会（23）：10-12.

末期，欧美畜牧业发达国家针对不同的农场动物，依据不同的动物福利指标，建立了多种动物福利评价体系。如目标群体指数（target group index，TGI）评价体系，不但考虑畜禽生产的经济效益，还考虑畜禽本身的天性表达，对饲养环节的各个评价指标能否满足畜禽需要进行评估。当前，TGI-35 已经被广泛用于奶牛、肉牛、蛋鸡、育肥猪、妊娠母猪等有机养殖农场动物福利的评估；TGI-200 评价体系被荷兰、德国等国的许多大型有机农场认为是比较方便、简单并且可靠性较高的福利评价工具[①]。

4. 以高效设施装备提升生产效率

典型国家较早完成了从传统畜牧业向现代畜牧业的转变，包括以牧草、饲料加工、养殖为主的畜牧业装备机械化得到普及，畜禽养殖、加工设施装备广泛实现自动化控制。比如，以草食畜牧业为主的英国、澳大利亚和新西兰，牧草种植、收获、喂养、贮存加工及人工草场建设等均采用了机械化[②]。在奶牛养殖及乳品生产方面，欧盟奶牛饲养实现了加工收获青贮、自动配粮饮水、清理粪便、控制温度、全自动挤奶及快速冷藏等工序的机械化，全混合日粮饲喂设备已成为奶牛饲养业中必备的产品；日本的奶牛牧场大多引进、应用新技术，采用机械化养殖方式，并应用计算机对个体奶牛的产奶量、繁殖能力、年龄、疫病等进行管理（莫佳蓓和刘庆友，2017）。当前典型国家畜禽养殖正向福利化、无抗化的绿色发展方向转型。欧盟通过先进设施装备开展生猪福利化养殖，对猪舍保温与通风、喂料与饮水进行自动控制，实现了猪舍环境控制、喂养自动化，并采用妊娠测定仪、脂肪测定仪、种猪个体饲喂技术等对种猪进行全方位监测。德国通过装备智能化的设备对畜禽个体或群体在繁殖、生产、健康、行为、福利与环境影响等多方面，进行自动、实时、远程、准确、真实的数据采集、传输和存贮，借此加强集成化管理。

三、健全疫病防控与风险决策体系

1. 贯彻整体预防理念，构建生物安全体系

疫病防控不只是狭隘的免疫和用药，而是与优良品种繁育、养殖场建设、饲养管理、饲料营养、饲养过程、设施化生产等结合为一个整体，构成生物安全体系。典型国家在畜禽养殖绿色发展过程中，对于畜禽疫病主要贯彻预防为

---

① 孙忠超，贾幼陵，2014. 欧盟农场动物福利政策与动物源性食品安全 [J]. 中国动物检疫，31（6）：28-31.

② 杨金勇，章晓炜，2012. 国内外畜牧机械化的发展趋势与对策 [J]. 浙江畜牧兽医，37（6）：11-12.

主、防重于治的理念。面对疫病防控，欧洲国家养殖企业首先考虑的是根据养殖环境选择抗病性强的畜禽品种，并在其不同生长阶段注意配比合理而营养均衡的饲料；其次是提供适宜的生存环境，包括洁净的水源、空气，适宜的温度、湿度和活动空间。瑞典政府于1986年在全球率先正式颁布禁令，全面禁止在动物饲料中使用抗生素促消化和促生长剂，建设主要由无污染饲养管理体系、无公害兽医卫生体系和无抗生素添加的饲料生产体系构成的绿色养猪业，并逐步形成了以此为特色的绿色养猪业"瑞典模式"①。依靠抗病品种的选育、改善饲养环境、提升畜禽福利养殖水平进行疫病的系统性预防，不仅可以节约畜禽医疗保健成本，更为重要的是能够提升畜禽产品品质。

2. 以精细管理落实预防为主的理念

养殖过程中的精细管理可以起到很好的疫病防控效果。以生猪养殖中的防病措施为例：在养猪场的管理方面，很多国家采用多点式生产，即指把种猪舍、保育舍、育肥舍分别建在不同的地方，并且相互之间独立运行，猪群受各种潜在病原微生物侵袭的机会将大幅减少，降低猪场感染传染病的概率，即使某一个环节出现疫病也比较容易地进行消毒、清场、复养，不会影响到整个猪场的生产。比如，美国几乎全部的母猪场和生长育肥猪场都进行分离，一批次仔猪断奶后均被送到保育、育肥一体化设计的生长育肥场，以减少疫病在母猪和育肥猪之间的传播。德国在生猪产业链上就进行了精细分工：种猪生产、仔猪保育、生猪育肥各环节通常由不同农场分别完成，而不是全部集中在一个农场。瑞典在应用"全进全出"的生产方法中，为了减轻疫病传播，常按猪龄分批次、分阶段、分群、分舍饲养，减少不同猪龄之间的接触，育肥多采用直线育肥方式，避免疫病由大猪传染给幼龄猪或相互感染。在病死猪处理方面，如果局部出现疫病，养猪企业会严密封锁疫区，坚决扑杀病猪及同群猪，并进行无害化处理，及时进行彻底消毒，严防疫病扩散。

3. 构建统一的疫病防控信息系统

不断利用信息技术的发展，构建完善统一的疫病防控信息系统。典型国家较早意识到动物疫情防控信息系统建设的重要性。美国于1996年就建立了"国家动物卫生报告体系"（National Animal Health Report System，NAHRS）；澳大利亚也有功能完善的"国家动物卫生信息系统"（National Animal Health Information System，NAHIS）；新西兰于1991年就建立了用于紧急动物疫病控制的信息系统EpiMan-IMS；欧盟建立了重大动物疫病通报

---

① 李翠霞，2005. 国外绿色（有机）畜牧业的发展及对我国的启示［J］. 东北农业大学学报（社会科学版）（3）：1-3.

系统（ADNS）的预警体系，并先后出台了 20 多项法案，加强对传染病预防和控制的预警，建立了以公共健康检查与监督网络、快速预警系统、信息体系、环境监视与研究为一体的传染病报告系统。这些系统正在重大动物疫病防控中发挥着控制疫病蔓延、减少对经济影响的重要作用[1]。进入 21 世纪，典型国家广泛应用计算机和网络传输技术，进行动物疫情的传输、统计、分析、预警、预测、预报、风险控制等工作。欧盟、日本、澳大利亚、加拿大和美国等在畜禽疫病防控中尝试应用物联网技术收集相关信息，采用大数据处理进行风险分析与监控，做到及时发现异常波动，并迅速制订相应干涉措施。

4. 构建科学的疫病防控风险决策机制

典型国家多学科结合设定风险决策体系。从 20 世纪 80 年代开始，国外开始结合计算机科学、统计学与经济学等知识对动物疫病进行研究，以建构风险决策体系。主要做法包括：采用信息技术对畜牧生产信息进行采集加工，并结合仿真研究预测动物疫病防治的经济影响，对疫病控制的决策方案进行经济学评估。通过研究评估，将时间敏感型决策转化为知识敏感型疫病防控决策体系，保证在突发动物疫病的紧急时刻也能做出快速且高质量的决策，如如何进行合理的扑杀、免疫策略及资源分配等。通过计算机科学、统计学、经济学与动物流行病学等知识相结合，采用综合预防或控制应对动物疫病，以便在有效控制动物疫病、确保公共卫生安全的前提下，力图将经济损失降到最低。当前荷兰、新西兰、美国和澳大利亚等国已构建了较完整的动物卫生经济学理论体系，应用研究已较为广泛，如利用疫病控制风险决策模型对农场牲畜口蹄疫感染采用扑杀和免疫接种两种情况下的疫病经济损失进行模拟。

四、强化粪污处理及利用能力提升

解决畜禽健康养殖与生态环境保护之间的矛盾成为畜禽养殖绿色发展中的焦点问题。典型国家在总体要求方面有相近之处，具体措施和做法则依据各国国情，采取不同的处理方法。

1. 利用法律法规强化与综合规划指导相结合保护环境

完善的法律法规及相关政策是保护畜禽养殖业环境的有力手段，能够有效干预与限制畜禽废弃物处理中的不当行为，同时奖励和推广更为科学的治理方法。美国有《清洁水法案》等相关法律法规要求规模养殖场的设立需要得到各

---

① 陆昌华，胡肄农，谭业平，等，2016. 我国畜产品兽药残留的公共经济学分析及对策 [J]. 家畜生态学报，37（6）：1-7.

类许可，需制订综合养分管理计划并通过公开听证；美国养殖场具有成熟的养殖废弃物污染防治的国家战略和国家污染物消减系统，强制养殖大户必须实施，鼓励养殖小户自愿实施[①]。此外，美国农业法案资源保护与环境项目中设立环境激励措施，为养殖场提供技术援助和资金成本分摊。欧盟国家推行养分管理政策，并制定了相关的法律法规，遵守法律法规的养殖者可以得到欧盟及当地政府的补贴，用于降低养殖成本。典型国家还通过土地消纳、养分管理的综合政策规划，从整体上指导畜禽产业的环境保护工作。多数国家均对载畜量进行限定，确保具有足够的消纳能力。例如，德国主要根据农场的土地面积与消纳能力来确定动物饲养量，明确规定每公顷允许养殖的畜禽数量；丹麦非常重视土地的可持续生产力，对单位土地上放牧的牲畜数量进行严格限制，超标就需要对农场环境进行评估，只有符合条件才能继续扩大生产；美国主要采取基于土地消纳、养分管理的治理模式，虽然没有对载畜量有具体要求，但相关政府部门同样依据各地实际计算并根据养分管理计划核准畜禽养殖量。许多国家实施养分综合平衡管理，基于种养结合，废弃物利用资源化，实现种养良性循环。例如，美国提出的畜禽粪便综合养分管理计划主要是针对水、土壤、空气、动植物资源所做的保护措施和资源管理。德国畜禽养殖废弃物主要用于肥料还田和制沼气获得能量，由政府部门审查配套农田的面积、种植作物种类、农田地势、坡度及土壤类型等，以确定配套农田是否能够满足养殖场畜禽粪污的处理需要；如果养殖场配套农田数量无法将全部粪污还田利用，必须与其他土地拥有农户或者企业签订粪污销售合同，以确保养殖场畜禽粪污不会对周围环境造成危害。日本大多家庭奶牛牧场实行种养结合的养殖方式，在解决粪污染问题的同时，为奶牛提供所需的饲草料，以降低饲草料的机会成本，实现养殖业和种植业的良性循环。

2. 政企协同推进废弃物综合处理

典型国家的政府部门主要负责推进畜禽养殖业废弃物处理相关法律法规及政策的实施，环保部门负责排放的管制，其余环节都是由协会和专业中介发挥桥梁作用。通过引进社会资金，为养殖户和产业提供服务，调动社会组织、农场主、养殖户及废弃物加工第三方的积极性，达到环境保护与经济发展双赢的目的。如德国政府从宏观政策上支持废弃物的资源化利用，出台了《可再生能源法》，对养殖场沼气发电设施建设给予一定的资金补贴，并大幅提升可再生

---

① 贾伟，臧建军，张强，等，2017. 畜禽养殖废弃物还田利用模式发展战略［J］. 中国工程科学，19（4）：130-137.

能源上网电价①。新西兰则成功应用排放配额与交易，成立环境保护信托基金；根据实际情况，每家农场每年都有定额的排放配额，农场主可以将自家剩余的排放配额卖给信托基金，也可卖给其他私有农场。此项保护计划将污染物排放量市场化，减少了废弃物的排放量，提高了农场对环保能力的要求。

3. 全链开发应用污染防治先进技术

畜禽废弃物处理及利用需要完备的科学技术做基础。首先，开展相关基础研究，包括肥料养分变化、农作物需求、土地条件和养分管理等，并在政策制定、落地实施时给予充分指导与数据共享。例如，新西兰皇家研究机构将全境土壤分类，深入研究每类土壤的渗滤特性、营养流失模式，为废弃物还田提供了大量基础数据；德国深入研究拓宽沼气发酵的环境条件，解决了极端环境温度下沼气发酵的难题。其次，研发利用环境友好的养殖技术及方法。典型国家针对奶牛养殖环节进行了研究探索，试图通过改进养殖方法来减少奶牛饲养中氮的排放。其主要做法包括：对饲料蛋白质进行研究，在保证奶牛正常福利的情况下，探寻低蛋白质饲料的使用，减少总氮输入，减少粪尿氮的排泄量，最终减少 NH_3 的排放，减少奶牛场对环境的污染②。再次，开发并使用实用的设计软件，使养殖场或农场可根据当地养殖数量、地理气候条件、畜禽特征等参数，利用软件进行废弃物处理、贮存及土壤所需肥料、营养流失情况等的设计与管理，此类软件包括美国的 AWM 模型，新西兰的农田营养预算工具OVERSEERTM 等。最后，重视技术推广，提供全面的技术咨询。美国除对养殖场员工进行教育培训外，还设立针对畜禽养殖废弃物处理和综合利用的技术服务提供者的认证项目，开展包括养分管理计划、废弃物处理和贮存设施设计、土地管理计划等培训课程，培训专业的技术服务提供者（TAPs）。

综合上述情况，典型国家推进畜禽养殖绿色发展呈现出如下特征：

（1）种质资源战略化　突出种质资源的重要性，贯彻全面育种技术理念，通过先进育种技术占领绿色发展的制高点。

（2）经营规模化、产业一体化　不同的典型国家畜禽养殖业虽有大规模工厂化、适度规模以及集约化养殖这些不同模式，有"公司＋农户""家庭农场＋专业合作社＋合作社企业""农户＋农协＋企业"等产业化发展模式，但畜禽养殖高水平绿色发展必须具备一定的规模化程度以及恰当的产业一体化，这些是典型国家畜禽养殖发展的共同特点。采取注重质量效益的内涵集约型发展方

---

① 冀名峰，辛国昌，刘光明，等，2019. 中德环境友好型畜牧业发展比较：现状和对策——中德农业政策对话工作组赴德国、荷兰调研报告［J］. 世界农业（2）：15-19.

② 彭焕伟，沈亚欧，2005. 畜禽生产中氨的危害及防治措施［J］. 饲料工业（13）：54-59.

式，反映出重视环境承载力和废物资源化的绿色发展趋势。在畜禽养殖的发展过程中，不仅遵循经济发展的市场规律，还要遵循生态环境发展的自然规律。

（3）全链智能化　现代畜牧业高度重视科技进步，在育种、养殖、屠宰加工等环节，无论是总体管理还是使用具体设施设备，都正朝着更加科学、更加智能的方向发展。

第二节　主要启示

典型国家畜禽养殖绿色发展方面的系列经验，为我国畜禽养殖绿色发展提供了重要启示。

一、着力构建具有中国特色的良种繁育体系

我国畜禽育种创新能力弱，许多畜禽品种还需要从国外进口；由于缺乏有效的政策支持和保护，一些地方品种资源数量持续下降。从典型国家的经验来看，育种工作不单是技术问题，更重要的是组织问题。未来我国应该借鉴日本、丹麦等国家畜禽种质资源培育方面的经验，凸显各级政府统一管理优势，尽早开展畜禽品种的生产性能检测工作和品种登记制度，将育种基础工作做到位。同时，借鉴美国的市场化育种经验，建立育繁推一体化的商业育种机制，调动产学研各方面的积极性，构建政府主导、行业参与的具有中国特色的良种繁育体系。

1. 积极调整产业结构，建立育繁推一体化的商业育种体系

发达国家畜禽种业经过多年的实践，已经形成了以市场为导向，以优化种质、人才、资金和技术等资源配置为手段，不断创新发展的育种体系。以美国为例，随着大量新技术的采用和设施投入的增加，美国养殖场规模虽然越来越大，但养殖场数量却有所减少，且越来越向着工业化、专业化和集约化方向发展。例如，美国有 25 家规模在 5 200 头以上的繁育一体的奶牛场，有 25 家饲养 8 万头以上的繁育一体的肉牛场，具有较高的机械化程度和自动化水平，集约化、工厂化的专业生产管理，不但提高了生产效率、降低了成本，而且大大提高了畜产品的产量和质量。我国种业起步较晚，种业企业多而散，自主种业科技创新意识淡薄，未形成以市场为导向的资金、人才、技术等的资源配置机制。因此，在我国部分地区可推行育繁推一体化养殖，通过培育发展育种研究、成果转化、繁殖生产及加工、产品商业流通的一体化产业链，提高养殖的

经济效益。

2. 整合资源，构建联合育种体系

在全国范围内实施联合育种，建立统一育种信息共享发布机制，增加选育基础群数量，积累有效数据资源，实施统一遗传评估，促进遗传改良加速发展。以丹麦为例，丹麦猪育种在国家生猪生产委员会的组织下，联合相关高校、科研机构和全国 43 家种猪场（约 72 个种猪群）、165 家扩繁场、约 1.4 万家商品猪场开展联合育种，使得丹麦每年完成生长育肥性能测定的种猪超过 10 万头，扩繁群的长白猪和大白猪的繁殖性能也统计到数据库中，每年有超过 10 万胎的繁殖记录，极大地提高了遗传评估的准确性和选种的准确度。

3. 严格种畜登记制度，完善制度标准评价体系

发达国家政府不断完善与育种相关的制度标准体系。日本实行严格的种畜登记制度，对种畜的出生日期、本体特征、其前 5 代父母特征等均有详细记录，依法建立档案，统一全国编号，形成登记证书。登记证书是公畜成为种畜的资格证书（没有登记证书，则其精液就不允许进入市场销售）。英国在 1833 年前后就实行了品种、性能的纯种登记制度。澳大利亚农业部制定了国家肉牛纯种登记制度等一系列制度，主持肉牛等品种的性能测定、品种登记工作。加拿大建立了完整的种畜登记制度，国会制定动物系谱法案规定，所有在加拿大出生的纯种畜禽都必须进行登记，且有相应的行业标准。加拿大纯种猪的官方系谱上都带有加拿大猪育种协会组织的标识和加拿大农业部的官方印章，这使得在该协会组织注册的种猪系谱记录具有很高的信誉度。我国也需要制定种畜等级制度，完善种畜等级的相关标准体系。

二、加快推进规模化、标准化养殖

目前我国畜牧业从业者多数是小规模农户，畜产品产量仍占畜禽养殖总量的 50％左右。由于我国国土面积大，各地区资源禀赋与畜牧业发展水平不同，因此可以根据实际情况借鉴不同的规模化方式。我国实现畜牧业生产规模化途径应以培育家庭农场为主，逐步实现由农户向家庭农场的转变。例如，东部地区畜牧业的生产组织化、规模化、标准化程度已经较高，具有一定的人才、资金和技术优势。但劳动力和土地资源相对紧张，饲料资源相对缺乏，应学习丹麦、瑞典等欧盟典型国家及日本的经验，采用先进的技术和设备，发展适度规模经营、具有较高资本和技术密集程度、以机械作业为主，朝着自动化和智能化方向发展的集约化畜禽产业，以高端畜禽加工企业为龙头，提供高品质畜禽产品，率先在全国实现畜牧业的现代化。

1. 推广适度规模的养殖模式

大规模生产单位相较于小规模生产单位具有明显的生产效率优势。规模化养殖有助于提升生产效率，减少资源浪费，保护环境。当前我国畜禽总体上属于劳动密集型养殖，农户小规模养殖持续在畜禽养殖生产中占重要比重，但其生产水平普遍较为低下。优化畜禽养殖结构、推广适度规模养殖模式，是我国生态环境可持续发展的重要基础。

（1）加强政府引导和政策支持　完善绿色养殖相关法律法规，健全绿色养殖补贴形式，加强农业保险准入，允许多元融资，减免相关税收，保障农户经营的稳定性，提高畜产品的质量效益和竞争力。应着力改变承包期短、土地不稳定的现状，简化土地流转和土地租赁制度，为畜禽养殖提供合理的土地资源供给。

（2）推进绿色养殖标准化　东北、华中和华南地区是农产品的主产区，饲料原料生产相对集中，畜禽养殖资源也比较丰富，可统筹周边资源环境的承载能力，推行规模化的高效绿色生产，集成一批可快速推广的绿色养殖模式。积极推广应用先进的管理技术和管理手段，推进养殖工艺与设施装备的集成配套；完善畜禽绿色标准化饲养管理规程，创建绿色标准示范场，与养殖专业合作社合作经营，形成效益共享的产业联合体。

（3）培育职业农民　推进畜禽养殖绿色发展必须提高农户农民的知识文化水平和经营管理能力，可加强大型养殖企业与养殖户的结合，打造利益共同体，提升养殖户专业化水平。可推行绿色畜牧养殖技能教育，针对核心人员开展相关技能培训，培育养殖户绿色环保和可持续发展意识。

（4）健全社会化服务体系　良好的社会化服务是绿色发展的重要推进因素。我国应强化畜牧兽医站、农民合作社等社会化服务组织的作用，保障农户获得更多的信息和技术服务。同时应创新管理体制，加强农技推广机构能力建设，提升其服务水平。

2. 加强饲料安全监管体制

饲料产业绿色发展不仅为现代绿色养殖业提供坚实的物质基础，而且为促进环境友好与产品安全提供重要保障。

（1）建设各部门统筹协调的饲料监管体系　以国家级饲料监管中心为主导，省部级饲料监管服务中心为核心，地、县级饲料监管服务站为基础，实行各部门统筹协调、协同监管。搭建从地方到国家级中心的全国饲料安全信息网络，提高饲料监管体系的整体水平。

（2）实行全链条全方位监管机制　对饲料生产、经营和使用等各环节实行全面监管，切实抓好饲料质量安全方面的监管工作。注重产前饲料原料监测，从源头上抓好饲料业的监管。制定饲料成分标准，明确加工饲料成分的安全准则及饲料卫生要求，对药物及饲料添加剂做出明确、具体的要求，同时完善匹配饲料标签法规和饲料产品注册法规。完善饲料质量追溯机制，实现饲料原料来源、饲料生产和加工使用的可追溯。建立健全全国饲料安全和风险评估体系及快速预警系统。

（3）加重饲料安全问题的惩罚机制　完善饲料安全监管制度，强化监管力度。加强普法宣传，加大执法力度。各有关部门和地方各级人民政府必须认真贯彻执行饲料安全相关的所有法律法规，坚决查处涉及绿色饲料安全的非法行为。

3. 制定绿色或有机产品标准

在《产品质量法》《有机食品认证管理办法》等食品认证制度的基础上，针对饲料原料及饲料加工使用过程制定严格的绿色及有机标准，参考国际绿色和有机产品标准，修订我国绿色和有机畜产品认证标准。贯彻落实《绿色食品标志管理办法》《无公害农产品标志管理办法》，严格实行标签管理制度。鼓励各省（自治区、直辖市）充分发挥地区优势，锐意创新，倾力打造具有地区特色的绿色品牌。

4. 实施种养一体化或生态循环饲养模式

加强农牧统筹，在农区推进种养结合，鼓励在规模种植基地周边建设农牧循环型畜禽养殖场，促进粪肥还田，加强农副产品饲料化利用。农牧交错区发展好草食畜牧业，加强退化草原生态修复，恢复提升草原的生产能力。草原牧区属于我国的生态功能区，应坚持尊重自然、顺应自然的原则，将重点放到清洁生产、保护生态环境、提供生态产品上，坚持以草定畜，科学合理利用草原，鼓励发展家庭生态牧场和生态牧业合作社。南方草山草坡地区要加强草地改良和人工草地建植，因地制宜地发展牛、羊养殖，合理规划配置草场和畜牧养殖规模，防止过度放牧，更加重视草场维护，种养结合，持续改善环境质量，兼顾畜禽养殖与生态环境的统一，打造高效特色畜牧产业链。

5. 推广智慧养殖技术

逐步加强畜禽养殖场的机械化和智能化水平，强化智能化、信息化管理。分不同畜种建立信息化管理平台，注重地区信息资源共享联动。积极开展现代化牧场机械设备操作，智能化信息管理技能和自然环境保护等各项培训。

（1）开发智能化监控管理系统，推动养殖监管信息平台建设　推动大数据和区块链等技术在畜牧养殖管理和经营决策上的集成应用，增强行业数据统计、汇总、分析、应用能力，提升指导生产、市场预警、监管执法、应急处置和防灾减灾等宏观管理能力。利用分析预警、安全监管、质量追溯等系统手段，推进畜产品和投入品全产业链各环节核心数据的采集、分析、应用，构建以县为单位的监管溯源与数据采集机制，逐步实现对省（自治区、直辖市）内重要农产品和投入品全产业链监测预警。

（2）开发智能化生产管理系统　开发包括育种繁育、养殖环境智能监控、疫病智能监测、疫病预警和诊断、精细喂养、粪污处理监管、屠宰加工等畜禽全过程生产监督与决策支持系统，开发畜禽集约化健康养殖物联网应用软件平台。

三、建立起现代化的疫病防控体系

借鉴典型国家经验，未来我国需要贯彻落实"预防为主、防重于治"的理念。加快完善各级疫病防控体系，大力培育合格兽医人才，强化对养殖户防疫意识、理念及技术的培训教育。积极将疫病防控与畜牧业生产中的养殖场建设、饲养管理、饲料营养、饲养过程、设施化生产等进行统筹考虑，实现福利化、无抗化养殖，强化"防重于治"的绿色防控理念及生物安全体系建设。

1. 选择优良的生态环境

产地环境质量对畜禽疫病发生有直接影响。场区应建在空气清新、水质纯洁、土壤未被污染的生态环境良好的地方，场区所在位置的空气、水质、土壤中的有害物质含量应符合国家标准。

2. 保证饲草料质量

研制和生产绿色畜禽配合饲料，是生产绿色畜禽的前提。一是保证饲草料的质量。选择好畜禽适宜的饲草料品种，加强饲草及饲料原料基地的管理，确保原料质量。饲料原料除要达到感官标准和常规的检验标准外，其农药及铅、汞、镉、钼和氟等有毒元素和包括工业"三废"污染在内的残留量要控制在允许的范围内，不能含有国家明令禁止的添加剂，如甲喹酮、雌激素和瘦肉精等。二是保证饲草料的加工利用。优化饲料配方，保证营养需要，应用理想蛋白质，添加必需的限制性氨基酸；提升原料膨化技术，提高消化利用率，生产优质的颗粒饲料；适度添加生物活性物质，广泛筛选有促生长和提高成活率而又无毒副作用的生物活性物质，提高饲草料的利用率。

3. 保证畜禽用水质量

除保证水源质量外，还要对畜禽的饮用水定期进行检测，主要控制铅、砷、氟、铬等重金属及致病性微生物等指标，从而保证畜禽用水质量。对于牲畜提倡使用乳头式饮水器饮水。

4. 加强畜禽养殖管理

畜禽的饲养管理是绿色畜禽生产的重要环节，因此，要采取以下主要措施，提高畜禽养殖过程及产品质量。坚持自繁自养，采取全进全出的饲养模式，尽可能避免疫病传入；采取限量的采食方式，防止畜禽由于过分采食而引起下痢；做好饲料的防潮、防霉、防鼠和防污染保管；采用阶段饲喂法，掌握不同阶段的饲养管理技术；坚持养殖场的清洁与消毒管理。

5. 控制畜禽疫病发生

对畜禽疫病进行防治，是养好绿色畜禽的关键环节。因此，必须采取综合措施，保证畜禽的健康安全。一是正视现有的畜禽疫病，了解本地畜禽疫病发生的规律，坚持以防为主，认真做好卫生防疫、定期消毒和疫苗免疫工作。二是建立适合本地区的疫苗免疫制度和疫苗免疫程序，并且认真执行。有的畜禽疫病只能早期预防，不能治疗，要做到有计划、有目的地适时使用疫苗进行预防，要按照科学的疫病免疫程序和技术操作规程及时做好疫苗的免疫注射；对重大疫病要严格实行耳标制度，实施强制免疫。同时，做好疫情监测，定期监测某些疫病的抗体变化，预判疫病的发生和指导使用疫苗。三是定期进行舍内外环境和用具消毒。选择高效低毒的消毒剂，每周对圈舍环境消毒一次，对用具消毒两次，对产仔的母畜及其产房更要注意彻底消毒。

6. 构建疫病防控信息及决策系统

针对目前我国基层大量中小养殖场和养殖户缺少优质兽医服务的现状，应充分利用我国具有巨大发展优势的 5G 技术、物联网技术、大数据技术和人工智能技术，构建更精确、快速的疫病防控信息及决策系统，汇集领域专家诊断经验知识，建设专家知识库，通过兽医专家端、养殖场诊断平台和服务器端，实现网上诊断、网上治疗及网上学习功能。

四、提升废弃物无害化处理及综合开发利用水平

当前我国农牧结构整体上种养分离，且受土地资源及小农生产格局的制约，大部分畜禽规模养殖场没有足够的配套粪污消纳用地。因此，可结合典型国家的经验，根据各地实际情况，逐步推进综合养分平衡管理，加大激励政策的协同性与力度，支持环境友好型畜牧业的发展。一是制定畜禽粪便资源化利用的激励措施，鼓励沼气发电上网、有机肥生产和使用补贴，研发经济、高效的废弃物处理利用技术。二是促进养殖业与种植业相互结合发展，逐步推进综合养分平衡管理。具体可以考虑如下方面：具有足够消纳土地的养殖户采取自行处理及消纳畜禽养殖所产生的粪污，养殖户可以通过一体化的方式达到畜禽

养殖与种植业之间的协调，提高粪污资源的利用率，提高种植业的产量；对于无大量土地可供完全消纳粪污资源的多数养殖户，为保证粪污资源的完全利用，可以通过利益机制进行关联，使养殖户与周围的种植户建立合作关系，点对点地进行粪污资源输送，形成协调的互利共赢关系。养殖户应优先与大规模的农业种植户合作，双方可以共同建立沼液贮存场所，确保种植业在需要大规模施肥的季节粪污资源能够保证供应量；对很多规模较小、自身无法建立专业化程度较高的粪污处理系统的养殖户，各地政府可以牵头在某片特定的区域内建立集中处理中心，区域内的小规模养殖户可以将粪污资源输送到处理中心统一进行处理，处理中心将粪污资源处理后再转运至特定的农业种植基地。

第三章
我国畜禽养殖业发展现状及发展状况 ▶▶▶

改革开放以来，我国生猪、牛、羊、禽类等畜禽养殖业获得快速发展。虽在传统饲养阶段绿色发展水平较高，但进入 21 世纪以来，随着养殖数量的大幅增长，绿色发展水平一直比较低下，直至 2015 年后才有所提升。

第一节　发展现状

畜禽养殖业发展状况包括投入端的饲料及添加剂生产产量、产出端的畜产品生产产量和产值总体状况，也包括生猪、牛、羊、禽类等进出口数量和人均占有量状况。

一、饲料及添加剂和畜产品产量

1. 饲料及添加剂产量

2020 年我国饲料总产量保持稳步增长，连续 4 年产量突破 2 亿吨，连续 8 年位居世界第一，约占全球总产量的 1/4。目前，全国有配合饲料、浓缩饲料、精饲料补充料、添加剂预混合饲料等加工企业近 10 000 家，饲料添加剂生产企业约 1 800 家，产品覆盖了所有畜种，各类饲料添加剂全部实现国产化。2020 年我国工业饲料总产量为 25 276 万吨，比 2019 年增长 10.4％。2021 年总产量为 30 566 万吨，较上年增长 20.9％，为近 9 年内的最高增速；2020年，配合饲料、浓缩饲料和添加剂预混合饲料产量实现了全面增长；配合饲料产量达到 23 166 万吨，较 2019 年增长 10.9％；浓缩饲料产量在连续 10 年萎缩后出现恢复性增长，年产量为 1 515 万吨，较 2019 年增长 22.0％；添加剂预混合饲料产量为 595 万吨，较 2020 年增长 9.6％。从饲料产品结构来看，2020 年浓缩饲料产量占工业饲料总产量比例为 5.8％，较 2019 年增长 0.4 个百分点；配合饲料和添加剂预混合饲料产量占比分别降至 91.9％和 2.3％，较

2019 年分别下降 0.3 个百分点和 0.1 个百分点（图 3-1）。

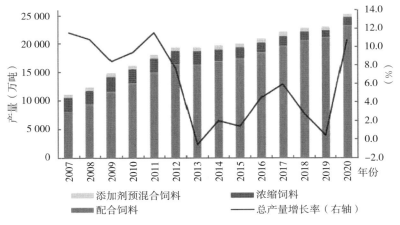

图 3-1　2007—2020 年中国饲料工业总产量
（资料来源：中国饲料工业协会）

　　未来饲料产量预测模型数据显示，我国工业饲料总产量保持增长，增速逐年放缓。预计工业饲料普及率达到稳定状态后，总产量增速放缓，2025 年工业饲料总产量达到 34 308 万吨，较基期增长 48.9%。展望后期，产量年均增速降至 1.1%，2030 年产量将达到 36 244 万吨，较基期增长 57.3%。展望期内，饲料总产量年均增速为 3.7%（图 3-2）。2006—2020 年我国饲料分类产量见表 3-1。

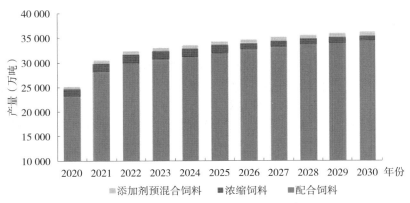

图 3-2　2020—2030 年中国工业饲料产量
（资料来源：中国农业科学院农业信息研究所）

表 3 - 1   2006—2020 年我国饲料分类产量（万吨）

年份	饲料总产量	浓缩饲料	添加剂预混合饲料	生猪饲料	蛋禽饲料	肉禽饲料	水产动物饲料	反刍动物饲料	其他饲料
2006	11 059	2 456	486	4 015	2 203	2 897	1 241	463	241
2007	12 330	2 491	521	4 001	2 518	3 661	1 326	568	256
2008	13 667	2 531	546	4 577	2 666	4 212	1 339	571	303
2009	14 813	2 686	593	5 243	2 761	4 478	1 464	591	276
2010	16 202	2 648	579	5 947	3 008	4 735	1 502	728	282
2011	18 063	2 543	605	6 830	3 173	5 283	1 684	775	316
2012	19 449	2 467	619	7 722	3 229	5 514	1 892	775	317
2013	19 340	2 399	634	8 411	3 035	4 947	1 864	795	288
2014	19 727	2 151	641	8 616	2 902	5 033	1 903	877	397
2015	20 009	1 961	653	8 344	3 020	5 515	1 893	884	354
2016	20 918	1 832	691	8 726	3 005	6 011	1 930	880	366
2017	22 161	1 854	689	9 810	2 391	6 015	2 080	923	403
2018	23 763	1 418	607	9 720	2 984	6 059	2 211	1 004	360
2019	22 885	1 242	543	7 663	3 117	8 465	2 203	1 109	329
2020	25 267	1 515	595	8 923	3 352	9 176	2 124	1 319	384

资料来源：农业农村部信息中心。

　　未来十年，工业饲料需求增速大幅提升后趋于稳定。饲料需求随着养殖产能增速进一步放缓，预计 2030 年工业饲料需求达到 35 876 万吨，较基期增长 53.2％。展望期内年均增速为 3.7％。生猪饲料仍是需求增长的主要动力。在养殖利润的驱动下，生猪存栏量快速增加，同时生猪配合饲料普及率将达到 70％左右，2030 年消费量将达到 17 896 万吨，较基期增长 104.8％，展望期内年均增速为 7.3％。肉禽饲料需求高位上涨。由于肉禽祖代引种量大，产能持续释放，因此养殖量保持高位增长，预计 2025 年和 2030 年分别达到 9 855 万吨和 9 965 万吨，分别较基期增长 23.3％和 24.7％，未来 10 年年均增速为 0.9％。蛋禽饲料需求先降后增，蛋禽养殖利润下降，2021 年蛋禽饲料需求为 3 223 万吨，较上年下降 2.8％。预计 2025 年蛋禽饲料的消费量为 3 375 万吨，较基期增长 8.4％；2030 年进一步增至 3 466 万吨，较基期增长 11.3％。反刍动物饲料保持稳步增加，反刍动物养殖利润较高，养殖存栏量增加，预计 2025 年和 2030 年反刍动物饲料消费量为 1 436 万吨和 1 605 万吨，分别较基期增长 29.9％和 42.9％，未来 10 年年均增速为 2.1％。水产动物饲料有较大增长潜力，预计 2025 年和 2030 年的需求量有望达到 2 291 万吨和 2 494 万吨（图 3 - 3）。

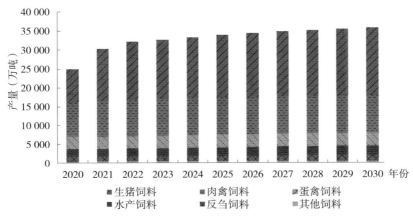

图 3 - 3　2020—2030 年中国主要工业饲料产品分品种消费量预测
（资料来源：中国农业科学院农业信息研究所）

2. 畜产品产量

中国作为世界畜牧业生产大国，生产方式日趋现代化，2019 年畜牧业产值达 33 064.35 亿元。肉、蛋、奶总产量约 1.52 亿吨，产量位居世界第三。其中，生猪年底存栏量为 31 040.69 万头，猪肉产量为 4 255.31 万吨；牛年底存栏量为 9 138.27 万头，牛肉产量为 667.28 万吨；羊年底存栏量为 30 072.14 万只，羊肉产量为 487.52 万吨；禽蛋产量为 3 308.98 万吨。2019 年我国居民家庭人均肉类消费量为 26.91 千克[①]，其中，人均猪肉消费量为 20.28 千克，人均牛肉消费量为 2.2 千克，人均羊肉消费量为 1.19 千克，人均禽类消费量为 10.8 千克。

二、生猪产业发展

我国是猪肉第一大消费国，猪肉消费量占全球的一半以上。2015—2019 年，我国生猪产业受市场及非洲猪瘟疫情影响，呈现波动下降状态。2020 年我国生猪出栏量、猪肉产量及年末生猪存栏量均呈上升态势，全行业复产增养积极，稳产保供初见成效。根据国家统计局数据，2020 年年底猪存栏量 40 650 万头，出栏 52 704 万头，猪肉产量达到 4 113 万吨。农业农村部全国监测点数据，年末能繁母猪存栏量同比上升 35.09%，达到 4 161 万头，生猪产能恢复到常年水平的 90% 左右。同时，生猪养殖规模化水平达到 57%，同比增加 4 个百分点（图 3 - 4 至图 3 - 6）。

---

① 注：此处的数据只是指家庭人均消费量，不含机构消费（饭店、机关食堂等）。

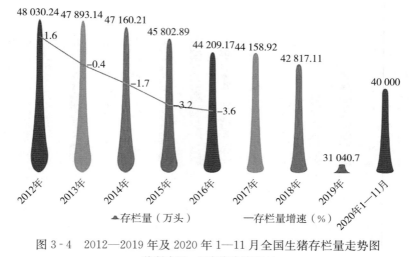

图 3-4　2012—2019 年及 2020 年 1—11 月全国生猪存栏量走势图
（资料来源：国家统计局网站）

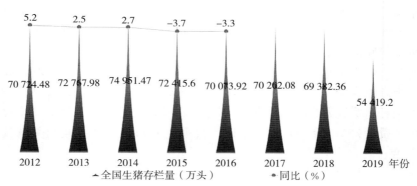

图 3-5　2012—2019 年全国生猪出栏量走势图
（资料来源：国家统计局网站）

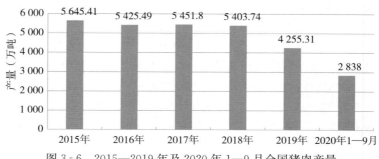

图 3-6　2015—2019 年及 2020 年 1—9 月全国猪肉产量
（资料来源：国家统计局网站）

生猪贸易方面，根据农业农村部信息中心的数据，2020 年猪肉进口量为 439 万吨，同比上升 108%，进口猪肉增长及进口猪肉价格低迷也给国内猪肉价格带来了下行压力。出口量近十年持续下降，2020 年仅有 1 万吨（表 3 - 2）。

表 3 - 2   2010—2020 年我国猪肉进出口量（万吨）

年份	进口量	出口量
2010	20	11
2011	47	8
2012	52	7
2013	58	7
2014	56	9
2015	78	7
2016	162	5
2017	122	5
2018	119	4
2019	211	3
2020	439	1

资料来源：农业农村部信息中心。

价格方面，2012 年 11 月至 2020 年 2 月，我国生猪价格从 13.44 元/千克暴涨至 40.98 元/千克，价格涨幅高达 205%，之后呈现振荡下行趋势。2020年 12 月，我国生猪价格为 32.87 元/千克，较之前生猪价格的峰值有所下降，但依然处于高位。影响价格下行的主要因素是产能持续回升，但下行的幅度和速度很大程度上取决于目前对以非洲猪瘟为主的疫情防控效果。

非洲猪瘟防控呈常态化，生物安全是非洲猪瘟防控的关键。2020 年，我国报告非洲猪瘟疫情仅 18 起，涉及四川、河南、内蒙古、甘肃、重庆、陕西、江苏和云南等省（自治区、直辖市）。但实际情况可能比报告的更严重。非洲猪瘟病毒仍在传播，传染源与污染源并未彻底清除，疫情并未消停。小散户成为高风险来源之一，对规模化猪场的生物安全造成严重威胁，环境、农贸市场、屠宰场、无害化处理厂等仍存在污染。

三、肉牛产业发展

在货币流动性充裕和政策支持肉牛产业发展的大背景下，我国肉牛牦牛养殖和牛肉消费总体"产销两旺"，牛价和肉价同时一路攀升（2015—2020年全国去骨牛肉批发价格见图3-7），肉牛牦牛产业得到了飞速发展。2020年产业金融、科技、减税减费等政策的广泛、大力支持，进一步提高了我国肉牛牦牛产业的科技水平和竞争力，表现在效率提高与收益率上升等节本增效能力加强，以及"直上家庭餐桌"的牛肉产品的性价比仍高于进口牛肉产品等方面。

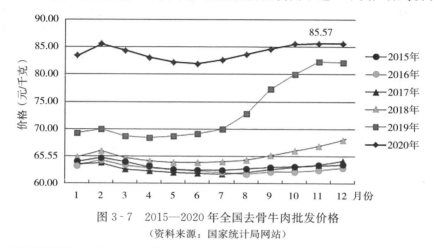

图3-7 2015—2020年全国去骨牛肉批发价格
（资料来源：国家统计局网站）

我国的资源禀赋和最小成本的经济性原则，决定了现阶段的"小群体、大规模"养殖与屠宰加工阶段的"小产能、大产量"是我国肉牛产业发展的基本模式。其中，母牛产地、粗饲料资源及环境条件等决定的育肥场（户、企）所客观形成的中国特色"肉源分散"格局，以及占全国人口36%以上的民生需求是肉牛产业发展的基础。

牦牛肉产品的种类、质量、消费量、销售半径都在迅速提高和扩大。牦牛肉的市场需求催生了很多品牌企业和品牌产品，而藏区对牦牛肉的传统消费方式并未受到影响。牦牛放牧养殖仍是主要生产形式，中小规模牦牛养殖户是牦牛养殖的主体。牦牛养殖与生态保护并重，牦牛的存栏量将趋于平稳。随着舍饲错峰出栏、低海拔异地育肥等技术和模式的发展扩散，养殖区将向饲草料资源优势区转移，牦牛的出栏量和产肉量将进一步稳中上升。将牦牛肉产品推向内地中高端市场的生产组织化、养殖规模化、产品标准化的产业模式正在形成。

近十年来，我国肉牛存栏量总体稳定，2016年达到峰值，为7441万头，之后两年有所减少，至2019年我国肉牛存栏总数为6998万头（图3-8）；人均牛肉消费量自2016年开始增加，2019年达到5.94千克左右（图3-9）。

2020年，在非洲猪瘟与新型冠状病毒感染（曾用名为"新型冠状病毒肺

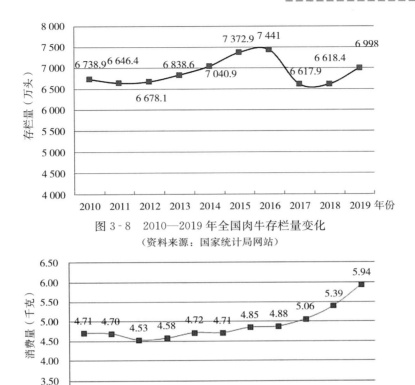

图 3 - 8　2010—2019 年全国肉牛存栏量变化

（资料来源：国家统计局网站）

图 3 - 9　2009—2019 年我国人均牛肉消费量

（资料来源：国家统计局网站）

炎"）"双疫情"因素的影响下，牛肉产品的消费替代功能及营养价值功效逐渐显现，国内牛肉消费需求强劲。而多重原因导致的育肥牛产能下降促使国内活牛市场供给压力持续升级，牛肉进口量显著增长，2020 年达到 211.8 万吨（表 3 - 3）。新时期、新形势驱动国内肉牛产业升级步伐加快，行业由"增量发展"向"增效发展"转型需求迫切。

表 3 - 3　2010—2020 年我国牛肉进出口量（万吨）

年份	进口量	出口量
2010	2.4	2.21
2011	2	2.2
2012	6.1	1.22
2013	29.4	0.59

（续）

年份	进口量	出口量
2014	29.8	0.65
2015	47.4	0.47
2016	58	0.41
2017	69.5	0.09
2018	103.9	0.04
2019	166	0.02
2020	211.8	0.01

资料来源：国家统计局网站。

四、奶牛产业发展

经过数十年的发展，我国奶牛养殖业从规模化程度到牧场管理水平，从种养硬件设施的应用到生鲜乳的质量都取得了巨大进步，初步建立起以专业牧场为主，实现良种繁育、粪污有效处理、机械化挤奶的现代化牧业发展。总体来说，我国已经解决奶源质量安全，建立起与国际接轨的、相对完整的安全管理体系，推动奶源品质达到欧美国家的相应要求标准，并在个别指标上做到最优。优质安全奶源的建立，为我国乳品企业提供高品质产品打下了坚实基础，我国奶业发展已经由个体养殖发展到了品质升级的阶段（图 3-10）。

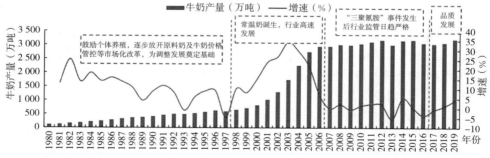

图 3-10　我国奶业发展经历的四个阶段

2008 年之前是中国奶业发展鼎盛时期，当时一句"得奶源者得天下"，凸显了在巨大市场需求下奶源的战略地位。在政策的支持下，2009 年奶牛存栏量有所稳定和恢复。但是 2010 年后奶牛养殖量受到影响开始下降，主要原因：一是受当时饲料、人工等成本上升，奶牛养殖中的两个比较收益下滑。成本上涨速度快于奶价上涨速度，外出务工收益高于奶牛养殖，结果大批养殖户退出，造成 2013 年底出现"奶荒"，短期奶价大幅上涨，但持续时间不长。二是进入 2014 年，国际奶价大幅下跌，并持续长达 3 年。此时，由于之前出现"奶荒"，因此企业加快产品结构调整，大量使用乳粉为原料。一方面使国内生鲜乳价格与国际开始联动；另一方面国内奶源相对过剩，大量喷粉，当时新西兰进口乳粉到岸价格仅为国内加工喷粉成本价格的 1/2，加剧了"倒奶杀牛"情况的发生。2017 年以后，我国奶牛存栏量趋于稳定，但牛奶生产水平逐渐上升，总产奶量也快速增加。2020 年，全国奶牛存栏量为 1 065 万头，牛奶生产总量为 3 440 万吨（图 3 - 11 至图 3 - 12）。随着奶牛育种与繁殖、营养与饲料、疫病控制、环境控制、乳品安全与加工等技术的不断进步，"十四五"期间，我国奶业也将得到进一步的发展。

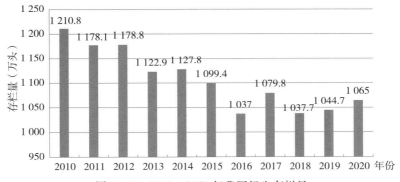

图 3 - 11　2010—2020 年我国奶牛存栏量

（资料来源：国家统计局网站）

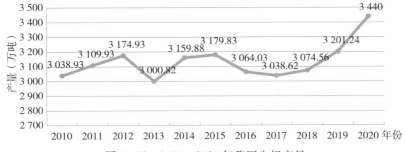

图 3 - 12　2010—2020 年我国牛奶产量

（资料来源：国家统计局网站）

奶业的快速发展也使得人均牛奶占有量逐渐上升，2020 年国内人均奶制品占有量达到 37.74 千克（图 3 - 13）；生鲜乳进口量也稳定上升，2020 年进口 1 875.2 万吨（表 3 - 4）。

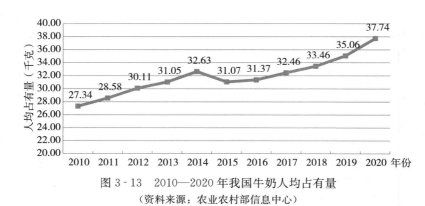

图 3-13　2010—2020 年我国牛奶人均占有量

（资料来源：农业农村部信息中心）

表 3-4　2010—2020 年我国生鲜乳进出口量（万吨）

年份	折生鲜乳进口量	折生鲜乳出口量
2010	637.3	10.4
2011	757.3	16.7
2012	918.3	16.8
2013	1 234.9	10.7
2014	1 316.8	13.7
2015	1 100.4	9.5
2016	1 283.0	9.6
2017	1 485.2	12.0
2018	1 616.2	22.4
2019	1 731.5	23.5
2020	1 875.2	13.4

五、禽类产业发展

我国作为世界家禽产业大国，不但家禽养殖历史源远流长，并且产量高，大大满足了民众对肉蛋家禽类产品的需求，提供了许多就业机会，增加了农民收入，是建设现代化农业体系中的一个重要改革部分。从禽肉产品结构来看，传统禽肉仍以鸡肉为主，鸭肉产量占禽肉总产量的比重相对较小。

（一）肉鸡

我国肉鸡主要包括两大类：黄羽肉鸡和白羽肉鸡。黄羽肉鸡是含有地方鸡种血统的本土品种，通常有比较强的地域特征，价格较白羽肉鸡偏高，黄羽肉鸡养殖企业主要面临区域性竞争。而白羽肉鸡则全部为进口品种，价格较低，养殖企业面临国际市场的竞争。据中国畜牧业协会统计数据显示，在规模上黄羽肉鸡与白羽肉鸡平分秋色，2019 年全国出栏黄羽肉鸡约 49 亿只、白羽肉鸡约 44 亿只，合计占比约 55%（图 3 - 14）。

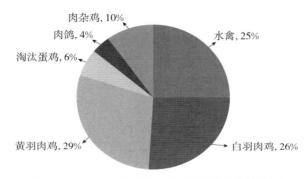

图 3 - 14　2019 年我国各类家禽出栏量占比分析
（资料来源：中国畜牧兽医协会）

2020 年受全球新冠肺炎疫情的影响，畜禽出栏量增速有所缓慢，但仍延续一直以来的持续增长态势。根据中国畜牧业协会监测数据，2020 年我国白羽肉鸡累计更新祖代种鸡100.3 万套*，比 2019 年减少 17.99%。2020 年祖代种鸡平均存栏量 163.3 万套，较 2019 年增长 17.16%，基本延续了 2019 年的大幅增长趋势。其中，在产祖代种鸡平均存栏量 105.5 万套，比 2019 年增加 29.11%；后备祖代种鸡平均存栏量 57.8 万套，与 2019 年基本持平，仅有 0.63%的微幅增长；父母代种鸡平均存栏量 6 074.3 万套，较 2019 年增加 18.1%，而在产、后备父母代平均存栏量分别为 3 500.0 万套、2 574.4 万套，分别比 2019 年增加 11.52%、28.36%。黄羽肉种鸡平均存栏量增幅接近 5%，种鸡规模创历史最高水平。2020 年全国黄羽祖代肉种鸡平均存栏量 219.4 万套，比 2019 年增加 4.67%；其中，在产、后备祖代种鸡平均存栏量分别为 153.4 万套、66.0 万套，分别比 2019 年增加 4.67%、4.68%。父母代种鸡平均存栏量 7 614.8 万套，比 2019 年增加 1.9%；其中，在产父母代平均存栏量

---

　　* 注：对肉鸡祖代种鸡而言，1 000 套是由 A 系种公鸡 100 只、B 系种母鸡 300 只、C 系种公鸡 200 只、D 系种母鸡 1 000 只组成，共 1 600 只，以 D 系种母鸡数量定为相应的"套"数；对肉鸡父母代种鸡而言，1 000 套由 AB 系种公鸡 100 只和 CD 系种 1 000 只组成，共 1 100 只；对蛋鸡祖代种鸡而言，1 000 套由 A 系种蛋鸡 25 只、B 系种母鸡 150 只、C 系种公鸡 120 只、D 系母鸡 1 000 只组成，共 1 295 只，取 D 系母鸡数量为相应的"套"数；对蛋鸡父母代种鸡而言，1 000 套由 AB 系种公鸡 200 只和 CD 系母鸡 1 000 只组成，共计 1 200 只。

4 302.4万套，比 2019 年增加 4.35%；后备父母代平均存栏量分别为 3 312.5 万套，比 2019 年下降 1.18%。

受非洲猪瘟影响，猪肉供给量下降，禽肉需求增加、进口量增加，2020年进口禽肉 155.4 万吨（表 3-5）。

表 3-5　2010—2020 年我国禽肉进出口量（万吨）

年份	进口量	出口量
2010	54.2	20.6
2011	42.1	21.1
2012	52.2	19.4
2013	58.4	20.3
2014	46.9	22.5
2015	40.9	24.7
2016	59.3	22.7
2017	45.2	24.1
2018	50.4	22.1
2019	79.5	21.8
2020	155.4	20.2

资料来源：农业农村部信息中心。

（二）蛋鸡

我国蛋种鸡产业整体水平提升较快，主要有蛋鸡育种与制种一体化和引种与制种专业化两种类型的经营模式，蛋种鸡产业的集中度越来越高，为满足我国大规模商品代蛋鸡场一次 10 万只以上雏鸡的需要提供了保障。蛋种鸡企业饲养管理技术、技术队伍建设、品质管理、市场营销、技术服务水平和品牌建设等方面也显著提高。2020 年蛋鸡存栏量处于高位，鸡蛋供给过剩，祖代蛋种鸡平均存栏量仍远高于 36 万套的市场需求量，父母代和商品代鸡苗供应有保障。据中国畜牧业协会监测，2020 年 1—12 月在产祖代种鸡平均存栏量同比减少 6.0%，但仍维持在 50 万套以上，完全可以满足父母代和商品代蛋鸡养殖市场的需求。鸡蛋价格在 2018 年和 2019 年维持高位，均高于 2015—2019 年的平均水平。受蛋鸡存栏量过剩的影响，鸡蛋价格和淘汰鸡价格同比均大幅下降。据农业农村部定点监测，2020 年鸡蛋平均价格 1—11 月同比下跌 22.8%，12 月同比下跌 12.4%；淘汰鸡平均价格 1—11 月同比下跌 15.8%，12 月同比下跌 15.4%。随着生猪稳产保供各项政策的落实，生猪存栏量逐步恢复到 2017 年末存栏量水平的 80% 以上，由此拉动玉米、豆粕等饲料价格恢复性上涨，蛋鸡养殖成本随之有所增加。据农业农村部定点监测，2020 年 1—12 月蛋鸡平均饲料成本和养殖成本同比均增加 5.8%。2018 年和 2019 年蛋鸡养殖效益大幅增加，2019 年养殖场（户）补栏较多，致使 2020 年上半年蛋鸡存栏量达到历史新高位，同时新型冠状病毒感染疫情造成鸡蛋供应过剩，鸡蛋价格降低，蛋鸡养殖效益变差，去产能趋势已经形成，10 月开始出现存栏量、鸡蛋产量同比减少的态势。随着新型冠状病毒感染疫情防控形势的好转，第四季度出现消费增加、产量减少的有利形势，但饲料成本增加，全年养殖效益处于亏损状态（图 3-15 至图 3-16）。

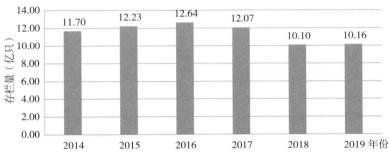

图 3-15　2014—2019 年我国在产商品蛋鸡存栏量
（资料来源：国家统计局网站）

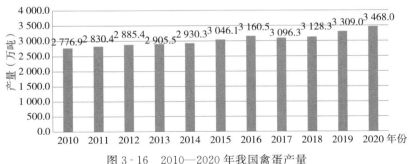

图 3-16　2010—2020 年我国禽蛋产量
（资料来源：农业农村部信息中心）

（三）水禽

水禽方面，我国主要以肉鸭养殖为主，市场呈现出"先抑后扬"的变化趋势。白羽肉鸭在我国肉鸭养殖业中所占的比重较大，2014 年出栏量为 29.29 亿只，2017 年出栏量为 28.97 亿只，2019 年出栏量约为 27.5 亿只，行业整体发展较为平稳（图 3-17）。

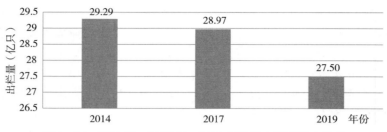

图 3-17　2014 年、2017 年、2019 年我国白羽肉鸭出栏量

（资料来源：国家统计局网站）

六、肉羊产业发展

我国是肉羊产量最多的国家，国内政策、消费环境及国际贸易的变化均为肉羊产业发展带来了新的挑战与机遇。近年来，我国活羊和羊肉价格一路高涨，肉羊产业进入新的发展周期，但我国羊肉产品供给的数量安全和质量安全亟待提高。牧区草地资源退化和环保政策影响了我国羊肉产品供给的"数量安全"，单纯靠无限扩大饲养规模或无限增加生产要素投入来满足消费者日益增长的羊肉消费需求的发展方式造成的代价过高且不可持续。同时，我国肉羊产业的养殖规模化程度低，散养户众多且养殖方式粗放，饲养管理水平差异大，肉羊产业组织管理机制、肉羊良种等投入品机制及疫病防疫机制不健全等问题导致我国肉羊产业标准化程度低，威胁着我国羊肉产品供给的"质量安全"。另外，我国羊肉产品还存在同质性强、自主品牌少、相关标准仍低于国际水平等问题。因此在国内市场上，国产羊肉相比进口羊肉缺乏价格优势和品质优势。随着消费者对高品质美好生活的日益追求，羊肉消费的数量需求和品质需求日益增长，我国羊肉的有效供给不足，羊肉供需缺口形势日益严峻，到 2020 年这一缺口达到 36.5 万吨（图 3-18）。

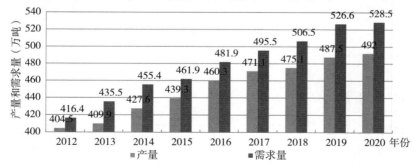

图 3-18　2012—2020 年我国羊肉产量和需求量（万吨）

（资料来源：中国畜牧兽医学会）

2011—2019 年，我国肉羊存栏量呈先增后减再逐渐恢复的态势，总体从
28 664.2 万只增长到 30 072.1 万只，增长 4.9%，年均增长率为 0.5%。其
中，2015 年达到存栏量峰值 31 174.3 万只。从出栏率看，2011—2020 年出栏
率总体呈上升态势，从 0.9 增长到 1.1。其中，从 2017 年开始突破 1，说明我
国肉羊产能不断提高。从羊肉产量看，2011—2020 年，我国羊肉产量整体呈
增长态势，增长了 23.6%，年均增长率为 2.4%。其中，2016—2020 年增速
变缓，年均增长率为 1.4%；2020 年，羊肉产量增速有所下降，仅比 2019 年
增长 0.9%。根据农业农村部监测数据，2020 年全国羊肉集贸市场月度平均价
格（羊肉价格）继续保持高位运行，显著高于 2019 年同期水平，上半年各月
同比增长保持在 14% 以上，下半年差距逐渐缩小。1—12 月，羊肉价格从
81.2 元/千克增长至 83.3 元/千克，涨幅为 2.6%。从出栏量看，2011—2020
年，我国肉羊出栏量从 26 232.2 万只上升至 31 941.0 万只，增长 21.8%，年
均增长率为 2.2%。其中，2016—2020 年增速有所减缓，年均增长率为
1.3%。2020 年，受新型冠状病毒感染疫情影响，我国肉羊集中出栏期延
长，出栏量仅比 2019 年增长 0.8%（表 3 - 6）。根据农业农村部监测数据，
2020 年第四季度出栏量增量最大，当年累计出栏量呈 1—5 月上升、6—12
月下降的态势；1—12 月，我国累计新生羔羊、出售羔羊和出售架子羊数量
同比均呈下降趋势。

表 3 - 6　2011—2020 年我国肉羊产业发展情况

年份	存栏量（万只）	出栏量（万只）	羊肉产量（万吨）
2011	28 664.2	26 232.2	398.0
2013	28 935.2	26 962.7	409.9
2015	31 174.3	28 761.4	439.9
2016	29 930.5	30 005.3	460.3
2017	30 231.7	30 797.7	471.1
2018	29 713.5	31 010.5	475.1
2019	30 072.1	31 699.0	487.5
2020	—	31 941.0	492.0

资料来源：国家统计局网站。

近年来，我国羊肉进口量逐渐增加，2019 年达到 39.2 万吨，2020 年稍有
回落，达到 36.5 万吨（表 3 - 7）；羊肉人均占有量也由 2011 年的 2.95 千克上

升到 2020 年的 3.5 千克（图 3-19）。

表 3-7　2010—2020 年我国羊肉进出口量（万吨）

年份	羊肉进口	羊肉出口
2010	5.7	1.3
2011	8.3	0.81
2012	12.4	0.50
2013	25.9	0.32
2014	28.3	0.44
2015	22.3	0.38
2016	22.0	0.41
2017	24.9	0.52
2018	31.9	0.33
2019	39.2	0.20
2020	36.5	0.17

资料来源：农业农村部信息中心。

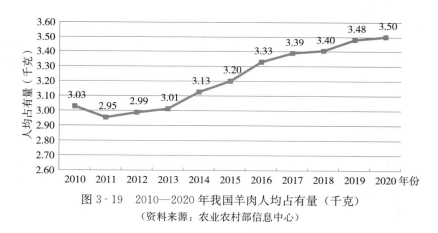

图 3-19　2010—2020 年我国羊肉人均占有量（千克）

（资料来源：农业农村部信息中心）

第二节　我国畜禽养殖业绿色发展状况

2016 年以来，农业农村部大力推进产业结构调整，着力推行绿色发展方式，积极谋划供给侧结构性改革，有力推进了畜禽养殖绿色发展。

一、资源节约状况

资源节约主要涉及劳动生产、饲料转化、土地利用、资源周转状况，反映畜禽养殖过程的绿色理念实施状况，相关指标包括单位产品用工量、饲料转化率、单位产品土地成本、单位产品能耗费用等。

1. 单位产品用工量逐步下降

单位产品用工量反映的是每生产一单位畜禽产品需要投入的劳动用工数量。生猪、蛋鸡和奶牛的单位产品用工量如图 3 - 20 所示。

图 3 - 20　2010—2020 年生猪、蛋鸡和奶牛的单位产品用工量

（资料来源：《全国农产品成本收益资料汇编》）

注：单位产品用工量，生猪为工时/头，蛋鸡为工时/百只，奶牛为工时/头。

从图 3 - 20 中 2010—2020 年的数据来看，我国畜禽养殖中单位产品用工量逐步下降[①]。其中，每百只蛋鸡的用工量下降幅度最大，生猪和奶牛的下降幅度相对较小。单位产品用工量的逐步下降，主要得益于近年来我国养殖中自动化和机械化程度的提高，劳动力要素效率得到了提升。

2. 饲料转化率逐渐提升

饲料转化率是指饲养期内每千克产品增重所消耗的饲料重量，这一比率越低表明饲料转化率越高，资源越节约。图 3 - 21 显示了我国 2010—2020 年生猪、蛋鸡和奶牛的饲料转化率变化趋势。

2010—2020 年，我国规模化生猪、蛋鸡、奶牛养殖场的饲料转化率均呈下降趋势，如生猪从 3.06 降到 3.04，蛋鸡从 2.32 降到 2.23，奶牛从 0.53 降到 0.45。综上，2010—2020 年，我国生猪、蛋鸡和奶牛养殖中的饲料转化率均呈现下降趋势，表明生产效率逐渐提升。

---

① 需要说明的是，本书中用规模化养殖的数据进行计算，这里采用大规模养殖数据，原因在于大规模养殖不仅代表一种趋势，更代表着先进生产力。按照《全国农产品成本收益资料汇编》对规模的标准划分，生猪养殖年出栏量 1 000 头以上为大规模养殖，奶牛年存栏量 100 头以上为大规模养殖，蛋鸡年存栏量 25 000 羽以上为大规模养殖。

图 3‑21 2010—2020 年生猪、蛋鸡和奶牛养殖中的饲料转化率
（资料来源：《全国农产品成本收益资料汇编》）

3. 生猪和蛋鸡的单位产品土地成本逐渐下降，奶牛的则有所上升

单位畜禽土地成本是指对每单位畜禽来说，生产者为获得饲养场地（包括土地及其附着物，如猪舍等）的经营使用权而实际支付的租金或承包费。成本是价值数据，对土地价格用当年物价指数进行了价格平抑，结果如图 3‑22所示。

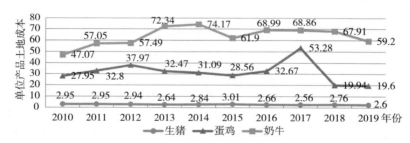

图 3‑22 2010—2019 年生猪、蛋鸡和奶牛的单位产品土地成本（元）
（资料来源：《全国农产品成本收益资料汇编》）

注：单位产品土地成本，生猪为元/头，蛋鸡为元/百只，奶牛为元/头。

由图 3‑22 可以看出，从 2010 年到 2019 年，生猪和蛋鸡的土地成本总体呈逐渐下降的趋势，奶牛的土地成本则出现了较大幅度的上升，从 2010 年的47.07 元增长到 2019 年的 59.2 元。这是因为随着国内畜牧业养殖自动化的发展，生猪集约化养殖模式和层叠式蛋鸡笼养模式得到了大多数养殖场的认可及使用，从而推动养殖过程中土地成本的下降；但奶牛因为个头和体积较大，无法采用层叠式养殖模式，尤其是近年来动物福利养殖的大力推广，更是使得奶牛的土地成本随之增加。

另外，2017 年蛋鸡土地成本出现了突发性激增，主要是因为当年我国蛋鸡养殖遭遇近 10 年的最差行情，上半年鸡蛋价格基本全部处于 6 元/千克以下，跌破成本线，亏损持续时间和深度均为历史之最；2016 年第四季度至2017 年上半年的低迷行情导致蛋鸡苗同期补栏量同比下降 28.3%，从而导致单位蛋鸡的土地成本增加。

4. 单位产品能源消耗费用呈现先升后降的趋势

能源消耗费用是畜禽养殖过程中，每单位产品需要投入的能源费用（用当年物价指数平抑），反映畜产品生产中的能源消耗水平，能源消耗费用越低表示越节约。

如表3-8所示，蛋鸡和奶牛每单位产品的能源消耗费用总体呈现出先升后降的趋势，原因在于：2010—2016年，蛋鸡和奶牛养殖的机械化和设施化程度提升，能源投入增加；2017—2019年，设施养殖的节能化和废弃物的资源化利用导致能源投入有所下降。每单位生猪产品的能源消耗费用几乎一直保持下降的趋势，原因在于生猪大规模养殖中机械化和设施化的程度较高，新型智能、节能设备的投入在一定程度上降低了能源的消耗。

表3-8　2010—2019年生猪、蛋鸡和奶牛每单位产品能源消耗费用

年份	2010	2011	2012	2013	2014	2015	2016	2017	2018	2019
生猪（元/头）	7.52	7.15	6.94	6.37	6.88	6.65	6.6	6.69	6.67	6.4
蛋鸡（元/百只）	84.13	89.58	83.81	88.97	83.06	96.14	96.36	109.01	99.13	101.49
奶牛（元/头）	309.56	305.04	324.38	342.41	370.72	363.43	398.5	369.88	365.55	353.14

资料来源：《全国农产品成本收益资料汇编》。

二、环境友好发展状况

环境友好要求形成绿色生产发展方式，降低产业发展对生态环境的影响。结合畜禽养殖的特殊性，环境友好指标体系由污染物排放、治理投资、单位耕地面积畜禽承载量组成，用来衡量畜禽产业污染物减排、环境治理等方面的现状。其中，化学需氧量、总磷排放量指标全面考察畜禽产业大气污染物的排放情况，畜禽粪便废物排放量少，反映产业对生态环境的危害程度小；单位耕地面积畜禽承载量即单位耕地面积所承载的畜禽污染物排放量，反映一个地区容纳畜禽污染物的环境压力；环境污染治理投资占GDP比重用以客观反映各地区对环境的治理强度，代表区域或国家对环境保护工作的重视程度。

1. 总磷排放量减少

总磷是水体、土壤等磷含量水平的指标，总磷排放量指标用来反映畜牧业

生产中大气、固体污染物的排放状况。

从表 3-9 中可以看出，生猪和奶牛生产中的总磷排放量总体减少；蛋鸡生产中的总磷排放量增加，且随着养殖量的增长总磷排放量不断增多；奶牛生产中的总磷排放量较少。从总量上看，2010—2019 年畜禽总磷排放量减少。

表 3-9　2010—2019 年畜禽生产中的总磷排放量（万吨）

年份	生猪	蛋鸡	奶牛	总排放量
2010	79.83	81.01	14.31	175.15
2011	78.92	81.35	14.51	174.78
2012	79.44	84.42	15.05	178.91
2013	80.84	88.21	14.52	183.57
2014	80.54	86.83	15.10	182.47
2015	79.13	87.83	15.18	182.15
2016	76.63	89.17	14.36	180.16
2017	73.90	89.66	10.88	174.44
2018	75.01	92.00	10.45	177.46
2019	72.73	91.76	10.52	175.01

资料来源：中国"三农"数据库。

注：总磷排放量＝各类畜禽粪便产生量×各类畜禽粪便污染物参数（粪便产生量＝饲养量×饲养周期×各类畜禽粪便日排放系数）（张藤丽等，2020）。

2. 单位耕地面积畜禽承载量逐步减少

单位耕地面积畜禽承载量是指按照畜禽粪污排放计算的单位耕地面积所承载的畜禽数量，这里将其他畜禽养殖量按照《畜禽业污染物排放标准》折算为生猪养殖量，以单位耕地面积承载的生猪单位来表示环境对畜禽的承载强度。

图 3-23 显示，2010—2019 年单位耕地面积畜禽承载量维持在 8～10 头生猪/公顷，2010 年为 9.57 头生猪/公顷，2019 年下降至 8.62 头生猪/公顷。总体来看，我国单位耕地面积畜禽承载量逐渐减少，表明环境压力逐渐减小。

3. 化学需氧量排放量不断减少

化学需氧量反映了水体受还原性物质污染的程度，化学需氧量排放量用来反映养殖污染物排放对水体环境的影响程度。

据表 3-10 可知，生猪和奶牛化学需氧量排放量不断减少，蛋鸡排放量增多。生猪的化学需氧量排放量较高，占每年排放总量的 50% 左右；奶牛排放量相对较少，稳定在 250 万～350 万吨，蛋鸡排放量增多的原因在于养殖量的增加。总量上看，2010—2019 年畜禽化学需氧量排放量逐渐减少。

图 3-23　2010—2019 年单位耕地面积畜禽承载量

（资料来源：《中国农业统计年鉴》）

注：单位耕地面积畜禽承载量＝（生猪存栏量＋奶牛存栏量×10＋蛋鸡存栏量/30）/耕地面积（单位为生猪单位/公顷）。根据《畜禽业污染物排放标准》，对不同畜禽种类的养殖场和养殖区的养殖规模，可将其他畜种养殖量换算成生猪养殖量，换算比例为：30 只蛋鸡折算成 1 头生猪，1 头奶牛折算成 10 头生猪。

表 3-10　2010—2019 年畜禽养殖中化学需氧量排放量（万吨）

年份	生猪	蛋鸡	奶牛	总排放量
2010	1 250.39	638.74	352.46	2 241.59
2011	1 236.13	641.40	357.45	2 234.97
2012	1 244.29	665.58	370.79	2 280.66
2013	1 266.25	695.50	357.66	2 319.41
2014	1 261.44	684.60	372.08	2 318.11
2015	1 239.39	692.51	374.09	2 305.99
2016	1 200.28	703.05	353.76	2 257.09
2017	1 157.47	706.91	268.01	2 132.39
2018	1 174.90	725.34	257.56	2 157.80
2019	1 139.20	723.47	259.29	2 121.96

资料来源：中国"三农"数据库。

注：化学需氧量排放量＝各类畜禽粪便产生量×各类畜禽粪便污染物参数（粪便产生量＝饲养量×饲养周期×各类畜禽粪便日排放系数)[1]。

4. 环境治理投资占国内生产总值的比重逐渐上升

环境治理投资[2]占（国内生产总值（gross domestic product，GDP）的比重反映区域对环境治理的重视程度，也在一定程度上反映了区域环境的情况。

---

① 张藤丽，焉莉，韦大明，2020. 基于全国耕地消纳的畜禽粪便特征分布与环境承载力预警分析 [J] . 中国生态农业学报（中英文），28（5）：745-755.

② 由于畜禽粪污专项治理经费投资数据缺乏，这里用该区域全部环境治理投资的数据占全部 GDP 的比重来表示。

如果该区域环境治理投资占比较大，则该区域环境相对较好。

图 3-24 显示，2010—2019 年环境治理投资占 GDP 比重始终维持在 0.54%～0.75%。2010 年为 0.59%，2019 年上升至 0.75%，总体来看，我国环境治理投资占 GDP 比重逐渐上升。

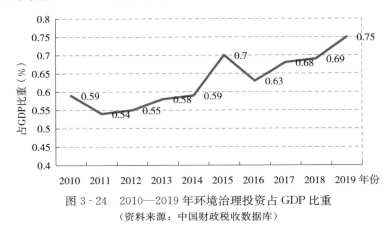

图 3-24　2010—2019 年环境治理投资占 GDP 比重
（资料来源：中国财政税收数据库）

三、产品安全发展状况

产品安全要求减少有害物质在畜禽产品中的残留量，强调产品适应人们绿色、健康、营养的品质安全需求，相关指标主要包括绿色认证畜禽产品产量占同类畜产品产量的比重、饲料检测合格率等。

1. 绿色认证畜产品产量占同类畜产品产量比重略有下降

绿色认证产品代表着高质量产品，绿色认证畜产品产量占同类畜产品产量的比重越大则说明产品质量越好。生猪、禽蛋绿色认证产品占同类产品产量的比重见图 3-25。

如图 3-25 所示，2010—2013 年绿色猪肉产量比重迅速提升，从 0.076% 提升至 0.450%；2013 年之后，绿色猪肉和绿色鸡蛋产量均呈下降趋势，2019 年绿色猪肉比重下降至 0.109%，绿色鸡蛋产量下降至 0.427%。2013 年中央经济工作会议、中央农村工作会议让更多无公害食品、绿色食品、有机食品走上百姓餐桌。但提高认证标准并加强监管，畜产品认证难度加大，对认证数量造成了一定影响，且畜禽产量不断增长，绿色畜产品产量占畜产品总量比重有小幅下降。

2. 饲料监测合格率增长

饲料是养殖企业中的主要投入品，饲料安全是产品安全的重要保障。从图

图 3 - 25 绿色畜产品产量占同类畜产品产量比重

（资料来源：中国绿色食品发展中心）

注：绿色牛奶产量数据和 2010—2013 年绿色鸡蛋产量数据缺失。

3 - 26 来看，2010—2019 年，我国饲料监测合格率总体提升，从 2010 年的 93.9％上升到 2017 年的 96.4％，但 2018 年下降到 93.2％，2019 年又上升到 96.2％。

图 3 - 26 畜禽养殖饲料监测合格率

（资料来源：农业农村部网站）

四、产出高效状况

产出高效包括畜禽产业产量和利润两方面的产出效果，用畜禽产业产值占农业产值、畜牧业成本利润率等比重指标衡量。畜禽产业产值占农业产值的比重从产值角度衡量畜禽产业的产出状况，比值越大表明畜禽产业产出的贡献越大[①]；利润是产业发展效果的有效体现，成本利润率代表在单位成本下畜禽产业的产出效率，反映经营成果的发展状况[②]。

1. 规模化养殖率不断提升

规模化养殖有助于养殖户的成本控制、疫病防控、污染治理以及提升畜产品品质。规模化养殖率为小规模以上养殖数量占当年全部养殖数量的比例。

从图3-27可以看出，生猪、蛋鸡和奶牛养殖规模化程度较高，基本在70%左右。其中，蛋鸡规模户养殖比重整体最高，生猪和奶牛规模化养殖比重相对低些。奶牛养殖规模化变化程度最为明显，从2020年的36.9%到2018年的66.9%，尤其是2017年以来。

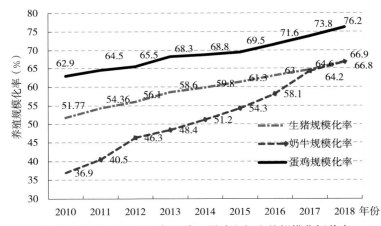

图3-27　2010—2018年生猪、蛋鸡和奶牛的规模化饲养率

资料来源：历年《中国畜牧业统计年鉴》《中国奶业统计年鉴》，该图统计小规模以上养殖存栏量占比。根据《全国农产品成本收益资料汇编》中的养殖规模划分依据，生猪和奶牛养殖规模分别按100头和50头以下为小规模，蛋鸡养殖规模在1 000只以下的算小规模，由于蛋鸡的统计数据仅有2 000头以上，本指标数据统计2 000只以上。

2. 畜牧业产值占比保持稳定，生猪产业显著下降

畜牧业产值占比是指不同畜禽品种的产值占农业总产值的比重，结果如图3-28所示。

---

① 陆文聪，张宁，西爱琴，等，2007.浙江省现代畜牧业发展水平的基本判断及综合评价［J］.华南农业大学学报（社会科学版）(1)：10-16.

② 孙薇，侯煜菲，周彩红，2019.制造业绿色竞争力评价与预测——以江苏省为例［J］.中国科技论坛（4）：124-132，141.

图 3-28　2010—2019 年生猪、蛋鸡和奶牛的畜牧业产值占比

（资料来源：《中国农业年鉴》）

　　从总体上看，2010—2019 年畜牧业产值占农业总产值的比重虽略有下降但总体保持稳定。原因在于畜牧业产值虽然上升较快，从 2010 年的 20 825.7 亿元增加到 2019 年的 33 064.3 亿元，但是农业总产值上升幅度更快，导致占比略有下降。从结构上看，蛋鸡业和奶牛业产值占农业总产值的比重基本保持稳定，而生猪业产值占农业总产值的比重从 2016 年开始出现下滑，这主要是因为 2016 年国家对生猪养殖环保政策的大力推进，导致许多散养户退出了生猪养殖市场。

3. 畜牧业成本利润率呈现波动变化

　　成本利润率是利润与成本之比，是反映企业盈利能力的一个重要指标。对产业来讲，成本利润率是反映投入产出水平的指标，可以综合衡量产品生产、销售的全部得与失的经济效果。

　　从品种来看，奶牛养殖的成本利润率较高，其次是生猪养殖，蛋鸡养殖的成本利润率最低。就生猪来说，随着猪肉供给和消费的变化，年份之间呈现明显变化趋势。其中，2014 年主要是因为猪肉供给整体偏多，消费疲软，所以猪价同比大幅下降，成本利润率明显很低。2019 年受"猪周期"下行、非洲猪瘟疫情冲击和一些地方不当禁养限养等因素的影响，全国生猪产能下降较多，猪价涨幅较大，成本利润率较高。就蛋鸡养殖来说，年份之间的变化呈现明显波动趋势，其中 2017 年主要受禽流感的影响，蛋鸡养殖亏损明显。奶牛养殖较稳定，2016—2020 年养殖的成本利润率呈现增加趋势（表3-11）。

表 3-11 2010—2020 年生猪、蛋鸡和奶牛成本利润率（％）

畜禽	年份										
	2010	2011	2012	2013	2014	2015	2016	2017	2018	2019	2020
生猪	10.76	29.97	8.47	7.22	0.15	15.12	25.17	8.83	2.87	47.90	62.50
蛋鸡	9.40	12.09	4.47	2.43	11.23	4.45	2.38	—4.06	11.31	18.24	—6.40
奶牛	27.36	26.12	22.16	25.04	29.13	24.83	25.89	26.14	27.08	27.57	30.36

资料来源：《全国农产品成本收益资料汇编》。

注：成本利润率＝利润/成本×100％。

第四章
我国畜禽养殖绿色发展评价 ▶▶▶

评价畜牧业绿色发展水平有助于全面把握畜牧业绿色发展现状及不足，为畜牧业绿色发展寻找新的突破口或努力的方向。

第一节　水平评价

不同学者对绿色发展内涵和评价指标认知的差异，为选取畜牧业绿色发展水平评价指标提供了经验借鉴。现有畜牧业评价研究集中在农业绿色发展和现代化畜牧业评价两方面。农业绿色发展评价指标多样，包括从资源利用、环境治理、绿色生态和优化质量四方面的评价（魏琦等，2018），从生态、经济和社会效益三方面的测度[1]，以及生产角度的评价[2]。此外，还包括各地区农业绿色发展水平的评价[3][4][5][6][7][8]。现代化畜牧业评价体系包含养殖、管理、防疫、科教和效益（陆文聪等，2007），以及物质装备、科技进步、

---

[1]　崔元锋，严立冬，陆金铸，等，2009. 我国绿色农业发展水平综合评价体系研究 [J]. 农业经济问题，30（6）：29-33.

[2]　黄炎忠，罗小锋，李兆亮，2017. 我国农业绿色生产水平的时空差异及影响因素 [J]. 中国农业大学学报，22（9）：183-190.

[3]　贾云飞，赵勃霖，何泽军，等，2019. 河南省农业绿色发展评价及推进方向研究 [J]. 河南农业大学学报，53（5）：823-830.

[4]　周莉，2019. 乡村振兴背景下西藏农业绿色发展研究 [J]. 西北民族研究（3）：116-127.

[5]　郭蓓，李婷君，魏东雄，等，2018. 北京农业绿色发展评价指标体系构建及推进方向 [J]. 农业展望，14（2）：39-44.

[6]　龚贤，罗仁杰，2018. 精准扶贫视角下西部地区农业绿色发展能力评价 [J]. 生态经济，34（8）：128-132.

[7]　吴丹，王亚华，马超，2017. 北大荒农业现代化的绿色发展模式与进程评价 [J]. 农业现代化研究，38（3）：367-374.

[8]　张乃明，张丽，赵宏，等，2018. 农业绿色发展评价指标体系的构建与应用 [J]. 生态经济，34（11）：21-24，46.

经营管理、安全可持续、产业产出等①。张艳荣和王玉新（2009）、姜法竹等（2008）还建立了畜牧业效益评价体系和效益评价模型②③。

一、评价指标构建

为了评价我国畜牧业绿色发展状况，根据科学性与客观性相统一，系统性与层次性相统一，可比性、可靠性与可操作性相统一的原则，构建绿色投入（A1）和绿色产出（A2）2 个一级指标，资源节约（B1）、环境友好（B2）、产品安全（B3）和产出高效（B4）4 个二级指标，养殖用工数量（劳动生产率）等 13 个三级指标的评价指标体系（表 4 - 1）。

表 4 - 1 畜禽养殖绿色发展竞争力评价指标体系

一级指标	二级指标	三级指标	指标解释	指标含义	性质	权重
A1 绿色投入（2.71%）	B1 资源节约（27.1%）	C1 养殖用工数量	每头生猪用工工时（日）	劳动力节约状况	—	0.170
		C2 饲料转化率	生猪增重量/饲料重量	饲料资源节约状况	+	0.551
		C3 资产利用率	生猪出栏数量/期初数量（可用上期末数代替）	畜牧业集约生产能力	+	0.279
A2 绿色产出（72.9%）	B2 环境友好（17.6%）	C4 化学需氧量排放总量	粪便排放总量×化学需氧量排放系数	畜牧业水体污染物减排状况	—	0.189
		C5 氮磷排放总量	粪便排放总量×氮磷排放系数	畜牧业大气、固体污染物减排状况	—	0.209
		C6 单位耕地面积载畜量	牲畜养殖单位数（生猪单位）/耕地面积	耕地面积畜禽承载强度	—	0.082
		C7 环境污染治理投资占 GDP 比重	环境污染治理投资/GDP 总量	畜牧业环境治理强度	+	0.520

　① 王国刚，杨春，王明利，2018.中国现代畜牧业发展水平测度及其地域分异特征［J］.华中农业大学学报（社会科学版）（6）：7-13，150-151.
　② 张艳荣，王玉新，2009.基于模糊综合评价法的凉州区畜牧业效益综合评价［J］.湖南农业科学（1）：127-130.
　③ 姜法竹，张涛，王兆君，2008.效益型畜牧业发展评价研究［J］.西北农林科技大学学报（社会科学版）（5）：42-47.

（续）

一级指标	二级指标	三级指标	指标解释	指标含义	性质	权重
A2 绿色产出（72.9%）	B3 产品安全（33.6%）	C8 规模化饲养率	生猪规模化养殖户数量/养殖户总量	畜牧业安全养殖状况	+	0.516
		C9 防疫费用率	生猪防疫费用/生产成本	养殖过程减药状况	—	0.073
		C10 绿色食品认证数量	当年绿色食品获证数量	畜产品质量安全状况	+	0.411
	B4 产出高效（21.7%）	C11 畜产品人均占有量	畜产品产量/总人口数	畜产品产出量状况	+	0.329
		C12 畜牧业产值占农业产值比重	畜牧业产值/农业总产值	畜牧业产值地位状况	+	0.311
		C13 成本利润率	利润总额/成本费用总额	畜牧业经营成果发展状况	+	0.360

注：①由于畜禽粪污资源化利用率、产品合格率、饲料监测合格率这3个指标没有各省（自治区、直辖市）的数据，因此这里没有纳入指标体系中。

②在环境友好指标中加入了单位耕地面积载畜量，用以反映环境友好程度。

③资源节约中的一些价值指标在此没有列示，这里仅选择了3个数量指标，且用生猪的资源节约效率代替全部畜牧业。

　　资源节约要求以较少投入，实现足量产出，提高劳动力、饲料等资源利用效率，反映资源的集约利用状况，体现"绿色"生产要求。养殖用工数量反映劳动力利用状况，依据饲养单位畜禽的用工时间（日）来衡量计算；饲料转化率即消耗一单位饲料后畜产品的增重量，反映饲料集约利用状况，用消耗单位饲料所转化的畜产品产量测算；资产利用率反映畜牧业资产集约利用水平，此处用生猪出栏率来衡量。

　　环境友好要求降低畜牧业生产对生态环境的影响，减少污染以实现"绿色"生产。面源污染物排放总量包括畜禽养殖过程中化学需氧量及氮磷排放量，用以衡量畜禽养殖过程中的面源污染强度，根据粪便排放总量和排放系数计算（张藤丽等，2020）；碳排放总量即畜禽养殖所排放的碳当量总和，直观反映畜禽养殖对生态环境的危害，借鉴姚成胜等（2017）提出的方法测算得到①；环境污染治理投资占GDP比重代表各省（自治区、直辖市）环境治理力度，用以反映各省（自治区、直辖市）环境治理态度，投资越多，效果越好；单位耕地面积载畜量反映各省（自治区、直辖市）耕地牲畜承载强度，即

————
① 姚成胜，钱双双，毛跃华，等，2017. 中国畜牧业碳排放量变化的影响因素分解及空间分异[J]. 农业工程学报，33（12）：10-19.

畜禽养殖环境承载现状，用单位耕地面积上承载的畜禽数量来衡量，载畜量越大则畜禽养殖对环境的影响越大。

产品安全要求规范养殖过程、减少有害残留、确保产出安全，从质量角度体现生产"发展"。规模化饲养率代表畜禽标准化、规范化养殖状况，体现畜禽安全养殖能力，以规模化养殖户数量占养殖户总量的比重衡量，规模化率越高则养殖过程越安全；防疫费用率代表畜禽养殖过程中的用药情况，用药越多则药物残留越多，根据产出单位畜产品所耗防疫成本占总成本比重测算，费用率越高，产品安全水平越低；绿色食品认证量从产出监管和认证角度衡量畜产品的质量安全状况，认证数量越多则地区食品安全状况越好，畜产品质量更高。

产出高效表现为畜产品产出数量和生产利润的高效率，从生产能力角度衡量畜禽养殖的"发展"状况。畜产品人均占有量和畜牧业产值占农业产值比重分别从数量及产值两方面考察畜牧业产出效率。畜产品人均占有量反映畜产品的产出数量，借鉴赵昕蕊（2020）的研究[①]，用蛋白质产量代替畜产品产量来衡量畜产品的人均占有量，突破畜产品不同种类的限制；畜牧业产值占农业产值比重从产值角度探讨畜牧业的产出能力，比重越大，则生产状况越好。生产利润是畜牧业生产能力的有效体现，成本利润率即成本利润的转化比，反映畜牧业的经营成果，用生猪产业的成本利润率来代表畜牧业的成本利润率。

二、评价方法与数据来源

为了更科学、全面地评价畜禽养殖绿色发展水平，此处采用客观评价方法，以避免主观因素对评价结果的影响，并对测算结果进行客观分类。

1. 方法

（1）熵值法 熵值法基于信息熵原理确定权重，是客观评价方法的一种，能够保证评价结果的客观、准确。为了对不同年份的评价结果进行比较，此处选用面板数据。但是传统熵值法缺少对时间序列的分析，因此为了提高结果的合理性，借鉴方大春和马为彪（2019）的方法并加入了时间变量，对熵值法作了改进[②]，改进后的熵值法评价模型如下：

---

① 赵昕蕊，2020. 优质蛋白食物十佳食物［J］. 烹调知识（11）：79.
② 方大春，马为彪，2019. 中国省际高质量发展的测度及时空特征［J］. 区域经济评论（2）：61-70.

首先，对数据运用归一法进行标准化处理。为了消除异常值对评价结果的影响，本文将标准化之后的值均向右平移 0.000 1 个单位，在此基础上进行畜禽养殖绿色发展竞争力综合水平测度。其次，确定各指标权重，建立初始矩阵 $X = (Z'_{i,j})_{m \times n}$，其中 $m = 11 \times 30$，$n = 13$，计算贡献度 $P_{i,j}$，$p_{i,j} = z'_{i,j} / \sum\limits_{i=1}^{m} z'_{i,j}$，熵值为 $E_i = -k \sum\limits_{j}^{m} p_{i,j} \ln p_{i,j}$，其中 k 为常数，$k = 1/\ln m$，根据 $d_i = 1 - E_i$ 得到信息熵，最终得到各指标的权重，$w_i = d_i / \sum\limits_{i=1}^{n} d_i$。最后，根据各指标权重，采用线性加权法对各地区畜禽养殖绿色发展竞争力水平进行计算：$Z = \sum\limits_{i=1}^{n} w_{i,j} \times z'_{i,j}$，其中 $z'_{i,j}$ 代表 j 地区第 i 项指标标准化之后的值。

（2）系统聚类分析法　系统聚类分析法是根据不同个体的特点，按照距离远近，将距离相近的变量先聚成类、距离较远的变量后聚成类，依次进行，直到每个变量都归入合适的类中。此处采用组间联接聚类方法，以平方 Euclidean 距离为度量标准，进行系统聚类中的 Q 型聚类分析。

2. 数据来源

此处研究对象为全国 30 个省（自治区、直辖市）畜禽养殖绿色发展竞争力，由于数据缺失，因此不包含西藏与港澳台地区，样本区间的时间为 2009—2019 年。原始数据来源于 EPS 数据库（EPS 全球统计数据分析平台）以及 2009—2020 年《中国农村统计年鉴》《中国畜牧兽医年鉴》《中国环境统计年鉴》《全国农产品成本收益资料汇编》《中国品牌农业年鉴》《中国饲料工业年鉴》《绿色食品统计年报》《第二次全国污染源普查公告》和各省（自治区、直辖市）统计年鉴、农业农村部网站，采用趋势平滑法处理原始数据缺失值。

三、评价结果及分析

1. 综合评价结果

（1）畜禽养殖绿色发展各指标权重不一　用熵值法求得畜禽养殖绿色发展评价体系各指标权重见表 4-1。据表 4-1 可知，中国畜禽养殖绿色发展中绿色投入占比 27.1%，绿色产出占比 72.9%，绿色产出占比较大。资源节约维度中，饲料转化率权重最高；环境友好维度中环境污染治理投资占 GDP 比重权重最高；产品安全维度中规模化饲养率权重最高；产出高效维度中成本利润率权重最大。

（2）畜禽养殖绿色发展水平整体升高　根据权重计算的 2010—2019 年中

国畜禽养殖总体绿色发展及四个维度的发展演变如图 4-1 所示。

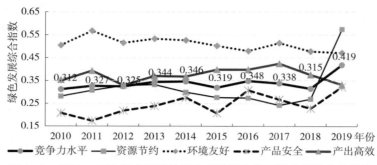

图 4-1 2010—2019 年全国平均畜禽养殖绿色发展综合指数变化趋势

据图 4-1 可知,2010—2019 年畜禽养殖绿色发展水平变化可分两个阶段:2010—2018 年为畜禽养殖绿色发展水平整体平稳期,由 2010 年的 0.312 发展为 2018 年 0.315;2019 年为大幅增长期,水平迅速提高至 0.419。四个二级指标的共同作用致使畜禽养殖绿色发展水平发生了变化。

2010—2018 年整体平稳是环境友好和产品安全、产出高效与资源节约增减变化相互抵消促成的结果。一方面,环境友好和产品安全整体呈相反变化趋势,2010—2011 年环境友好水平提升,产品安全水平下降,2011—2018 年的变化与此相反。原因在于,2010—2011 年各省(自治区、直辖市)加大环境治理投资,环境污染治理投资占 GDP 比重较高,促进畜禽养殖环境友好水平提升;2011 年后环境治理投资趋于平稳,但畜禽养殖量增长,废弃物排放量相应增加,环境友好受到影响。2011 年之前,畜禽养殖以散养为主,规模化程度不高,影响畜产品安全水平的提高;2011 年,"瘦肉精"事件爆发,社会对畜产品安全的关注度提升,安全产品认证受到市场追捧,绿色食品认证数量较 2010 年提高了 11.4%。另一方面,以 2013 年为起始点,产出高效水平先上升后下降,资源节约水平先下降后上升。原因在于,2017 年人均畜产品占有量较 2013 年提高了 5.7%,带动产出高效水平提高;2018 年,受非洲猪瘟的影响,畜牧业产值占农业产值的比重较 2017 年下降了 1.5 个百分点,导致畜牧业产出高效水平降低。2013 年畜禽养殖用工工时提高且饲料转化率降低,导致 2013—2017 年畜禽养殖资源节约水平逐渐下降;2018 年饲料转化率较 2017 年提升了 2.4%,带动了资源节约水平的提升。

2019 年畜禽养殖绿色发展大幅提升主要由资源节约和产品安全推动。在政策的引导作用下,畜禽养殖规模化饲养率迅速推进,2019 年较 2018 年规模化率增长了 6.3%;同时,2019 年全国绿色食品认证数量较前一年提高了 10.6%,有效提高了畜禽养殖产品安全水平。2019 全国生猪产业饲料转化率较 2018 年提高了 0.6%，资源节约水平提升，推动畜禽养殖绿色发展迅速提升。

根据各指标权重，采用综合评价指数法对指标体系进行加权求和，得到了 2010 年、2012 年、2016 年、2019 年全国平均及 30 个省（自治区、直辖市）畜禽养殖绿色发展指数及其均值，如表 4-2 所示。

表 4-2　2010 年、2012 年、2016 年、2019 年全国平均及 30 个省（自治区、直辖市）畜禽养殖绿色发展评价结果

省（自治区、直辖市）	年份				均值	省（自治区、直辖市）	年份				均值
	2010	2012	2016	2019			2010	2012	2016	2019	
全国	0.312	0.325	0.348	0.419	0.338						
北京	0.482	0.501	0.516	0.375	0.475	河南	0.228	0.225	0.244	0.440	0.273
天津	0.528	0.539	0.608	0.487	0.507	湖北	0.247	0.247	0.324	0.353	0.305
河北	0.496	0.393	0.354	0.495	0.391	湖南	0.237	0.244	0.275	0.398	0.280
山西	0.310	0.331	0.438	0.578	0.386	广东	0.250	0.340	0.258	0.333	0.279
内蒙古	0.388	0.394	0.475	0.511	0.430	广西	0.260	0.282	0.288	0.387	0.289
辽宁	0.336	0.319	0.329	0.404	0.348	海南	0.223	0.269	0.332	0.331	0.262
吉林	0.336	0.369	0.368	0.424	0.384	重庆	0.277	0.311	0.314	0.454	0.318
黑龙江	0.359	0.376	0.363	0.441	0.382	四川	0.278	0.264	0.240	0.345	0.262
上海	0.295	0.286	0.344	0.444	0.308	贵州	0.190	0.223	0.208	0.386	0.275
江苏	0.263	0.271	0.319	0.442	0.313	云南	0.254	0.262	0.334	0.343	0.282
浙江	0.324	0.265	0.251	0.403	0.288	陕西	0.244	0.303	0.358	0.441	0.316
安徽	0.320	0.326	0.380	0.463	0.355	甘肃	0.233	0.249	0.245	0.327	0.255
福建	0.274	0.302	0.363	0.404	0.333	青海	0.329	0.287	0.374	0.365	0.337
江西	0.224	0.304	0.251	0.429	0.282	宁夏	0.385	0.471	0.352	0.506	0.389
山东	0.339	0.318	0.341	0.403	0.332	新疆	0.446	0.466	0.609	0.469	0.509

表 4-2 分别显示了 2010 年、2012 年、2016 年和 2019 年全国平均及各省（自治区、直辖市）畜禽养殖绿色发展测算结果。结果显示，这几年大部分省（自治区、直辖市）畜禽养殖绿色发展均有提高，仅北京和天津竞争力水平有小幅下降，这主要是由于 2019 年的迅速增长使得整体趋于增长。

就发展趋势而言，与 2010 年相比，2019 年山西、重庆、宁夏、江西、河

南、贵州和安徽等省（自治区、直辖市）增长较快，多位于中部地区，原因在于规模化饲养率的快速提升和饲料转化率的提高。10 年间，中部地区规模化饲养率提高了 1.64 倍，饲料转化率提高了 1.16 倍，推动了资源节约和产品安全水平提高。辽宁、新疆、吉林、河北、云南、青海、黑龙江、四川等省（自治区、直辖市）增长较慢，多位于北部地区和西南地区。北部地区水平始终较高，发展速度相对较慢；西南地区环境治理投资少且畜产品人均占有量低造成该地区环境友好和产出高效水平下降。西南各省（自治区、直辖市）2019 年人均畜产品占有量为全国平均水平的 90%，环境治理投资占 GDP 的比重也低于全国平均水平，制约了该地区绿色发展速度。北京和天津增长水平小幅下降，主要因为土地规模限制畜禽养殖，畜产品人均占有量少，且不断下降，至 2019 年两市畜产品人均占有量仅为全国平均水平的 40%，导致其产出高效水平降低，绿色发展水平下降。

2. 区域聚类分析结果及解释

（1）聚类结果　运用 SPSS 21.0 软件分别对 2009 年、2012 年、2016 年和 2019 年全国 30 个省（自治区、直辖市）畜禽养殖绿色发展竞争力结果进行聚类分析，并将结果由高到低分为高、较高、一般、较低四类（表 4-3）。

表 4-3　2009 年、2012 年、2016 年、2019 年全国 30 个省（自治区、直辖市）畜禽养殖绿色发展竞争力聚类分析结果

年份	高	较高	一般	较低
2009	北京、天津	新疆、内蒙古、吉林、江苏、黑龙江	浙江、吉林、上海、海南、河北、广东、安徽、贵州、云南、山东、湖南、陕西、河南、湖北、福建	江西、青海、广西、四川、宁夏、重庆、山西、甘肃
2012	北京、天津、新疆	宁夏、黑龙江、河北、吉林、内蒙古	福建、海南、浙江、安徽、广东、上海、辽宁、陕西、青海、山西、江苏、江西、云南	山东、湖北、湖南、广西、四川、甘肃、河南、贵州、重庆
2016	北京、天津	新疆、内蒙古、宁夏	山西、江苏、上海、海南、安徽、山东、浙江、陕西、福建、青海、黑龙江、湖北、吉林、辽宁、云南、河北、重庆	广东、江西、广西、湖南、河南、四川、甘肃、贵州
2019	北京、天津、山西	内蒙古、宁夏、新疆、安徽、重庆、江苏、河北	浙江、福建、上海、黑龙江、河南、陕西、海南、辽宁、吉林、湖南、湖北、江西、山东	广东、四川、广西、云南、青海、甘肃、贵州

由表 4-3 可知，与 2009 年相比，2019 年畜禽养殖绿色发展有"高"和

"较高"竞争力的省（自治区、直辖市）数量增多，由 7 个增加为 10 个，其中较高竞争力集聚类型的省（自治区、直辖市）数量从 5 个增加为 7 个。2012 年与 2016 年竞争力"高"及"较高"的省（自治区、直辖市）分别为 8 个与 5 个。总体来看，我国畜禽养殖绿色发展竞争力水平提升，新疆和京津冀地区畜禽养殖绿色发展竞争力水平始终较高，甘肃、贵州、四川和广西等省（自治区、直辖市）相对较低。

畜禽养殖绿色发展"高"和"较高"竞争力省（自治区、直辖市）集聚在我国北部地区。北部省（自治区、直辖市）竞争力较高与资源和环境禀赋相关，地广人稀，畜禽饲养规模较大，规模化饲养率高于全国其他地区，2019 年东北三省平均规模化饲养率是全国平均规模化率的 2.4 倍；同时，其饲料转化率是全国平均水平的 1.12 倍，资源利用效率高；此外，北部省（自治区、直辖市）畜牧业产值占农业总产值比重是全国整体产值比重的 1.4 倍，畜禽养殖比重大，畜产品人均占有量高，产出高效水平高于全国其他地区。2019 年重庆、安徽和江苏畜禽养殖绿色发展竞争力上升为较高水平。

（2）空间演变推动因素 如表 4-4 所示，2009 年和 2019 年资源节约、产品安全是畜禽养殖绿色发展竞争力"高""较高"的省（自治区、直辖市）绿色发展的主要推动因素。与 2009 年相比，2019 年绿色发展竞争力为"高"和"较高"水平的省（自治区、直辖市）多位于我国北部地区，竞争力水平相对较低的省（自治区、直辖市）多位于我国南部和东部沿海地区。2009 年和 2019 年"高"竞争力地区产品安全、资源节约水平始终高于其他地区，产品安全、资源节约是竞争力高的主要推动因素。北部地区的规模化饲养率高，安全产品认证数高，2019 年仅东北三省的绿色产品认证数量就占全国认证总量的 10.5%，产品安全水平高。北部地区的饲料、劳动力、土地等资源丰富，规模化饲养率高，畜牧生产资源节约能力较强。

2009 年和 2019 年，竞争力较低的省（自治区、直辖市）缺乏竞争优势的原因存在差异。西南地区竞争力较低的原因在于环境友好和产品安全水平低，东南地区竞争力较低的原因在于产出高效水平低。西南地区省（自治区、直辖市）环境治理投资占 GDP 比重低于北部地区 15.6%，而化学需氧量、氮、磷等废弃物排放量则高于北部地区 7.8%；畜禽西南地区多为散户养殖，规模化饲养率仅为北部省（自治区、直辖市）的 15%，且绿色食品认证量不高。东南地区省（自治区、直辖市）养殖用地资源匮乏，畜产品人均占有量低，2019 年仅为北部地区省（自治区、直辖市）的 25%，且东南地区地区经济发达，种植业与渔业发达，但畜禽养殖产值占比低，2019 年仅为北部地区省（自治区、直辖市）的 48%，拉低了其绿色发展竞争力水平。

表 4‑4　2009 年和 2019 年全国 30 个省（自治区、直辖市）畜禽养殖
绿色发展二级指标空间演变

省（自治区、直辖市）		资源节约			环境友好			产品安全			产出高效		
		2009 年	2019 年	增长	2009 年	2019 年	增长	2009 年	2019 年	增长	2009 年	2019 年	增长
东部	北京	0.818	0.690	−0.128	0.819	0.839	0.020	0.510	0.382	−0.128	0.244	0.033	−0.211
	天津	0.587	0.611	0.024	0.509	0.492	−0.017	0.584	0.674	0.090	0.404	0.195	−0.208
	河北	0.281	0.503	0.222	0.601	0.608	0.007	0.111	0.227	0.116	0.734	0.704	−0.030
	辽宁	0.429	0.641	0.211	0.464	0.420	−0.044	0.419	0.210	−0.209	0.504	0.428	−0.076
	上海	0.529	0.573	0.044	0.510	0.553	0.043	0.392	0.433	0.040	0.032	0.081	0.049
	江苏	0.496	0.579	0.083	0.768	0.745	−0.023	0.290	0.358	0.068	0.190	0.223	0.033
	浙江	0.539	0.782	0.243	0.695	0.684	−0.011	0.292	0.243	−0.049	0.223	0.207	−0.016
	福建	0.452	0.787	0.335	0.496	0.480	−0.016	0.254	0.328	0.074	0.094	0.256	0.162
	山东	0.451	0.509	0.058	0.524	0.508	−0.016	0.225	0.225	0.000	0.258	0.243	−0.015
	广东	0.512	0.675	0.162	0.408	0.439	0.031	0.286	0.220	−0.066	0.292	0.130	−0.162
	海南	0.443	0.663	0.220	0.439	0.438	0.000	0.405	0.310	−0.095	0.106	0.157	0.050
中部	山西	0.203	0.425	0.223	0.563	0.555	−0.008	0.085	0.640	0.554	0.220	0.444	0.224
	内蒙古	0.423	0.453	0.030	0.461	0.507	0.045	0.317	0.388	0.071	0.778	0.753	−0.025
	吉林	0.438	0.516	0.079	0.455	0.387	−0.068	0.382	0.239	−0.143	0.591	0.563	−0.028
	黑龙江	0.280	0.599	0.319	0.370	0.357	−0.013	0.393	0.280	−0.113	0.561	0.605	0.044
	安徽	0.458	0.916	0.458	0.574	0.603	0.029	0.197	0.201	0.005	0.276	0.382	0.106
	江西	0.428	0.585	0.157	0.503	0.520	0.017	0.177	0.220	0.043	0.171	0.169	−0.002
	河南	0.145	0.400	0.255	0.428	0.489	0.061	0.248	0.313	0.064	0.661	0.546	−0.115
	湖北	0.406	0.521	0.116	0.490	0.513	0.023	0.191	0.241	0.050	0.315	0.241	−0.074
	湖南	0.409	0.725	0.316	0.359	0.348	−0.011	0.305	0.253	−0.052	0.314	0.253	−0.061
	广西	0.360	0.316	−0.045	0.396	0.386	−0.010	0.191	0.340	0.149	0.238	0.256	0.018
西部	重庆	0.131	0.688	0.557	0.509	0.549	0.039	0.142	0.346	0.204	0.300	0.400	0.100
	四川	0.370	0.467	0.098	0.244	0.237	−0.007	0.154	0.335	0.181	0.490	0.323	−0.168
	贵州	0.122	0.213	0.091	0.405	0.417	0.012	0.411	0.208	−0.202	0.433	0.234	−0.199
	云南	0.423	0.273	−0.150	0.246	0.226	−0.020	0.324	0.328	0.004	0.445	0.410	−0.034
	陕西	0.186	0.483	0.297	0.549	0.562	0.013	0.228	0.262	0.034	0.517	0.453	−0.064
	甘肃	0.369	0.430	0.062	0.368	0.353	−0.015	0.081	0.151	0.070	0.199	0.234	0.035
	青海	0.439	0.242	−0.197	0.346	0.334	−0.012	0.181	0.200	0.018	0.333	0.462	0.129
	宁夏	0.195	0.641	0.446	0.478	0.562	0.083	0.135	0.281	0.147	0.436	0.678	0.241
	新疆	0.507	0.566	0.060	0.590	0.609	0.019	0.294	0.350	0.056	0.628	0.529	−0.099

四、结论与建议

通过构建评价指标体系，运用熵值法对 2009 年、2012 年、2016 年、2019 年全国 30 个省（自治区、直辖市）畜禽养殖绿色发展竞争力水平进行测算，并运用聚类分析法对绿色发展竞争力演变特征进行分类总结，以探讨我国各地区畜禽养殖绿色发展竞争力变化规律和推动因素。研究发现：①2009—2018 年畜禽养殖绿色发展竞争力水平整体平稳，2019 年大幅增长，由资源节约和产品安全水平推动；②竞争力较高区域集聚在北部地区省（自治区、直辖市），中部地区省（自治区、直辖市）竞争力增长较快（见前述）；③2009 年、2012 年、2016 年、2019 年产品安全和产出高效是畜禽养殖绿色发展竞争力优势地区获得竞争力的主要推动因素；④竞争力较低省（自治区、直辖市）分布在东南与西南地区，环境友好和产品安全水平是西南地区省（自治区、直辖市）竞争力较低的主要原因，产出高效制约东南地区省（自治区、直辖市）竞争力提升。

根据上述结论，为提高畜禽养殖绿色发展竞争力，提出如下建议。

（1）优化畜禽养殖生产布局 一是根据畜禽养殖绿色发展竞争力转移趋势，将畜牧养殖活动向北部地区省（自治区、直辖市）转移，适当降低西南和东部沿海地区的养殖量。根据畜禽特点，将牛、羊等饲草型牲畜向东北和西北地区转移，将生猪、家禽等饲粮型畜禽向中部粮食产区转移，做好环境治理和资源规划。二是在优化布局的基础上保障各地区畜产品供给，稳定消费。依靠大数据技术掌握各地区畜产品消费能力，确定适当的养殖强度，尽可能做到地区畜产品自产自销；加强宏观调配，将畜产品从北部地区向全国各地区调度，保障畜产品物流通道畅通，扶持物流企业发展，适当提高物流行业的竞争力，降低畜产品运输费用；构建电子商务平台，依靠平台建立高效的生鲜产品物流通道，同时提高消费者对畜产品的直观认知，提高消费满意度；鼓励畜产品生产企业延长产业链，对畜产品进行深加工，延长畜产品贮存期限，开发地区特色畜产品，拓展高端消费市场。

（2）持续提升北部畜禽养殖绿色发展高竞争力地区的产品安全和产出高效水平 北部地区要持续将畜牧养殖产品安全和产出高效作为工作重点，继续提高规模化饲养率的同时加强安全畜产品认证，提高地区食品安全认证率，打造地区畜产品品牌，兼顾产品安全和效益。发挥北部地区资源优势，持续提高畜禽养殖利润和养殖户的积极性，同时加强畜禽品种绿色化技术和自动化、智能化养殖设备的研发与推广应用，加快培育高繁、节料、优质等绿色发展型优良品种，加快生物饲料、中兽药等研发与应用，提高优质畜产品产量和绿色养殖效率。

（3）促进西南地区环境改善并加强食品监管　不断改进西南地区环境质量，提高政府环境保护治理投资，将环境保护作为地区发展规划的重要内容来推进；同时，结合西南地区环境特点，根据环境承载力，制定严格的养殖规范，合理规划养殖数量和区域布局，增加山地、林地养殖，并严格控制养殖密度，改进养殖技术，推广绿色养殖。加强地区食品监管，提高畜产品安全水平，积极推进规模化养殖，将畜禽养殖场集中在人口稀少的山地和林地，增大养殖规模，并加强畜产品品质改良技术创新，推广质量认证，加强监管，提高地区畜产品品质。

（4）提高东南地区畜禽养殖产出效率　依托经济发展优势，加强东南地区畜禽养殖技术体系创新，实现该地区畜禽机械化、自动化、智能化养殖，提高养殖效率；依托区位优势，加强绿色品牌建设，使畜产品面向高端市场和国际市场，走精品路线，提高产出效益；根据地区消费需要，从北部地区等畜产品产出高效地区调入高质量畜产品，加强市场监管，保障地区畜产品供给充足。

第二节　生产效率评价

猪肉供给事关国民经济的稳定发展，生猪养殖业在畜禽养殖中所占比例最大，2019 年生猪养殖产值占畜禽养殖总产值的 40%，猪肉产量占肉类总产量的 54.8%。本节以生猪生产为例，对绿色生产效率（绿色全要素生产率）进行探讨。

一、文献述评

提高农业生产效率是实现中国农业经济持续增长、推动中国农业现代化的关键[1]。但是传统生产率的测算因忽略了资源环境要素，不能反映农业发展的真实绩效[2]，因此学者将资源环境要素纳入农业生产效率测算体系，构建绿色

---

[1]　徐永慧，尹朝静，2021. 环境规制下中国农业绿色全要素生产率的测算［J］. 统计与决策，37（18）：50-54.

[2]　马国群，谭砚文，2021. 环境规制对农业绿色全要素生产率的影响研究——基于面板门槛模型的分析［J］. 农业技术经济（5）：77-92.

生产效率概念，用来分析农业绿色生产和绿色发展现状①②③④。

随着绿色发展理念深入人心，农业发展中的环境问题受到关注，涌现出许多农业绿色生产效率的研究成果。从农业绿色生产效率测算过程来看，不同学者选取的测算方法和指标存在差异。测算方法上，大多数学者通过测算农业绿色全要素生产率反映绿色生产效率，在随机前沿生产函数（stochastic frontier analysis，SFA）和数据包括分析（data envelopment analyse，DEA）的基础上加入非期望产出变量，对测算方法进行改进，Tone（2001）⑤ 构建的非径向、非角度的 DEA-SBM 标准效率模型，在 DEA 模型的基础上考虑非期望产出，将松弛变量纳入目标函数，克服了传统 DEA 模型的径向和角度选择带来的测算偏差，该方法目前得到了广泛应用⑥⑦。对农业绿色生产率的直接测算主要采用 SBM 模型，该方法可以得出决策单元的投入要素、非期望产出的改进目标与程度。绿色生产无效率可分解为投入无效率和产出无效率，在绿色生产率测算上受到重视⑧⑨⑩。指标方面，为更全面反映生猪养殖业绿色生产状况，将投入指标分为常规投入和资源投入两类变量，选取各地区衡量方法一致且受市场价格波动影响较小的变量作为投入变量，以保证测算结果的科学性和

　　① 刘亦文，欧阳莹，蔡宏宇，2021. 中国农业绿色全要素生产率测度及时空演化特征研究［J］. 数量经济技术经济研究，38（5）：39-56.
　　② 李欠男，李谷成，尹朝静，等，2019. 河北省县域农业绿色全要素生产率的空间特征［J］. 生态与农村环境学报，35（7）：845-852.
　　③ HUR，KIMI，YAMAMOTO，2004. Measurement of green productivity and its improvement［J］. Journal of Cleaner Production（7）：673-683.
　　④ OSKAMA，1991. Productivity measurement，incorporating environmental effects of agricultural production［J］. Agricultural Economics and Policy：International Challenges for the Nineties，Amsterdam：186-204.
　　⑤ TONE，2001. A slacks-based measure of efficiency in data envelopment analysis［J］. European Journal of Operational Research（3）：498-509.
　　⑥ 陈燕翎，庄佩芬，彭建平，2021. 吸收能力视角下贸易开放对农业绿色全要素生产率的影响［J］. 东南学术（1）：181-191.
　　⑦ 纪成君，夏怀明，2020. 我国农业绿色全要素生产率的区域差异与收敛性分析［J］. 中国农业资源与区划（12）：136-143.
　　⑧ 李翠霞，许佳彬，王洋，2021. 农业绿色生产社会化服务能提高农业绿色生产率吗［J］. 农业技术经济（9）：36-49.
　　⑨ 陈哲，李晓静，夏显力，等，2021. 城镇化发展对农业绿色生产效率的影响［J］. 统计与决策，37（12）：99-102.
　　⑩ 杨芷晴，2019. 教育如何影响农业绿色生产率——基于我国农村不同教育形式的实证分析［J］. 中国软科学（8）：52-65.

可比性。非期望产出指标选取上，有研究选取农业碳排放作为非期望产出①，也有研究选取农业面源污染作为非期望产出②，或将两者纳入同一个体系③。具体到生猪养殖业，将碳排放和面源污染物排放共同纳入非期望产出指标能更加准确地衡量农业绿色生产效率。

农业生产过程具有典型的区域化差异，有效识别农业绿色生产效率的地区差异有助于政府在协调区域发展方面提供证据④。对农业绿色生产效率空间分异的研究主要关注绿色生产能力指数差异及演变趋势，证实了农业绿色生产效率变化的时间、空间及区域差异性和集聚特征⑤⑥。且不同经济地区、农业功能地区因经济发展程度和发展定位不同，农业绿色生产效率存在较大差异，各省（自治区、直辖市）间具有较强空间依赖性⑦⑧⑨。就目前研究成果来说，对于空间分异程度的研究较少，且分异来源的关注度不够，无法反映空间分异的演变趋势和发展特征。

对农业绿色生产效率影响因素的研究聚焦于绿色生产现状的成因，现有研究主要分析了农产品进出口贸易、人均 GDP、农业产业集聚、农业增加值和规模化水平等经济因素与农业绿色生产效率的关系⑩⑪⑫⑬。随着产业进步和绿色理

① 李晓龙，冉光和，2021. 农产品贸易提升了农业绿色全要素生产率吗？——基于农村金融发展视角的分析［J］. 北京理工大学学报（社会科学版）（4）：82-92.

② 李谷成，2014. 中国农业的绿色生产率革命：1978—2008 年［J］. 经济学（季刊）（2）：537-558.

③ 周应恒，杨宗之，2021. 生态价值视角下中国省域粮食绿色全要素生产率时空特征分析［J］. 中国生态农业学报（中英文）（10）：1786-1799.

④ 纪成君，夏怀明，2020. 我国农业绿色全要素生产率的区域差异与收敛性分析［J］. 中国农业资源与区划（12）：136-143.

⑤ 郭海红，刘新民，2020. 中国农业绿色全要素生产率时空演变［J］. 中国管理科学（9）：66-75.

⑥ 杨骞，王珏，李超，等，2019. 中国农业绿色全要素生产率的空间分异及其驱动因素［J］. 数量经济技术经济研究（10）：21-37.

⑦ 王兵，曾志奇，杜敏哲，2020. 中国农业绿色全要素生产率的要素贡献及产区差异——基于 Meta-SBM-Luenberger 生产率指数分析［J］. 产经评论（6）：69-87.

⑧ 金芳，金荣学，2020. 农业产业结构变迁对绿色全要素生产率增长的空间效应分析［J］. 华中农业大学学报（社会科学版）（1）：124-134，168-169.

⑨ 肖琴，周振亚，罗其友，2020. 长江经济带农业绿色生产效率及其时空分异特征研究［J］. 中国农业资源与区划（10）：15-24.

⑩ 钱争鸣，刘晓晨，2013. 中国绿色经济效率的区域差异与影响因素分析［J］. 中国人口·资源与环境（7）：104-109.

⑪ 薛蕾，申云，徐承红，2020. 农业产业集聚与农业绿色发展：效率测度及影响效应［J］. 经济经纬（3）：45-53.

⑫ 秦琳贵，沈体雁，2020. 地方政府竞争、环境规制与全要素生产率［J］. 经济经纬（5）：1-8.

⑬ 王宝义，张卫国，2018. 中国农业生态效率的省际差异和影响因素——基于 1996—2015 年 31 个省份的面板数据分析［J］. 中国农村经济（1）：46-62.

念的发展，环境规制的影响逐步受到重视①，环境因素的影响研究逐渐增多。在关注各地区农业绿色生产效率现状以及指标差异在经济、环境等方面的成因之余，为什么会产生地区差异、地区差异程度如何，以及什么因素作用下导致地区农业绿色生产状况存在较大区别。对这些问题的解答尚不明晰，协调生产策略缺乏主要依据。

农业绿色生产效率研究为生猪养殖绿色生产效率测算和分析提供了有益借鉴，目前我国农业绿色生产效率的研究存在"三多三少"现象：一是关于农业绿色生产效率的研究较多而关于生猪养殖绿色生产效率的研究较少，对生猪养殖业高质量发展状况认识不足；二是关注地区之间绿色生产效率指数差异较多而关注绿色生产效率空间分异及其演变较少，对生猪养殖业高质量发展格局演变认知不足；三是对绿色生产效率本身影响因素的研究较多而对其空间分异影响因素的研究较少，对生猪养殖业高质量发展空间布局调整路径不明。

基于以上不足，此外，本部分从方法、视角和因素选择几方面进行拓展，运用 SBM 模型，测度"十一五""十二五""十三五"三个时期全国 29 个省（自治区、直辖市）生猪养殖绿色生产效率的演进现状；运用基尼系数分析生猪养殖绿色全生产效率空间分异程度；选取产业内部和外部多维因素，运用地理探测器分析各因素对不同时期生猪养殖绿色生产效率空间分异程度的影响，希望能为促进各地区生猪产业绿色协同发展提供参考依据。

二、评价方法

1. 非期望产出的 SBM 模型

运用基于非期望产出的 SBM 模型测算 29 个省（自治区、直辖市）生猪养殖绿色生产效率。为充分考虑投入产出的松弛性问题，Tone（2001）提出非径向、非角度的 SBM 方向性距离函数，该方法将松弛变量直接放入目标函数中，解决了投入产出的非零松弛问题，并剔除了由松弛所造成的非效率因素，同时解决了生产过程包含的非期望产出问题。此外，SBM 模型具有无量纲性和非角度的特点，可避免量纲不同和角度选择差异带来的偏差和影响。包含 m 种投入（X），n_1 种期望产出（y^g）和 n_2 种非期望产出（y^b）的 SBM 模型为：

---

① 王善高，徐章星，刘吉双，2021. 环境规制对不同规模生猪养殖的影响研究——基于"减排"和"增效"双重视角的考察［J］. 中国农业资源与区划（4）：49-59.

$$Min\rho = \frac{1 - \frac{1}{m}\sum_{i=1}^{m}\frac{S_i^-}{x_{i0}}}{1 + \frac{1}{n_1+n_2}\left(\sum_{r=1}^{n1}\frac{S_r^g}{y_{r0}^g} + \sum_{r=1}^{n2}\frac{S_r^b}{y_{r0}^b}\right)} \quad (1)$$

$$S.T.\begin{cases} x_0 = X\lambda + S^- \\ y_0^g = Y^g\lambda - S^g \\ y_0^b = Y^b\lambda + S^b \\ \lambda \geqslant 0,\ S^- \geqslant 0,\ S^g \geqslant 0,\ S^b \geqslant 0 \end{cases} \quad (2)$$

式中，S 代表投入、产出的松弛量，S^- 表示投入过多，S^b 表示非期望产出过多，S^g 表示期望产出不足，λ 表示权重，ρ（$0\leqslant\rho\leqslant1$）表示达标效率评分，S^-、S^b、S^g 严格递减。S^-、S^b、S^g 均为 0，即 $\rho=1$ 表示不存在投入和非期望产出过剩和期望产出的不足，决策单元完全有效率；S^-、S^b、S^g 均大于 0，即 $\rho<1$ 决策单元存在效率损失，可通过减少投入和非期望产出以维持产出水平，表示决策单元无效。

2. 空间分异指数

关于发展水平区域差异的衡量，最常用的方法包括基尼系数（GINI）、泰尔指数和对数离差均值（广义熵指标）等。根据以往研究，上述三种方法分别对高、中、低三类水平变化敏感，三者测算结果形成互补。因此，目前学者多根据三类指标的对比结果对发展水平的区域差异进行分析（王宝义等，2018）。

基尼系数经改进之后，现在产业经济学中被广泛应用，是衡量产业发展水平差异的主要方法之一。基尼系数的测算方法多样，此处采用 Mookherjee 和 Shorrocks（1982）提出的方法，其基本计算公式为：

$$GINI = \frac{1}{2n^2\mu}\sum|ML_i - ML_j| \quad (3)$$

式中，n 表示省（自治区、直辖市）的个数，ML_i 和 ML_j 分别表示 i 省和 j 省生猪养殖绿色生产效率，μ 为各省生猪养殖绿色生产效率均值。

对数离差均值（GE_0）和泰尔指数（GE_1）的基本计算公式如下：

$$GE_0(ML) = \frac{1}{n}\sum_{i\in N}\ln\frac{\mu}{ML_i} \quad (4)$$

$$GE_1(ML) = \frac{1}{n}\sum_{i\in N}\frac{ML_i}{\mu}\ln\frac{ML_i}{\mu} \quad (5)$$

式中，n 表示省（自治区、直辖市）的个数，μ 为各省生猪养殖绿色生产效率均值，ML_i 表示 i 省生猪养殖绿色生产效率水平。

在测算省际差异的基础上，为探讨其随时间演变趋势，进一步对生猪养殖绿色生产效率的敛散性进行检验。此处采用 α 收敛分析全国及各区域生猪养殖绿色生产效率的离散趋势，α 收敛公式为：

$$\alpha_t = \sqrt{n^{-1} \sum_{i=1}^{n} \left\{ ML_i(t) - \left[n^{-1} \sum_{m=1}^{n} ML_m(t) \right] \right\}^2} \qquad (6)$$

式中，$ML_i(t)$ 表示第 i 个省（自治区、直辖市）在 t 时期的生猪养殖绿色生产效率值，$ML_m(t)$ 表示第 m 个省（自治区、直辖市）在 t 时期的生猪养殖绿色生产效率值，n 表示省（自治区、直辖市）个数。α_t 值减小表明样本期内生猪养殖绿色生产效率呈收敛状态，各省差异缩小；α_t 值增大表明呈发散状态，各省生猪养殖绿色生产效率差异扩大。

3. 地理探测器

地理探测器主要由因子探测、交互探测、风险探测和生态探测四部分组成。其核心假设是，若某一事物变化具有空间分异性，则影响该事物变化因素的空间分布与该事物空间分布存在一致性和相似性，即这些影响因素对该事物的空间分异具有重要影响[1][2]。此处主要通过因子探测和交互探测检验生猪养殖绿色生产效率空间分异的影响因素，因子探测用于检验某一因素是否影响变量的空间分异，交互探测用于检验因素之间相互作用对变量的影响。交互探测通过空间叠加，构建包含两个影响因素的新的空间图层，计算两个因素及其叠加图层对变量空间分异的影响程度，以揭示不同因素之间对变量空间分异的交互作用，同时对比交互作用与单个因素对变量的影响程度。因子探测通过比较因素和变量的空间分布是否具有一致性，来检验因素对变量的空间分异是否有影响。因子探测程度用 q 值衡量，其表达式为：

$$q = 1 - \frac{\sum_{h=1}^{H} N_h \sigma_h^2}{N \sigma^2} \qquad (7)$$

式中，q 表示影响生猪养殖绿色生产效率空间分布因素的作用，取值 $[0,1]$；N 表示区域样本量；H 为因素和变量的分区，N_h 表示次级区域 h 的样本量。q 值越大则因素对绿色生产效率空间分布的影响越大，反之越弱；$q=0$ 表示变量空间分异不受该因素影响；$q=1$ 表示变量空间分异完全受该因素影响。此外，q 值表示因素的空间分异对变量空间分异的解释，不服从正态分布

① 杨骞，王珏，李超，等 .2019. 中国农业绿色全要素生产率的空间分异及其驱动因素 [J].数量经济研究（10）：21-37.

② 刘彦随，杨忍，2012. 中国县域城镇化的空间特征与形成机理 [J]. 地理学报（8）：1011-1020.

假设，不需要进行显著性检验。数据处理过程需要将各影响因素转变为类型量，此处运用系统聚类中的 Q 型聚类分析方法，根据数值大小将自变量聚为六类，观测值从高到低划分为 6 个类型，通过地理探测器计算各因素对生猪养殖绿色生产效率空间分异的影响程度。

三、变量选取与数据来源

1. 投入产出变量选取

（1）投入变量选取　常规投入变量包括：人工投入，用饲养每头生猪耗费的用工数量表示；仔猪投入，用每头仔猪的重量表示；饲料投入，用每头生猪每年消耗的精饲料重量表示。为全面衡量生猪养殖业的绿色生产能力，将能源和水这两个与可持续发展息息相关的变量纳入投入变量中。其中，能源投入用燃料动力费表示，水投入以每头生猪饲养过程中的用水费用衡量。以上成本变量均以 2005 年为基期，对价格进行平减，以消除价格因素的影响。

（2）产出变量选取

①期望产出变量选取。将生猪净增重量作为生猪饲养的期望产出，用生猪主产品产量减去仔猪重量表示。

②非期望产出变量选取。非期望产出包括生猪饲养过程中产生的面源污染物和碳排放量。面源污染物包括化学需氧量、总氮和总磷，碳排放量用生猪饲养过程中释放的碳当量表示。依据张藤丽等（2020）的研究，面源污染物排放量依据以下公式计算得到：

面源污染物排放量＝生猪饲养量×饲养周期×各类畜禽粪便日排放系数×各类畜禽粪便污染物参数

参考姚成胜等（2017）的研究，根据全生命周期测算生猪饲养环节的碳当量排放量：

碳当量排放量＝生猪年平均饲养量×（各环节 CO_2 排放系数×标准碳系数＋CH_4 排放系数×全球升温潜能值＋N_2O 排放系数×全球升温潜能值）

2. 影响因素变量选取

根据生猪养殖绿色生产特点，选取各省（自治区、直辖市）生猪规模化养殖、环境承载状况、生产运营能力、资源禀赋和环境治理作为自变量，探讨这 5 个因素对生猪养殖绿色生产效率空间分异的影响。用生猪规模化养殖率表示各省（自治区、直辖市）规模养殖状况，规模化养殖率越高意味着标准化养殖能力越强；以单位耕地所承载的生猪数量表示各省（自治区、直辖市）环境对生猪的承载状况，生猪承载量越大，养殖活动对环境的影响越大；以生猪出栏率表示各省（自治区、直辖市）生猪养殖业生产的运营能力；玉米是生猪饲料最主要的原料，用玉米产量表示各省（自治区、直辖市）生猪养殖业的资源禀赋状况，玉米产量越高，生猪养殖绿色发展能力越强；用环境治理投资额表示各省（自治区、直辖市）环境治理状况，环境治理投资越多则环境状况越好，生猪养殖绿色发展的能力就越强。

表 4-5　投入产出和影响因素变量选取表

指标	变量名称	变量说明
常规投入变量	人工投入	用工数量（日）
	仔猪投入	仔猪重量（千克）
	饲料投入	精饲料重量（千克）
资源投入变量	能源投入	燃料动力费用（元）
	饲养用水投入	饲养用水费用（元）
期望产出变量	生猪净增重	生猪主品产量-仔猪重量（千克）
非期望产出变量	面源污染物	面源污染物排放量（万吨）
	碳当量排放量	碳当量排放量（万吨）
影响因素	规模养殖	生猪规模养殖场数/养殖场总数（%）
	环境承载状况	生猪存栏量/耕地面积（头/亩*）
	生产运营能力	生猪出栏量/生猪年初存栏量（%）
	资源禀赋	玉米产量（万吨）
	环境治理	环境治理投资总额（亿元）

3. 数据来源

此处将 29 个省（自治区、直辖市）看作决策单元（由于数据缺失，因此不含中国香港、澳门、台湾、西藏和宁夏 5 个地区），为分析生猪绿色生产效率的时间演变，将样本期分为"十一五"时期、"十二五"时期和"十三五"时期三个阶段，样本期为 2006—2019 年，所用数据主要来自 2005—2020 年的《中国农产品成本收益资料汇编》《中国农业统计年鉴》《中国农村统计年鉴》《中国环境统计年鉴》及 EPS 数据库等。

此外，根据农村部 2016 年印发的《全国生猪生产发展规划（2016—2020年）》，综合考虑地区环境承载能力、资源禀赋、消费偏好和屠宰加工等因素，

---

* 亩为非法定计量单位，1 亩≈666.7hm²。

将全国生猪生产区域分为重点发展区、约束发展区、潜力增长区和适度发展区四个区域①，以分析生猪绿色生产效率的区域差异和演变。

四、结果及分析

1. 绿色全要素生产率测算结果

此处测度 2006—2019 年全国平均及 29 个省（自治区、直辖市）生猪养殖业绿色全要素生产率（green total factor productivity，GTFP），表 4-6 为测算结果，并根据各省（自治区、直辖市）畜禽养殖发展特点，将全国划分为农耕区、半农半牧区、牧区以及城郊农牧结合区四类区域，展现其 GTFP 现状。

总体来看，2006—2019 年全国 29 个省（自治区、直辖市）生猪养殖业 GTFP 平均增长 0.207，整体提高且增长速度较快。2006—2019 年，除湖北、甘肃和上海三省（直辖市）生猪养殖业 GTFP 下降外，其余 26 个省（自治区、直辖市）GTFP 均呈现不同程度的增长。其中，青海和辽宁省样本期内平均增长超过 0.332 和 0.202，GTFP 实现快速提高；浙江、福建、山东、广东、海南和吉林等省增长在 0.02 附近，增速较慢。青海省生猪养殖业 GTFP 均值最高，其次为辽宁、黑龙江、天津、山西和重庆等省（市），主要位于牧区和半农半牧区，这些地区土地充足、资源丰富，生猪养殖绿色发展能力能够实现较快提高；而福建、山东、吉林、浙江、广东和海南等省的生猪养殖业 GTFP 平均增长水平较低，主要位于农耕区，这些地区生猪养殖经验丰富，基础深厚，生产能力较高，但是受制于资源环境状况，其绿色生产能力相较于牧区较弱。总体而言，目前我国各地区生猪养殖业 GTFP 均有很大发展空间，绿色发展水平要进一步提高需进一步推广兼顾环境与效率的发展方式。

从生猪养殖业 GTFP 增长率变化趋势来看，2006—2019 年全国及四大区域生猪养殖业 GTFP 基本呈相同态势发展。区域层面上，各生猪养殖业 GTFP 均呈增长态势。其中，半农半牧区平均增长最快，样本期内提高 0.145；其次为城郊农牧结合区（0.089）和牧区（0.102）；农耕区增速相对较慢，只增长了 0.083（图 4-3）。这与各地区的资源禀赋和生猪养殖业发展基

---

① 根据农业部关于印发《全国生猪生产发展规划（2016—2020 年）》的通知，重点发展区包括河北、山东、河南、重庆、广西、四川、海南 7 省（自治区、直辖市）；约束发展区包括北京、天津、上海等大城市和江苏、浙江、福建、安徽、江西、湖北、湖南、广东等南方水网地区；潜力增长区包括东北 4 省（自治区）（辽宁、吉林、黑龙江和内蒙古）和云南、贵州 2 省；适度发展区包括山西、陕西、甘肃、新疆、西藏、青海、宁夏 7 省（自治区）。

表 4 - 6 2006—2019 年全国平均及 29 个各省（自治区、直辖市）生猪养殖业 GTFP

年份	2006	2007	2008	2009	2010	2011	2012	2013	2014	2015	2016	2017	2018	2019	均值
全国	2.170	1.318	0.501	2.265	0.664	0.895	1.184	0.863	2.713	0.296	0.969	1.013	1.216	0.802	1.207
江苏	2.627	1.412	0.431	1.462	1.048	0.689	1.038	0.889	1.725	0.440	1.177	1.126	0.890	1.074	1.145
浙江	0.722	1.383	1.185	0.696	1.134	1.041	0.832	0.866	1.021	1.125	1.108	1.225	1.236	0.667	1.017
安徽	2.807	1.382	0.439	1.376	1.003	0.778	0.865	0.860	1.857	0.488	1.016	1.107	1.040	0.982	1.143
福建	0.794	1.339	1.086	0.698	1.054	1.199	0.764	0.919	1.008	1.054	1.209	1.334	1.103	0.591	1.011
江西	2.724	1.318	0.479	1.279	1.044	0.799	0.882	0.835	1.873	0.480	1.024	1.056	1.126	1.096	1.144
山东	0.769	1.320	1.151	0.673	1.079	1.301	0.726	1.031	0.870	1.082	1.114	1.169	1.317	0.563	1.012
河南	2.656	1.267	0.470	1.271	1.064	0.768	0.864	0.778	1.836	0.472	1.075	1.067	1.011	1.020	1.116
湖北	0.748	1.196	1.061	0.676	1.097	1.311	0.671	1.027	0.995	1.203	0.995	1.146	1.251	0.572	0.996
湖南	2.506	1.353	0.471	1.248	1.135	0.723	1.095	0.784	1.801	0.458	1.121	1.084	1.017	1.064	1.133
广东	0.846	1.477	1.076	0.746	0.958	1.474	0.706	0.823	0.838	1.194	1.072	1.074	1.445	0.559	1.021
广西	2.615	1.253	0.471	1.238	1.087	0.802	0.984	0.844	1.797	0.480	1.159	1.117	1.154	1.007	1.143
海南	0.863	1.376	1.192	0.682	0.963	1.485	0.689	0.712	0.964	1.194	1.064	1.056	1.429	0.643	1.022
贵州	0.699	1.227	0.472	1.283	1.029	0.879	0.894	0.876	2.141	0.414	1.268	1.575	1.046	1.107	1.065
云南	0.875	1.563	0.974	1.356	1.089	1.327	0.753	0.683	0.894	1.199	1.094	1.057	1.662	0.694	1.087
陕西	0.681	1.127	0.490	1.101	1.102	0.814	0.897	0.869	2.131	1.755	1.319	1.450	1.208	0.964	1.136

农耕区

（续）

年份			2006	2007	2008	2009	2010	2011	2012	2013	2014	2015	2016	2017	2018	2019	均值
半农半牧区	河北		1.058	1.078	1.077	0.815	0.992	1.104	0.805	0.926	0.939	1.246	1.101	1.612	1.265	0.825	1.060
	山西		2.539	1.455	0.443	2.021	0.777	0.780	0.998	0.785	1.974	0.398	1.127	1.014	1.210	0.771	1.164
	辽宁		2.892	1.373	0.399	1.866	0.764	0.926	1.054	0.911	1.883	0.384	1.225	0.972	1.361	0.811	1.202
牧区	内蒙古		0.788	1.123	1.251	0.674	1.039	1.127	0.958	0.584	1.165	0.922	1.440	1.513	1.367	0.647	1.043
	吉林		0.677	1.202	1.260	0.704	1.109	1.030	0.813	1.004	0.961	1.086	1.239	1.186	1.250	0.664	1.013
	黑龙江		2.446	1.643	0.438	1.754	0.794	0.905	1.054	0.876	1.688	0.426	1.231	1.023	1.113	1.144	1.181
	四川		0.822	1.618	1.028	1.134	1.102	1.399	0.712	0.674	0.941	1.179	1.076	1.062	1.672	0.573	1.071
	甘肃		0.859	0.740	0.947	0.067	0.829	1.156	0.767	0.655	0.881	1.316	1.073	1.049	1.771	0.723	0.916
	青海		5.024	0.876	0.471	1.149	1.173	0.713	0.947	0.861	2.322	0.382	1.308	1.039	1.126	1.111	1.322
	新疆		0.908	1.472	1.011	1.303	1.099	1.154	0.684	0.651	0.856	1.216	1.077	1.035	0.972	0.491	1.066
城郊农牧结合区	北京		1.055	1.149	1.184	0.661	1.003	1.127	0.707	0.632	1.562	1.167	1.101	1.237	1.586	0.599	1.055
	天津		2.520	1.437	0.447	2.332	0.706	0.825	1.111	0.852	1.694	0.359	1.201	0.950	1.211	0.831	1.177
	上海		0.717	1.250	1.087	0.688	1.054	1.027	0.752	0.923	1.089	1.027	1.243	1.137	1.178	0.659	0.988
	重庆		2.776	1.279	0.457	1.267	1.075	0.831	0.941	0.853	1.810	0.500	1.116	1.072	1.140	1.115	1.159

础息息相关。半农半牧区除有丰富的土地和较强的环境承载力外，还有充足的饲粮资源，能够有效推动生猪养殖业生产效率的提高，并控制其污染物排放对环境的影响，因此该地区生猪养殖业 GTFP 水平能得到快速提升；农耕区生猪养殖业基础深厚，自身发展水平较高，但土地、水、能源等资源匮乏，难以支撑其高水平的绿色养殖，因此其 GTFP 增长较慢。

从时间发展趋势来看，样本期内生猪养殖业 GTFP 大致可分为三个阶段：2006—2008 年为增速下降期，2008—2013 年为平稳发展期，2013—2019 年呈波动发展期。该发展趋势与生猪养殖政策相关。2008 年之前，生猪养殖追求经济效益和生产效率，养殖量不断提升，但配套设施不完善，废弃物排放消纳压力大，绿色生产能力下降；2008—2013 年，国家明确农村环境保护工作的重要性，要求生猪养殖过程兼顾效率和环境保护，养殖场和养殖企业注重清洁环保设备的引进和使用，GTFP 稳定发展；2013 年之后，受市场和政策的影响，生猪养殖业 GTFP 呈波动演变，水平整体提升，2014 年《畜禽规模养殖污染防治条例》开始实施，绿色养殖能力提高，此外生猪价格下跌严重，生猪存栏量同比减少，但整体供给偏多，造成表象上生猪养殖效率提高，因此2014 年生猪养殖业 GTFP 增长率突出；2018 年之后受非洲猪瘟和新型冠状病毒感染疫情的影响，生猪养殖业整改力度大，养殖效率大幅下降，造成 2018年 GTFP 迅速下降。

表 4 - 7 为 2006—2019 年全国及农耕区、半农半牧区、牧区、城郊农牧结合区四类地区生猪养殖业 GTFP 均值及其分解测算结果。从整体平均值来看，2006—2019 年全国生猪养殖业 GTFP 增长值为 0.207（GTEP 为 1.207，其增长值为 1.207 减去 1，即 0.207），主要由技术水平提高推动。分地区来看，农耕区、半农半牧区、牧区和城郊农牧结合区生猪养殖业 GTFP 均值均大于 1（湖北省和上海市除外），主要由技术水平提高带动发展。各地区技术效率水平均接近 1.000，即 2006—2019 年其技术效率水平均值无明显变化，技术水平则均大于 1.000，样本期内获得提升。半农半牧区技术水平平均值为 1.145，说明 2006—2019 年其技术水平年均提升 14.5%，提升速度最快，该区域养殖结构较优、养殖经验丰富。为了优化养殖结构，发展清洁化、绿色化、多样化生猪养殖，该区域积极引进研发各种养猪设备，以提高养殖效率，从而促进生猪养殖业 GTFP 的提升。农耕区技术水平年均提升 8.3%，生猪养殖业规模化进程和政策支持的推动下，技术水平有一定程度的提高。从省域来看，甘肃和上海 GTFP 的降低主要由技术水平下降导致，湖北则由技术效率水平下降导致，其余 26 个省（自治区、直辖市）GTFP 增长均由技术水平提升带动发展。综上可知，全国及各地区生猪养殖业 GTFP 的提高主要来源于技术水平的贡献。

表 4 - 7　2006—2019 年全国平均及 29 个省（自治区、直辖市）生猪养殖业 GTFP 平均及其分解

地区	全国及省（自治区、直辖市）	绿色全要素生产率	技术效率	技术进步	地区	全国及省（自治区、直辖市）	绿色全要素生产率	技术效率	技术进步
	全国	1.207	0.999	1.208		河北	1.060	0.998	1.072
农耕区	江苏	1.145	1.002	1.149	半农半牧区	山西	1.164	0.997	1.168
	浙江	1.017	1.005	1.025		辽宁	1.202	1.001	1.196
	安徽	1.143	0.999	1.149		均值	1.142	0.999	1.145
	福建	1.011	1.000	1.017	牧区	内蒙古	1.043	1.003	1.039
	江西	1.144	1.002	1.156		吉林	1.013	1.002	1.014
	山东	1.012	1.001	1.009		黑龙江	1.181	1.000	1.190
	河南	1.116	1.003	1.129		四川	1.071	0.993	1.070
	湖北	0.996	0.996	1.001		甘肃	0.916	1.000	0.995
	湖南	1.133	1.002	1.127		青海	1.322	1.001	1.338
	广东	1.021	1.000	1.020		新疆	1.066	0.997	1.068
	广西	1.143	1.000	1.140		均值	1.087	1.000	1.102
	海南	1.022	0.996	1.030	城郊农牧结合区	北京	1.055	0.997	1.045
	贵州	1.065	1.000	1.069		天津	1.177	1.001	1.149
	云南	1.087	1.000	1.084		上海	0.988	1.000	0.992
	陕西	1.136	1.000	1.135		重庆	1.159	1.002	1.168
	均值	1.079	1.001	1.083		均值	1.095	1.001	1.089

由表 4 - 7 可知，生猪养殖业 GTFP 变动趋势主要受技术水平变化的影响。技术进步的变化趋势与 GTFP 的变动趋势基本一致（图 4 - 2），而技术效率的变化趋势（图 4 - 3）则无明显特征，且与 GTFP 变动趋势出入较大，因此技术水平变动是生猪养殖业 GTFP 变动的主要推动因素。

总体来看，2006—2019 年全国平均及 29 个省（自治区、直辖市）生猪养殖业 GTFP 整体提高，半农半牧区平均增长最快，农耕区增速相对较慢。GTFP 的提高主要来源于技术水平进步的贡献，技术水平变动是 GTFP 变动的主要影响因素。即随着技术改进和应用的扩散，生猪养殖业 GTFP 整体提升，绿色生产能力提高。

2. GTFP 空间差异分析

此处利用基尼系数、泰尔指数 GE_0 和对数离差 GE_1 均值计算 2006—2019 年生猪养殖业 GTFP 省际差异，结果见表 4 - 8。

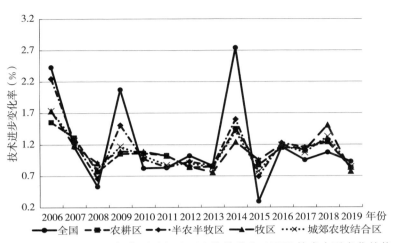

图 4 - 2 2006—2019 年全国及各地区生猪养殖业 GTFP 技术水平变化趋势

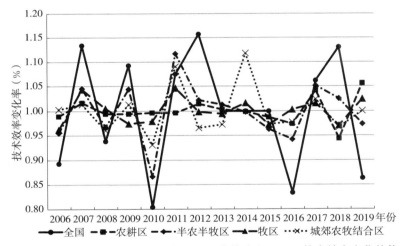

图 4 - 3 2006—2019 年全国及各地区生猪养殖业 GTFP 技术效率变化趋势

表 4 - 8 2006—2019 年生猪养殖业 GTFP 省际差异 3 个指标测算结果

年份	基尼系数	对数离差均值	泰尔指数
2006	0.168	0.204	0.199
2007	0.040	0.013	0.012
2008	0.113	0.096	0.090
2009	0.117	0.135	0.099
2010	0.031	0.008	0.008

（续）

年份	基尼系数	对数离差均值	泰尔指数
2011	0.066	0.027	0.027
2012	0.044	0.012	0.012
2013	0.039	0.010	0.010
2014	0.093	0.059	0.057
2015	0.127	0.122	0.112
2016	0.024	0.004	0.004
2017	0.038	0.010	0.011
2018	0.051	0.017	0.018
2019	0.074	0.035	0.034
均值1	0.073	0.054	0.049
均值2	0.021	0.003	0.003

注：均值1是3个指标2006—2019年的均值，均值2是以2006—2019年各省（自治区、直辖市）GTFP均值为基础测算出的3个指标值。

据基尼系数、对数离差均值和泰尔指数测算结果可知，3个指标测算结果呈现相同的变化趋势，即3个指标展现的生猪养殖业GTFP省际差异时间变化趋势基本一致。我国生猪养殖业GTFP省际差异先缩小后扩大，整体缩小，2006—2016年缩小趋势明显。2006年，3个指标值均为样本期内最大值，分别为0.168、0.204和0.199；2016年指标值均最低，分别为0.024、0.004和0.004；2016—2019年；3个指标测算值不断提升；2019年，3个指标分别提升到0.074、0.035和0.034，即2016年之后我国生猪养殖业GTFP省际差异不断扩大。据现有研究可知，基尼系数越大则表明发展水平差异越大，为保证基尼系数测算结果的合理性，根据国际社会对基尼系数衡量水平差距的判断标准，将0.3作为界限，0.3以内表示平均水平较高。参考这一标准，并根据表4-8展现的基尼系数测算结果可知，2006—2019年我国生猪养殖业GTFP省际差异水平虽然呈现一定的波动变化，但省际差异总体不大。

为探讨各省（自治区、直辖市）在样本期内生猪养殖业GTFP的时间变化差异，此处根据2006—2019年GTFP时序数据测算基尼系数。鉴于上述测算结果，基尼系数、对数离差均值和泰尔指数表现出相同的变化趋势，因此仅以基尼系数为例探讨GTFP的时间变化差异，结果如表4-9所示。各省（自治区、直辖市）生猪养殖业GTFP差异水平存在不同，其中河北省基尼系数最小，为0.052；青海省基尼系数最大，为0.174。就地区而言，农耕区基尼系数相对较小，均值为 0.094；半农半牧区则较大，均值为 0.111，表明农耕区各省生猪养殖业 GTFP 时间变化差异小，半农半牧区时间变化差异大。但总体而言，2006—2019 年各省生猪养殖业 GTFP 时间变化差异不大。

表 4 - 9　2006—2019 年 29 个省（自治区、直辖市）生猪养殖业 GTFP 时间差异

省（自治区、直辖市）		基尼指数	排名	省（自治区、直辖市）		基尼指数	排名
农耕区	江苏	0.123	6	半农半牧区	河北	0.052	29
	浙江	0.060	26		山西	0.140	3
	安徽	0.126	5		辽宁	0.140	4
	福建	0.062	25	牧区	内蒙古	0.079	19
	江西	0.120	9		吉林	0.058	27
	山东	0.067	23		黑龙江	0.121	7
	河南	0.120	8		四川	0.082	17
	湖北	0.064	24		甘肃	0.104	14
	湖南	0.115	11		青海	0.174	1
	广东	0.078	20		新疆	0.091	16
	广西	0.113	12	城郊农牧结合区	北京	0.079	18
	海南	0.077	22		天津	0.141	2
	贵州	0.108	13		上海	0.056	28
	云南	0.077	21		重庆	0.116	10
	陕西	0.099	15		均值	0.098	—

基于空间差异的检验结果，可以得到我国生猪养殖业 GTFP 存在一定的省际差异，在基尼系数、对数离差均值和泰尔指数了解省际差异变化趋势的基础上，此处进一步根据 α 收敛检验，分析全国及四大区域生猪养殖业 GTFP 区域差异的离散趋势，结果见图 4 - 4。

整体而言，全国及各地区敛散趋势基本趋同，展现为 α 收敛趋势，即全国及各地区生猪养殖业 GTFP 区域差异均呈缩小态势。样本期内，牧区 α 值最大且收敛速度最快，半农半牧区 α 值最小且收敛速度较慢，即牧区区域差异最大但差异迅速减小，半农半牧区区域差异最小且差异减小较慢。收敛大致可分为四个阶段：2006—2013 年，整体呈 α 收敛趋势；2013—2014 年，呈发散趋势；2014—2016 年，呈 α 收敛趋势；2016—2018 年，除半农半牧区外，全国及其他 3 个地区均呈发散趋势。生猪养殖业 GTFP 包括绿色环境和生产率提高两方面，环境状况与污染物排放量相关。随着生产能力的提升，各地区生猪

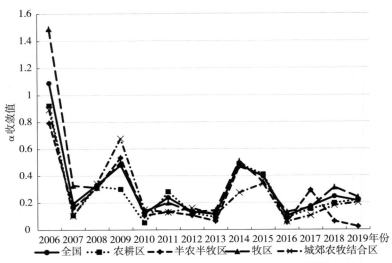

图 4-4　2006—2019 年生猪养殖业 GTFP 各地区敛散性趋势

养殖量均大幅提升，导致生猪养殖业污染物排放量增多，各地区环境压力加大；此外，生产过程与地区产业基础、政策倡导和技术水平相关。随着科技进步和各地区深化互助交流，生猪养殖业生产效率提高，省际生产率差异缩小，各省、各地区生猪养殖业 GTFP 差异不断下降，呈迅速收敛态势发展。

3. GTFP 区域差异影响因素分析

生猪养殖业 GTFP 可以分为技术水平和技术效率之和，还可以分解为各项投入产出的生产率之和。因此，GTFP 自身构成和各投入产出的区域差异可能会影响 GTFP 的区域差异，同时，生猪养殖业 GTFP 区域差异还可能受到各省生猪产业环境治理、资源禀赋、环境承载、规模养殖、生产能力等状况的影响。此处用地理探测器的因子探测和交互探测，分析 GTFP 自身构成因素和外部影响因素对区域差异的影响。

（1）生猪养殖业 GTFP 自身构成因素分析　生猪养殖业 GTFP 可解构为技术水平和技术效率，表 4-10 为 2006—2019 年因子探测结果。从单独作用来看，技术水平为 GTFP 区域差异的主要驱动因素。样本期整体测算结果显示，技术水平值为 0.358，技术效率值仅为 0.012；2006 年、2010 年、2015 年和 2019 年技术水平的影响程度分别为 0.993、0.754、0.990、0.920，技术效率的影响程度则分别为 0.279、0.749、0.340、0.202，技术水平对 GTFP 的区域差异发挥主要作用。从交互作用来看，技术水平和技术效率的交互作用对生猪养殖业 GTFP 区域差异的影响大于任一单独作用，整个样本期及各年交互项影响程度分别为 0.466、0.998、0.833、0.994、0.993，即生猪产业

GTFP 区域差异主要源于技术水平和技术效率的交互作用。

表 4-10　2006 年、2010 年、2015 年、2019 年自身构成对区域差异影响

年份	技术水平	技术效率	技术水平和技术效率的交互作用
整体平均值	0.358	0.012	0.466
2006	0.993	0.279	0.998
2010	0.754	0.749	0.833
2015	0.990	0.340	0.994
2019	0.920	0.202	0.993

在投入产出因素方面，考察了人工、仔猪、饲料、水、能源、生猪净增、碳排放和面源污染物排放对生猪养殖业 GTFP 区域差异的单独作用和交互作用（表 4-11）。单独作用来看，整个样本期内面源污染物排放和能源投入是 GTFP 区域差异的主要推动因素。2006 年，饲料投入和水投入对区域差异发挥主要作用；2010 年，GTFP 区域差异主要来源于能源投入和碳排放；2015 年，面源污染物排放、饲料投入和水投入是区域差异的主要推动因素；面源污染物排放和仔猪投入是影响 2019 年 GTFP 区域差异的主要因素。整个样本期和各年来看，人工投入、生猪净增重和碳排放对 GTFP 区域差异的影响始终较小，能源投入和面源污染物排放对区域差异影响较大。近几年，仔猪投入对区域差异影响逐步增大。

表 4-11　2006 年、2010 年、2015 年、2019 年投入产出对 GTFP 区域差异影响

年份	人工投入	仔猪投入	饲料投入	水投入	能源投入	生猪净增重	碳排放	面源污染物排放
整体平均值	0.030	0.043	0.057	0.043	0.064	0.038	0.039	0.070
2006	0.146	0.195	0.293	0.287	0.067	0.218	0.204	0.187
2010	0.152	0.201	0.040	0.122	0.240	0.151	0.203	0.151
2015	0.134	0.123	0.280	0.275	0.193	0.112	0.067	0.332
2019	0.135	0.341	0.109	0.036	0.240	0.207	0.144	0.344

表 4-12 至表 4-16 呈现了投入产出各因素交互作用的结果。从交互作用来看，任何两个因素对生猪养殖业 GTFP 的交互作用均大于单个因素的作用。整个样本期内，仔猪投入与饲料投入、饲料投入与能源投入的交互作用对生猪养殖业 GTFP 的区域差异影响最大，分别为 0.848、0.835；碳排放和面源污染物排放的交互作用影响程度最小，仅 0.578，即样本期内，各投入因素交互作用对 GTFP 区域差异影响最大，非期望产出对区域差异影响较小（表 4-12）。

分时期来看，2006 年碳排放和生猪净增重、碳排放和仔猪投入对生猪养殖业 GTFP 的区域差异影响最大，分别达到 0.945、0.907，生猪净增重和能源投入交互作用影响最小（表 4‑13）。2010 年能源投入和仔猪投入交互作用发挥效用最大，为 0.940；能源投入和饲料投入、碳排放和面源污染物排放交互项发挥效用最小（表 4‑14）。2015 年，饲料投入和水投入的交互作用对区域差异的影响最大，影响程度为 0.866，饲料投入和生猪净增重的交互作用对区域差异的影响最小（表 4‑15）。2019 年，能源投入和面源污染物排放对 GTFP 区域差异发挥最大影响，为 0.974，饲料投入和水投入影响最小（表 4‑16）。总之，从不同年份来看，资源投入和非期望产出的交互作用对生猪养殖业 GTFP 区域差异的影响最大。

表 4‑12 2006—2019 年投入产出对 GTFP 区域差异交互的总影响

项目	人工投入	仔猪投入	饲料投入	水投入	能源投入	生猪净增重	碳排放	面源污染物排放
人工投入	0.030							
仔猪投入	0.721	0.043						
饲料投入	0.765	0.848	0.057					
水投入	0.658	0.773	0.786	0.043				
能源投入	0.786	0.677	0.835	0.799	0.064			
生猪净增重	0.775	0.670	0.764	0.799	0.706	0.038		
碳排放	0.785	0.734	0.775	0.829	0.687	0.686	0.039	
面源污染物排放	0.731	0.675	0.728	0.740	0.709	0.726	0.578	0.070

表 4‑13 2006 年投入产出对 GTFP 区域差异交互影响

项目	人工投入	仔猪投入	饲料投入	水投入	能源投入	生猪净增重	碳排放	面源污染物排放
人工投入	0.146							
仔猪投入	0.658	0.195						
饲料投入	0.751	0.617	0.293					
水投入	0.754	0.865	0.771	0.287				
能源投入	0.531	0.657	0.604	0.735	0.067			
生猪净增重	0.519	0.538	0.520	0.865	0.497	0.218		
碳排放	0.634	0.907	0.670	0.594	0.508	0.945	0.204	
面源污染物排放	0.746	0.809	0.614	0.762	0.612	0.681	0.628	0.187

表 4-14 2010 年投入产出对 GTFP 区域差异交互影响

项目	人工投入	仔猪投入	饲料投入	水投入	能源投入	生猪净增重	碳排放	面源污染物排放
人工投入	0.152							
仔猪投入	0.737	0.201						
饲料投入	0.838	0.636	0.040					
水投入	0.676	0.773	0.766	0.122				
能源投入	0.726	0.940	0.423	0.720	0.240			
生猪净增重	0.639	0.742	0.778	0.621	0.680	0.151		
碳排放	0.593	0.563	0.596	0.655	0.582	0.773	0.203	
面源污染物排放	0.769	0.641	0.611	0.784	0.603	0.846	0.464	0.151

表 4-15 2015 年投入产出对 GTFP 区域差异交互影响

项目	人工投入	仔猪投入	饲料投入	水投入	能源投入	生猪净增重	碳排放	面源污染物排放
人工投入	0.134							
仔猪投入	0.536	0.123						
饲料投入	0.733	0.633	0.280					
水投入	0.597	0.692	0.866	0.275				
能源投入	0.781	0.571	0.795	0.743	0.193			
生猪净增重	0.738	0.706	0.468	0.832	0.603	0.112		
碳排放	0.522	0.686	0.560	0.676	0.583	0.493	0.067	
面源污染物排放	0.759	0.582	0.609	0.841	0.661	0.733	0.698	0.332

表 4-16 2019 年投入产出对 GTFP 区域差异交互影响

项目	人工投入	仔猪投入	饲料投入	水投入	能源投入	生猪净增重	碳排放	面源污染物排放
人工投入	0.135							
仔猪投入	0.729	0.341						
饲料投入	0.547	0.718	0.109					
水投入	0.683	0.910	0.478	0.036				
能源投入	0.843	0.708	0.774	0.671	0.240			
生猪净增重	0.673	0.881	0.630	0.776	0.749	0.207		
碳排放	0.875	0.692	0.531	0.629	0.780	0.761	0.144	
面源污染物排放	0.772	0.757	0.736	0.659	0.974	0.850	0.750	0.344

（2）生猪养殖业 GTFP 外部影响因素分析　此处通过因子探测和因子交互探测分析环境治理、资源禀赋、环境承载、规模养殖、生产能力单个因素及其交互作用对生猪养殖业 GTFP 的影响。表 4 - 17 为 2006—2019 年因子探测结果，表 4 - 18 至表 4 - 22 为 2006—2019 年因子交互探测结果。

表 4 - 17　2006 年、2010 年、2015 年、2019 年因子探测结果

年份	环境治理	资源禀赋	环境承载	规模养殖	生产能力
整体平均值	0.012	0.010	0.007	0.014	0.007
2006	0.033	0.094	0.235	0.226	0.113
2010	0.143	0.245	0.423	0.441	0.290
2015	0.077	0.182	0.076	0.063	0.102
2019	0.250	0.218	0.032	0.131	0.046

因子探测结果可知，2006—2019 年规模养殖对生猪养殖业 GTFP 空间分异的影响最大，但其影响程度随时间的推移不断降低，因子探测空间分异的 q 值由 2006 年 0.226 下降到 2019 年 0.131；其次为环境治理的影响最大，且随时间的推移其影响程度不断提高，q 值由 2006 年的 0.033 提高至 2019 年的 0.250；资源禀赋对 GTFP 空间分异的影响程度提高，2019 年提高至 0.218；环境承载和生产能力对生猪养殖业 GTFP 空间分异的影响程度则不断降低，q 值分别由 2006 年的 0.235、0.113 降低至 2019 年的 0.032、0.046。2019 年环境治理发展成为生猪养殖业 GTFP 空间分异的最主要影响因素，其次为资源禀赋，而环境承载、规模养殖和生产能力的影响程度则大大降低。生猪绿色养殖对减排和环境治理的要求极高，绿色养殖产业内外共同协作加强环境治理，以实现环境保护和效率提升双赢局面，因此环境治理对生猪养殖业 GTFP 空间分异的影响程度不断提高。饲料是生猪养殖的最重要投入，各地区饲料生产能力存在很大差别，随着生猪养殖量的增多，饲料对各地区生猪养殖效率的影响会不断增大。随着生猪养殖业的发展，规模化养殖成为生猪养殖主流方式，规模养殖能力区域差异缩小；环境治理能力的提升也缩小了各省环境承载能力对其 GTFP 的影响；技术进步和设备更新也缩小了各地区生产能力的差异，因此环境承载、规模养殖和生产能力对 GTFP 空间分异的影响不断减小。

表 4 - 18　2006—2019 年因子交互探测结果

驱动因素	环境治理	资源禀赋	环境承载	规模养殖	生产能力
环境治理	0.012				

（续）

驱动因素	环境治理	资源禀赋	环境承载	规模养殖	生产能力
资源禀赋	0.082	0.010			
环境承载	0.058	0.078	0.007		
规模养殖	0.097	0.055	0.071	0.014	
生产能力	0.059	0.045	0.069	0.082	0.007

表 4-19　2006 年因子交互探测结果

驱动因素	环境治理	资源禀赋	环境承载	规模养殖	生产能力
环境治理	0.033				
资源禀赋	0.384	0.094			
环境承载	0.471	0.519	0.235		
规模养殖	0.772	0.701	0.814	0.226	
生产能力	0.252	0.392	0.483	0.668	0.113

表 4-20　2010 年因子交互探测结果

驱动因素	环境治理	资源禀赋	环境承载	规模养殖	生产能力
环境治理	0.143				
资源禀赋	0.471	0.245			
环境承载	0.675	0.569	0.423		
规模养殖	0.789	0.684	0.785	0.441	
生产能力	0.584	0.688	0.816	0.729	0.290

表 4-21　2015 年因子交互探测结果

驱动因素	环境治理	资源禀赋	环境承载	规模养殖	生产能力
环境治理	0.077				
资源禀赋	0.650	0.182			
环境承载	0.530	0.294	0.076		
规模养殖	0.377	0.359	0.414	0.063	
生产能力	0.749	0.418	0.507	0.693	0.102

表 4-22　2019 年因子交互探测结果

驱动因素	环境治理	资源禀赋	环境承载	规模养殖	生产能力
环境治理	0.250				
资源禀赋	0.466	0.218			
环境承载	0.518	0.532	0.032		

（续）

驱动因素	环境治理	资源禀赋	环境承载	规模养殖	生产能力
规模养殖	0.597	0.455	0.446	0.131	
生产能力	0.785	0.385	0.447	0.411	0.046

根据因子交互探测结果可知，2006—2019 年，环境治理、资源禀赋、环境承载、规模养殖和生产能力任意两因素交互作用均大于单个因素的作用之和，规模养殖和环境治理之间的交互作用驱动值最高，但整体影响不大，为0.097。从各年测算结果来看，除个别情况外，大部分因素之间的交互作用大于单个因素作用之和，交互作用发挥了主要效用。其中，2006 年，环境承载和规模养殖两因素的交互作用驱动值最高，为 0.814；2010 年，环境承载和生产能力的交互作用驱动值最高，为 0.816；2015 年和 2019 年，环境治理和生产能力两因素的交互作用驱动值均最高，分别为 0.749 和 0.785，驱动作用有所提高。分析可知，随着时间的推移，环境治理以及环境治理和生产能力的交互作用对生猪养殖业 GTFP 空间分异的影响程度不断提高。生猪养殖业GTFP 要求生产效率提高且污染物排放减少，因此生猪产业生产能力提高且环境治理力度加大能够直接促进 GTFP 的提高，对其空间分异产生较大影响。

五、结论和建议

基于明晰我国生猪养殖业 GTFP 空间分异特征及其影响因素的目的，此处将全国划分为农耕区、牧区、半农半牧区和城郊农牧结合区，运用 SBM 模型和 Malmquist-Luenberger 生产率指数测度 2006—2019 年我国各省（自治区、直辖市）生猪养殖业 GTFP 及其分解，运用空间指标分析生猪养殖业GTFP 的空间分异特征，并运用地理探测器分析其分异特征的影响因素，得出如下结论：

（1）2006—2019 年全国及各地区生猪养殖业 GTFP 整体提高，半农半牧区平均增速最快，农耕区增速相对较慢，GTFP 提高主要来源于技术水平进步的贡献，GTFP 变化也主要由技术水平的变化推动。

（2）我国生猪养殖业 GTFP 存在区域差异，半农半牧区生猪养殖绿色全要素生产率最高，农耕区绿色全要素生产率最低；就地区内部而言，半农半牧区省际差异最大，农耕区省际差异最小；生猪养殖业 GTFP 省际差异和区域差异呈缩小态势，但整体变化不大。

（3）从 GTFP 解构来看，生猪养殖业 GTFP 区域差异主要源于技术水平和技术效率的交互作用。从 GTFP 投入产出因素来看，能源投入和面源污染物排放对区域差异影响较大，同时能源投入和非期望产出的交互作用对生猪养殖业 GTFP 区域差异的影响不断提升。

（4）从外部因素来看，环境治理、资源禀赋对生猪养殖业 GTFP 区域差异的影响程度不断提高，环境承载、规模养殖和生产能力的影响程度则不断降低。随着时间的推移，环境治理和生产能力的交互作用对生猪养殖业 GTFP 空间分异的影响最大。

针对以上结论，提出如下建议：

一是通过技术进步实现环境和产业经济协调发展，兼顾技术效率提高。第一，注重绿色养殖技术的研发与应用，提高新技术扩散能力。政府引导并支持大型养殖企业和养殖场与高校及科研机构开展深入合作，根据养殖提效减排需要，进行有针对性、易落地的技术研发，在大型养殖场设立试点，进而推广普及，研发适宜各地区的新技术、新设备。第二，各养殖场要根据生猪养殖环节将养殖活动进行系统规划，应活动特点和减排要求，积极引进清洁设备和废弃物处理设备，严格控制各环节的废弃物排放。第三，要发挥各主体的能动性，调动政府、环保部门、市场、科研机构和养殖场的积极性，通过绩效评估提高政府和环保部门对绿色养殖活动的关注度，采取措施兼顾生猪养殖经济效益和环境协调；通过引导消费者的消费行为和加强市场监管使市场提高生猪产品质量要求，督促养殖场开展绿色养殖；通过政府引导和项目支持，调动高校和科研院校参与绿色养殖新技术的研发，加强与养殖活动的联系，提高新技术的普适性；通过信息、培训和资金补贴提高养殖场新技术采纳的积极性，扩大绿色养殖技术的应用范围，切实提高生猪养殖绿色全要素生产率。

二是吸收借鉴其他地区发展经验，提高生猪养殖绿色发展的协调性。第一，半农半牧区要在发挥资源优势的同时，更加注重技术效率的提高，通过技术应用提高资源整体利用效率，进而减少松弛，提升生猪饲养的产出效率和效益，维持其较高的绿色全要素生产率水平。第二，农耕区要加强与其他地区的交流合作，借鉴先进地区经验，并积极引进资金、技术和人才，发挥本地区资源和市场优势，研发优质高效饲料粮，提高能源、土地、饲料等资源的利用效率，以提高产出、减少污染排放，同时依托市场优势发展专业化、多样化生猪养殖，提高生猪产值。第三，牧区和城郊农牧结合区要根据自身功能定位，规划生猪规模化养殖区和个性化服务区，牧区依托地区资源优势，推进大规模、标准化、机械化生猪养殖，通过集约化生产保障技术和设备的高效率应用，实现效率最大化、环境影响最小化；城郊农牧结合区要基于经济优势发展个性化生猪养殖，专注于高品质猪肉生产，开发生猪养殖业的服务功能，以小规模高品质为特点，开拓高端市场，提高绿色养殖水平。

三是注重各地区能源的协调分配，加强能源消费控制，促进污染物减排。第一，推动能源高效清洁利用，改进生猪养殖设备，提高养猪自动化、机械化、智能化率的同时减少能源消耗，研发低效能的自动化设备，减少不必要的能源浪费；此外，提高规模化养殖率，发挥规模优势和基础设施优势，减少能耗，转变生猪养殖方式，减少对能源投入的依赖。第二，促进粪污资源化利用，加强粪污处理力度，减少污染物排放。养殖场配置清洁设备和资源化利用设备，对粪污进行去污化和资源化处理，减少粪污排放对环境的危害。发展农牧结合养殖，根据养殖规模为养殖场配备相应土地，与周边农户开展合作，实现粪污就近利用，就地处理，提高粪污资源化利用效率。

四是加强各地区环境治理，提高饲料种植能力并提高生猪养殖能力，兼顾生猪养殖资源、环境和效益。第一，将工作重点向环境治理倾斜，调动各主体环保积极性，政府要在继续加强环境治理投资的同时严格环境监管，通过制定粪污排放标准、加强技术研发、规范环保奖惩制度等提高生猪养殖业环保能力；养殖场或企业积极引进清洁环保设备，遵循环保规范，建设粪污消纳场所，提高粪污资源化利用效率；拓宽粪污处理渠道，开展种养结合，实现粪污就地消纳，打造生态循环养殖。第二，将环境治理与提高生猪养殖能力相结合，协调环境与生产效率，各地区依据发展需要和环境容量，合理规划生猪养殖比重，提高生猪养殖业对地区经济发展的贡献度，根据养殖强度制定环境治理规划，提高对环境治理的重视程度，以达到环境治理与产业结构交互作用最大化，缩小各地区生猪养殖业 GTFP 差距，实现协调发展。第三，各地区注重优质饲料的种植和研发，补齐各地区生猪养殖发展短板。重点研发和推广种植优势饲草料蛋白，如苜蓿草、青贮玉米和亚麻籽等，并且通过提高机械化率来提高饲料的种植效率，以期为生猪养殖提供足量的饲料资源。

第五章
我国畜禽养殖绿色发展面临的形势 ▶▶▶

目前我国经济已由高速增长阶段转向高质量发展阶段，新发展阶段下绿色发展是经济社会发展的主基调。畜禽养殖业作为经济发展的一个行业，绿色发展面临着良好的机遇，但同时，行业发展存在的一些问题也使得其不得不面临一些挑战。

第一节　面临的机遇

当前我国政治、经济、社会、文化环境为畜禽养殖绿色发展提供了良好的发展机遇。

一、相关政策为畜禽养殖绿色发展提供广阔空间[①]

畜禽养殖高质量发展能有效提高畜产品质量、促进资源节约、改善生态环境、保障生产效益，是推动经济高质量发展的重要组成部分，是做好生态文明、绿色发展的大文章，因此应坚定走以生态优先、绿色发展为导向的新路子。在当前中国经济社会所处发展阶段下，畜禽养殖绿色发展是高质量发展的重要组成部分。从党的十八大开始，我国政府出台的政策一直在为畜禽养殖绿色发展保驾护航。

党的十八大以来，党中央国务院做出一系列重大决策部署，以畜禽养殖生产和环境保护协调发展为目标，密集出台若干政策方案，不断加大农业面源污染防治力度，推动形成绿色发展方式，促进畜禽养殖提质增效、绿色发展。

党的十八大以来，强化畜禽养殖绿色发展是从 2014 年国务院颁布实施的

[①]　本节部分内容引自尹晓青的《我国畜牧业绿色转型发展政策及现实例证》，载于《重庆社会科学》2019 年第 3 期。

《畜禽规模养殖污染防治条例》（以下简称《条例》）开始，这是我国第一部由国务院制定实施的农业农村环境保护行政法规。《条例》明确了畜牧业发展规划和项目布局应当统筹考虑环境承载能力以及畜禽养殖污染防治的要求，明确了禁养区划分标准、适用对象（畜禽养殖场、养殖小区）、激励和处罚办法。

2015 年，国务院颁布《水污染防治行动计划》（简称"水十条"），明确划分禁养区内养殖场（小区和专业户）关闭或搬迁的时间表，并要求将现有的规模化畜禽养殖场（小区）根据污染防治需要，配套建设粪污贮存、处理、利用设施，散养密集区实行畜禽粪污分户收集、集中处理利用。

2015 年，国务院在《关于促进南方水网地区生猪养殖布局调整优化的指导意见》中要求，这些区域的生猪主产县以资源禀赋和环境承载力为基础，制定养殖规划，合理划定适宜养殖区域和禁养区，改进生猪养殖和粪便处理工艺，促进粪便综合利用。2016 年 4 月，《全国生猪生产发展规划（2016—2020年）》将全国 31 个省（直辖市）的生猪养殖划分为四类区域：重点发展区、约束发展区、潜力增长区和适度发展区。

2016 年，国务院发布了《土壤污染防治行动计划》（简称"土十条"），严格规范兽药、饲料添加剂的生产和使用，促进源头减量，加强畜禽粪便综合利用，鼓励支持畜禽粪便处理利用设施建设。自禁养区、限养区划定后，2018年环保税开始正式实施，养殖业的环保税仅针对养殖存栏规模大于 50 头牛、500 头生猪、5 000 羽鸡鸭等畜禽的养殖场征收，不断倒逼行业进行产能升级。2016 年发布了《中华人民共和国环境保护税法实施条例》，明确从 2018 年 1月 1 日开始实施，要求达到省级人民政府确定的规模标准并且有污染物排放口的畜禽养殖场依法缴纳环境保护税。

2016 年 10 月《畜禽养殖禁养区划定技术指南》明确规定禁养区划分依据，要求禁养区划定完成后，地方环保、农牧部门要按照地方政府统一部署，积极配合有关部门，协助做好禁养区内确需关闭或搬迁的已有养殖场的关闭或搬迁工作。同时，农业部成立畜牧业绿色发展示范县创建工作领导小组，进一步推动建立畜牧业绿色发展政策体系，评选认定第一批畜牧业绿色发展示范县55 个。

2017 年，中央 1 号文件明确指出要大力推进农业清洁生产，利用和发挥资源优势，加快畜禽粪便集中处理。2017 年 6 月，国务院办公厅印发了《关于加快推进畜禽养殖废弃物资源化利用的意见》，要求到 2020 年全国畜禽粪污综合利用率达 75%以上、规模养殖场粪污处理设施装备配套率达到 95%以上的目标。2017 年 9 月，中共中央办公厅、国务院办公厅印发《关于创新体制机制推进农业绿色发展的意见》，提出合理确定种养规模，打造种养结合、生态循环、环境优美的田园生态系统。

2020 年 1 月，农业农村部办公厅、生态环境部办公厅发布了《关于促进畜禽粪污还田利用、依法加强养殖污染治理的指导意见》，明确提出建立健全粪肥还田的监管体系和制度，加大对沼液、肥水等液态粪肥的还田利用程度。2020 年 9 月发布的《国务院办公厅关于促进畜牧业高质量发展的意见》中，将绿色化作为畜牧业高质量发展的重要内容之一。

2021 年 8 月，农业农村部等六部委下发了《关于促进生猪产业持续健康发展的意见》，提出要在 5～10 年内，初步将生猪产业打造为性能更高、产品更安全、更加绿色环保的发展新格局。

综上可见，国家政策支持客观上为畜禽养殖绿色发展提供了良好的空间，我国畜禽养殖业已经进入生态环保的全面转型升级发展时期①。不难预见，随着人们绿色环保意识的提高，对绿色发展的需求越来越高，支持畜禽养殖业绿色发展、强化废弃物资源化利用与发展循环农业仍然是未来相当长一段时期国家政策的重点内容。

二、经济发展为畜禽养殖绿色发展提供物质基础

畜牧业绿色发展需要改扩建畜禽养殖设施，发展规模化标准化养殖，而这需要大量的投入。尽管养殖户或养殖企业是投入的主体，但绿色发展的公共品特征，决定着政府要有一定的财政补贴。这就意味着经济发展较好的地区畜牧绿色发展可能走在前列，亦即经济发展将为畜禽养殖绿色发展提供强有力的财力支撑。

经济快速发展使得农业投入大幅增加。"十三五"期间，国内生产总值在 2016—2019 年保持了 6.7% 的年均增速，2019 年达到 101 万亿元，占全球经济比重达 16%，对世界经济增长的贡献率达到 30% 左右，人均国内生产总值突破 1 万美元。2020 年财政收入 18 万亿元，财政支出 25.5 万亿元。在财政支出中，科学技术支出 9 009 亿元，农林水支出 23 904 亿元。

我国畜禽养殖绿色发展财政投入不断增加。为提高我国奶牛、生猪标准化规模饲养水平，2007 年国家分别安排 5 亿元和 25 亿元中央投资用于支持奶牛、生猪标准化规模养殖小区改扩建、转变饲养方式，促进奶业、生猪产业持续健康发展，并优先支持农民专业合作组织举办的养殖小区。2015 年为提升

---

① 王明利，2020."十四五"时期畜产品有效供给的现实约束及未来选择 [J]. 经济纵横（5）：100-108.

我国牛羊肉等畜产品的生产能力，特别是大中城市的应急供应保障能力，促进实现畜产品的有效供应和市场稳定，中央财政安排资金 12.88 亿元扶持畜牧业发展，比 2014 年同时期增加 1.88 亿元。其中，10.88 亿元用于扶持畜禽标准化养殖，重点支持适度规模化生猪、蛋鸡、肉鸡、肉牛、肉羊养殖场进行标准化改造，改善圈舍、环境调控、防疫消毒等基础设施条件，注重节水设施、清粪设施、漏缝地板、疫病防控、自动化环境控制等。同时，选择河北、吉林等10 个省开展促进金融支农创新试点，支持试点省将中央财政补助资金用于采取信贷担保、贴息等方式引导和带动金融资本，放大财政资金使用效益。2020年中央财政共投入转移支付资金 23.79 亿元用于人兽共患病动物源头防控，其中强制免疫投入 23.20 亿元。

在中央财政投入的引领下，企业和地方对畜牧业绿色发展的投入也不断加大。以牧原食品股份有限公司为例，2015 年在正阳县建设 200 万头生猪养殖基地、60 万吨生物饲料厂及肉食品加工项目，总投资 26 亿元。

经过多年的发展，畜禽养殖绿色发展的经济基础不断夯实，促进了产业发展由过度依赖资源消耗、主要满足量的需求，向追求绿色生态可持续、更加注重满足质的需求转变，这为畜牧业绿色发展提供了更为宽松的产业空间，更加有条件加快推进产业转方式、调结构。

而随着地方经济实力的不断增强，地方财政也拿出较多的资金支持畜禽养殖绿色发展。以浙江省为例，2013 年，浙江省畜牧业转型升级开启征程。2016 年 10 月，全国首个畜牧业绿色发展示范省创建任务落地浙江，省政府印发《创建全国畜牧业绿色发展示范省三年行动方案（2017—2019 年）》，强力推动畜禽养殖绿色发展。据估计，行动方案实施三年来浙江省各级政府投入资金超过 10 亿元，带动工商企业资本投入 100 亿元用于绿色发展改造[1][2]，理顺绿色发展新体系，构建绿色生产新格局。

三、社会文化为畜禽养殖绿色发展提供巨大需求

我国畜禽养殖绿色发展是满足高品质生活的必然之举。我国经济社会主要矛盾已经转变为人民日益增长的美好生活需要和不平衡不充分的发展之间的矛盾。我国居民饮食结构已经由中华人民共和国成立初期粮食产品、果蔬产品、肉奶产品的 8∶1∶1 发展成当前的 4∶3∶3。由此可见，对肉奶产品的需求量

---

① 农业农村部：今年中央财政投入 1.7 亿元用于布病免疫［N］. 澎湃新闻，2020-09-22。
② 浙江畜牧业打造绿色发展新格局［N］. 浙江日报，2018-11-13。

大大增加，这为畜禽养殖业发展提供了较大的市场发展空间。不仅如此，人们对高品质、健康肉奶产品的需求不断增加。畜禽养殖绿色发展就是要从供给端出发为居民提供高品质畜产品，满足居民高品质生活需求。绿色畜禽产品，尤其是"三品一标"产品（安全食品、绿色食品、有机食品、地理标志食品）越来越受到人们的喜爱，如 2018 年绿色猪肉产量为 9.85 万吨，较 2008 年增长了 1 倍。而据 2020 年《全球有机农业发展报告》显示，2018 年中国有机农业用地 310 万公顷，比 2015 年的 161 万公顷增加了近 2 倍，表明生产者也在不断适应消费者需求的变化，增加有机农业用地数量；2018 年全球有机食品和饮料的销售额超过 950 亿欧元，其中中国的份额占到 8.3％，比 2015 年增加了 50％。

我国居民不仅对绿色产品的需求增加，对绿色生产的需求也在不断增加。党的十九大报告强调"必须树立和践行绿水青山就是金山银山的理念"。当前，全社会已经建立起美丽中国的概念，人们更加注重高品质生活，更加注重高品质的生态环境。畜禽养殖的粪便污染是生态环境的主要污染源之一。如果将产品安全界定为"合意"产出，那么畜禽粪便便是"不合意"产出，"不合意"产出越少或得到有效治理才能提高"合意"度。畜禽养殖绿色发展的目的之一就是尽可能少地减少污染排放，因而，畜禽养殖绿色发展是满足居民高品质生活需求的必然举措。

绿色发展离不开绿色文化的浸润与支撑。绿色文化的构建、普及与提高，有助于拉近人与自然的关系，加深人对自然的感情，从而产生保护自然、爱护自然的情怀。在推进绿色发展过程中，应积极培育绿色文化，让绿色发展理念成为全社会共同的价值追求。自 2016 年 12 月习近平总书记就解决好畜禽养殖废弃物处理和资源化利用问题发表重要讲话以来，粪污资源化利用工作全面铺开，畜禽养殖绿色生产文化逐渐形成、理念深入人心。在 2018 年 5 月 18 日召开的全国生态环境保护大会上，习近平总书记强调"生态兴则文明兴，生态衰则文明衰"。中华民族向来尊重自然、热爱自然，绵延 5 000 多年的中华文明孕育着丰富的生态文化，习近平总书记的讲话为畜禽养殖绿色生产提供了主要遵循。2018 年农业农村部发布《农业绿色发展技术导则（2018—2030 年）》，旨在通过全面构建农业绿色发展技术体系，引领全国科技人员调整科研方向，优化资源布局，把科技创新的重点转变到注重质量和绿色上来，推动农业农村经济发展，实现质量变革、效率变革和动力变革，引领支撑农业农村现代化和乡村全面振兴。近年来，广大居民绿色文化意识的不断增强为畜禽养殖绿色发展奠定了良好的思想基础。

可以预见的是，全社会绿色意识、节能意识不断深化，对绿色产品、绿色生产环境的需求更加强烈，畜禽养殖绿色发展的氛围更加浓厚，反过来也必将推动畜禽养殖绿色发展更加深入细化。

四、乡村振兴为畜禽养殖绿色发展提供历史机遇

畜禽养殖绿色发展是实施乡村振兴战略的重要内容。畜牧业产品品类多、规模大、链条长，是乡村振兴的基础性、支撑性产业，且与农村生态环境密切相关（陈焕春和李成林，2018）。乡村振兴，产业兴旺是重点。实施乡村振兴战略就是要在推动乡村产业振兴的基础上促进人才振兴、文化振兴、生态振兴、组织振兴。当前我国畜禽养殖生产发展面临资源约束趋紧、疫病风险威胁、保障体系不健全和抵御风险能力弱等问题，畜产品稳产保供的基础不牢固；同时，存在畜禽养殖粪便污染比较严重、散户养殖污染治理难等问题。解决上述问题迫切需要转变畜禽养殖发展方式，走绿色发展道路，推动产业振兴与生态振兴。

畜禽养殖绿色发展强调"低碳、绿色、循环"的发展理念和当前乡村绿色发展理念与文化是一致的，因而畜禽养殖绿色发展有助于乡村文化振兴。同时，乡村是畜禽养殖发展的主阵地，畜禽养殖发展必然促进人才在乡村集聚，也有助于乡村人才振兴；而现代化的畜禽养殖不是养殖户自己单打独斗，而是与当地合作社或养殖龙头企业合作，有助于乡村组织化建设、有助于乡村组织振兴。综上，畜禽养殖绿色发展有助于推动乡村五大振兴，对助力乡村全面振兴有着重要意义。

畜牧业作为农业的重要组成部分，已经从农村副业发展为农业和农村经济的支柱产业，在乡村振兴中可以大有作为。在我国改革开放进程中，畜牧业作为最早进行市场化改革的农业产业部门，始终保持旺盛的活力，走在创新变革的前列。"十四五"乃至 2035 年，党和国家将乡村振兴作为重要战略深入推进，更多项目、人才、资金等将下到乡村、下到畜禽养殖行业，也必然有力推动畜禽养殖行业绿色发展。

五、科技发展为畜禽养殖绿色发展提供强大支撑

联合国粮农组织认为，促进畜牧业发展的主要因素及贡献率分别是：品种改良（遗传育种）占 40%、饲料和疫病防治各占 20%、饲养条件占 15%、其他占 5%。但无论上述占比怎样，各方面的升级发展最终需要科技创新，科技发展为畜禽养殖绿色发展提供了强力支撑。

1. 生物育种科技发展为畜禽养殖绿色发展提供技术支撑

目前，转基因育种技术在世界范围内已经有了广泛的推广，我国也成功引进了这种育种技术。我国转基因生产的农作物，一般只用于饲料加工和食品加工方面。从我国现阶段的转基因育种技术来看，我国的育种技术已经比较完善，也有一定的技术研发能力，在很多转基因品种的研究方面都取得了非常好的成绩。转基因育种技术的快速发展有助于为畜禽养殖提供更廉价的原料，有助于开发更为抗病的新品种。但由于一些人为原因，转基因技术在我国尚未广泛推广开展。分子设计育种技术在我国发展较快，目前广泛应用到了水稻的种植方面，未来也将可能更多地用于畜禽新品种开发。

2. 信息与数字技术正广泛用于畜禽养殖业

在世界范围内，以农业物联网、农业大数据、精准农业、智慧农业、人工智能五大核心模块为代表的数字农业技术已经被广泛应用于农业领域且发展迅速。就畜禽养殖而言，随着规模养殖占据主导地位，畜牧业设施装备水平大幅提升，现代化生产方式加快普及，为畜禽养殖绿色发展提供了有力的技术支撑。精准饲喂、环境控制等现代装备和技术的广泛应用，将不断提高畜禽养殖劳动生产率、资源利用率、畜禽生产效率。以浙江省为例，2018年开始，浙江省组织开展数字化牧场认定，认定正大（慈溪）现代农业建设有限公司、浙江华腾牧业有限责任公司等20家数字化牧场为建设典型。浙江华腾牧业有限公司数字化建设被评为2019年全国数字农业农村新技术新产品新模式优秀项目，实现了环境控制、生长监测和精准饲喂等功能，对猪舍内环境中氨气、温湿度等实时监测并远程调控，运用智能猪只耳标对生猪体温、运动等实时监测，提高了生产经营水平，用工节省80%、用水量节省60%，增效达43%[①]。

3. 资源与环保技术发展促进畜禽养殖绿色发展

猪场粪污处理利用关键技术、牛粪及梨树残枝落叶制备有机肥生产技术、粪污立式蒸发器、生猪健康养殖与粪污处理技术、畜禽养殖粪污处理生态工程与循环经济示范等一大批环保类国家科技成果发布标志着我国畜禽粪污资源化利用技术日益完善。不仅如此，各地积极开展探索创新，提炼出粪污全量还田、粪便好氧堆肥、粪水肥料利用等多种技术模式。这些技术与模式的推广使用为畜禽养殖绿色发展提供了强有力的技术支撑。

未来，随着我国种质资源保护与育种技术更加成熟、智能化数字化技术深

---

① 丁琳，陆建定，蒋永健，2020. 浙江数字畜牧业的探索与对策［J］. 中国畜牧业（19）：35-36。

入渗透，以及资源与环保技术更趋便利，畜禽养殖绿色发展所需的各种技术保障更加有力，技术推广使用成本更加低廉，必将更加推进绿色发展广泛深入推进。

第二节　面临的制约

尽管畜禽养殖绿色发展面临良好的机遇，但是由于自身发展存在一些问题，在向绿色发展转型升级过程中面临着来自技术资源、人才资源等方面的挑战。

一、绿色技术开发利用不足

尽管近年来我国畜禽养殖科技有力推进了绿色发展，但技术的前瞻性和系统性不足，对绿色发展形成了挑战。

1. 育种关键技术亟待突破

种子是畜禽养殖的"芯片"，是决定畜禽养殖绿色发展的核心要素。不同畜禽品种决定不同的节料性能（饲料转化率）、抗病性能（疫病防控投入占比）和繁育性能（资产利用率）。目前，我国畜禽养殖基本实现了良种覆盖，但畜禽品种主要引自国外，这些品种的二代或三代在繁育性能、抗病性能、节粮性能方面均会有不同程度的下降。以生猪为例，育种技术存在以下制约：一是种质资源保护不足。目前仅有53％的地方品种得到产业化开发，还有接近一半的地方品种尚未得到开发；核心种猪资源仍主要依靠进口，近几年我国每年从欧美国家引进种猪近 10 000 头，接近核心种猪群年更换额度的1/4，直接导致生猪产业安全问题与养殖户成本上升。二是品种的繁育性能需要进一步提升。进口种猪的本地适应性及母猪繁育生产管理水平有差异，我国能繁母猪产仔数仍有较大提升空间。我国每头能繁母猪年提供断乳仔猪数仅为 24 头左右，而养猪业发达国家均在 28 头以上。三是品种的抗病性能普遍需求较大。在生猪行业，由于受非洲猪瘟的影响，国内大多数养殖户非常关注品种的抗病性能，据调查显示，在养殖户中关心生猪抗病性能的占 46％。

2. 饲料开发与贮存技术有待提升

少投饲料及不同的饲料配方都可以起到节能减排或降污的作用，实现绿色发展，因而畜禽养殖绿色发展在饲料方面的主要努力方向是开发新饲料、改进饲料配方及提升饲料品质。当前我国畜禽养殖绿色发展在饲料方面存在以下问题：

一是新型饲料开发不足。如俄罗斯科技人员用膨化法将废木材、作物秸秆等失去利用价值的木质纤维制成饲料，每头奶牛每天饮用这种发酵液体饲料 13.5 升，可多产奶 2 升；日本一家公司将牛骨用特殊方法烧成牛骨灰，牛骨灰中含有的多种矿物质做成饲料添加剂后具有抗病、促生长的作用，生猪采食了添加牛骨粉的饲料后生长速度可提高 10％；科威特科技人员用甲醇生产的单细胞蛋白质饲料饲喂鸡、犊牛、羔羊等畜禽后效果良好；立陶宛一家生物化学厂的科技人员用制糖残渣和无害矿物盐残渣生产出了氨基酸浓缩物，在饲料中添加 0.05％～0.15％后饲喂鸡、生猪、牛、羊等畜禽，增重率可提高 15％～30％，同时可减少饲料消耗 15％～20％[①]。我国对新型饲料的开发远远不足，如对构树、桑树等新型饲料的开发利用严重不足。

二是饲料配方改进空间较大。我国畜禽饲料的主要原料是玉米和豆粕。由于大豆生产率较低，且存在"与粮争地"问题，故我国大豆产量低、自给率也非常低，仅占 10％左右，每年需要进口约 8 500 万吨，这些进口大豆主要用于豆粕生产。大豆大量进口使得豆粕成本较高，抬高了饲料成本。降低豆粕使用可以减少粪便中的氨气排放，起到降低污染的作用。因此，降低饲料中的豆粕占比，以降低生产成本和减少氨气排放成为饲料工业的重要努力方向。但是，我国当前饲料生产中豆粕占比仍然较高，需要革新技术，在保障畜禽正常营养的前提下改变饲料配方。

三是饲料原料贮存技术开发不足。饲料在保管及加工运输过程中极易受到霉菌毒素污染，一些含有霉菌毒素的原料如果用于饲喂牛、生猪和家禽等，将对产品安全产生严重影响。据农业农村部对饲料的监测显示，2010—2018 年，中国饲料监测合格率总体提升，从 2010 年的 93.9％上升到 2017 年的 96.4％，但 2018 年又下降到 93.2％。

3. 新型兽药研发不足

疫苗、诊断试剂、药物是畜禽疫病防控的最有效工具。以生猪为例，我国生猪养殖数量占世界的 50％左右，但新型兽药研发数量却明显不足，2018 年由于生猪养殖的新型兽药仅为 7 项，而国外达到 14 项；2017 年开发生猪用新型兽药也是 7 项，而国外是 19 项[②]。针对畜禽重大传染病病原，未来一段时间内急需重点开展基因缺失标志疫苗、基因工程活载体疫苗、核酸疫苗等具有广阔应用前景的新型基因工程疫苗研究；同时，针对健康安全养殖新的需求，也要大力开发微生态制剂、生物治疗制剂等新型绿色防控产品。

---

① 鲁克，2011. 新型饲料开发大有可为 [J]. 北京农业 (28)：49.

② 栗栖凤，王娟，杨霁菡，2019. 国内外新兽药研究情况的相关探讨 [J]. 饲料博览 (10)：79.

4. 畜禽粪污处理技术开发应用不足

发达国家在畜禽粪污处理技术研发与使用上走在前列，如 Big Dutchaman（大荷兰）公司正在推广干草发酵床技术"Xaletto"，该技术主要在猪舍铺撒干草以及添加特殊的催化剂，采用 40℃以下的冷堆肥好氧分解，促使好氧细菌分解粪肥，并最终还田。我国畜禽废弃物资源化利用创新性技术较少，在种养结合循环发展方面的技术研发不足，有自己知识产权的技术和有很好适应性能以及推广价值的技术更少，转化产品品种单一、质量差、利用率低。一些成熟的技术却无法实现产业链的延伸和配套技术间的兼容。高效的机械设备与生物技术无法有机结合，工艺和工程技术得不到升级，设备水平得不到提高，不能有效地转化农业废弃物并实现资源化利用。

以生猪为例，从一些指标上可以看出我国畜禽养殖绿色发展技术与国外的差距（表 5-1）。

表 5-1　中国与丹麦生猪养殖技术比较

指标	可能目标	中国平均	丹麦平均	与丹麦差距
育肥期料重比	2.4	2.92	2.65	0.27
上市日龄及对应的体重（天，千克）	156（120）	191（110）	163（114.5）	28（4.5）
育肥期日增重（千克）	1	0.735	1.026	-0.291
育肥期成活率（%）	98	92.3	97	-4.7
保育期料重比	1.45	1.76	1.82	-0.06
保育期日增重（千克）	0.55	0.39	0.461	-0.071
保育期成活率（%）	98	94	96.4	-2.4
出生活仔数（头）	>15	12.4	17.7	-5.3

资料来源：牧原集团。

二、人才数量素质支撑不足

畜禽养殖绿色发展需要专业人才支持，但我国畜禽养殖户多为散养户，专业化程度不高，对绿色发展相关技术采用不力，在较大程度上制约着绿色发展。

1. 技术人才总量不足

畜牧兽医站技术人员是畜禽养殖发展的重要人才与技术保障，也是畜禽养殖绿色发展的主要依靠力量。我国畜牧兽医站技术人才不足，目前维持在 10

万人的规模，人均服务畜禽数量较多。具有高级职称的技术人员更少，2018年仅占全部技术人员的 9.1% 左右（表 5 - 2），对畜禽养殖创新发展的支撑明显不足。

表 5 - 2　中国畜牧兽医站不同技术职称的人数

年份	高级技术职称	中级技术职称	初级技术职称	合计
2018	8 750	38 172	49 117	96 039
2017	7 577	38 686	53 219	99 482
2016	6 411	40 338	56 020	102 769
2015	5 535	41 147	59 166	105 848
2014	4 444	39 036	62 116	105 596
2013	3 859	38 644	64 091	106 594
2012	3 407	37 423	65 611	106 441
2011	2 919	36 268	66 810	105 997
2010	2 562	34 990	67 462	105 014

资料来源：《中国畜牧业年鉴》。

2. 管理人才素质较低

畜牧养殖业门槛低，一般农户也可加入其中，使得管理人才的层次不高，如一些经营生产人员普遍缺乏必要的质量安全管理技术和知识，不能很好地按照行业技术规范从事养殖活动。特别是养殖业越来越需要种养结合人才，不仅传统种植从业者对养殖接触少，缺乏必要的养殖知识和技术；而且养殖单位重养殖轻种植，缺乏种植技术和管理能力，难以保证综合效益。中小养殖场管理水平低下，无法有效运用相关数据进行分析，指导废弃物处理与利用。

3. 畜禽种业人才严重缺乏

畜禽育种周期长，产出品种审定慢，许多人才不愿意从事畜禽育种工作。同时，我国具有育种能力的人才多分布在农业高校与科研院所，这部分人员职称评定以论文发表为主，对品种开发以及市场化缺乏兴趣。而一些大型畜禽养殖公司育种人才短缺。正因为此，农业农村部印发的《国家畜禽良种联合攻关计划（2019—2022 年）》将培育畜禽种业人才发展作为重点工作来抓。

三、养殖模式不尽合理

在养殖模式方面，目前丹麦等养殖发达国家使用的是"适规模、大群体"方式，即"家庭农场＋合作社"模式，这种模式的好处就是种养结合、循环发展，畜禽粪便采取"就地就近消纳"的处理方式，成本较低。中国传统养殖模式是家庭散养模式，畜禽粪便量少且被农户充分用于种植业肥料。但散养模式导致生产效率低下，产品品质安全难以得到有效保障，生物安全防护困难。尤其是 2007 年发生的猪蓝耳病，暴露了散养户生物安全防护的脆弱性。2007 年国务院出台《关于促进畜禽规模化养殖有关用地政策的通知》，鼓励规模化养殖，规模化养殖从此快速发展。

规模化养殖分为小规模、中规模、大规模，就绿色发展（含四个维度）而言，不同规模的绿色发展水平不一样（表 5-3）。

表 5-3　不同养殖规模平均绿色发展水平

绿色发展维度	散养户	小规模	中规模	大规模
资源节约	—	＋	＋	＋＋＋
环境友好	＋＋	＋＋	—	＋＋
产品安全	—	＋	＋＋	＋＋＋
产出高效	＋	＋＋	＋	＋＋

注："—"表示很低，"＋""＋＋""＋＋＋"分别表示一般、较高、很高。

由表 5-3 可知，就绿色发展而言，大规模养殖和小规模养殖是比较适合的养殖模式，这就是有些专家提出的"哑铃型"养殖模式（小规模养殖户大规模养殖）。但中国的养殖模式大量是散养户养殖和中小规模养殖，大规模养殖比重较低。以生猪养殖为例，2021 年前 10％的企业生猪出栏量占全部生猪出栏量的 15％左右，规模化养殖率为 70％，意味着 30％的生猪出栏量是散养户提供的。

规模化养殖存在种养脱节、粪肥消纳难的问题。一是新建养殖场用地获取困难。"三区划分"和"生态红线"的制约造成了种养产业空间布局错位，导致畜禽规模养殖用地紧张。地方政府对新建养殖场用地审批越来越严格，基本不批；部分现有养殖场因环保、城市建设、工业发展等原因被迫关闭和拆除，继续从事养殖又很难得到合理的用地置换。即便是东北和西北资源条件相对宽松的地区，发展畜禽养殖也很难找到合适的土地。因为养殖用地受限，也为了便于加工、销售和运输，现在大多数集约化养殖场都建在人口较密集、农田占有量相对较少、交通方便的城市郊区和工矿区，使养殖业与农田利用脱离，废弃物排放随意，大部分未经处理的污水直接排入城市污水管网，造成水体及空气的严重污染。

二是养殖配套用地困难。农牧循环是解决养殖业污染的最佳途径，也是改良土壤、促进农业可持续发展的有效途径。发展生态农业需要大量的有机肥，而畜禽粪便作为优质有机肥却得不到有效利用，并且成为主要污染源之一。主要原因是没有解决好畜牧用地与农田的科学配置问题，一些规模养殖场难以找到适量的土地消纳粪污。"种地的不养猪，养猪的不种地"，原有的很多养殖场并没有配套粪污消纳土地。要建造粪污处理利用设施，往往存在用地难，并且不能突破 7% 的附属设施用地比例、最高不超过 15 亩的面积规定。如宿州市甬桥区为解决粪肥还田"最后一公里"的问题，计划在田间地头配套建设贮粪暂存池、就近就地积造施用有机肥，但有 10 个乡镇至今无法落实占地仅 300 米^2 的建池用地。异地集中处理中心等大型项目和规模场粪污利用设施在改造中，更是普遍反映基层用地审批难、程序多，影响整县推进项目实施进度。在保障粪污处理利用设施用地方面，建议将畜禽粪便、污水等废弃物收集、贮存、处理设施用地，以及有机肥积造、生产、施用等用地进一步明确为设施农业发展用地，并提高用地占比及亩数规模的上限，列入各级土地利用总体规划和土地利用年度计划的要优先安排。畜禽养殖业发展的规模化、集约化，使得单位面积饲养牲畜密度有较大的提高，但是相应的土地承载力有限，不能做到完全消化而形成污染源。

四、区域布局不尽合理

合理的区域养殖布局是绿色发展的关键前提之一。区域布局可以用水资源、饲料资源、需求量等来确定。从水资源和饲料资源来看，养殖区域布局不尽合理。

从水资源来看，畜禽养殖耗水的同时如果处理不当也会对水体产生污染。从耗水角度来看，东南沿海水资源丰富地区发展畜禽绿色养殖的条件较好；但从水污染角度来看，东南沿海水网密集，一旦污染将造成严重的面源污染。以养猪为例，出现养猪产业的"南猪北养、东猪西进"区域转移现象，养殖产业越发向华中、东北、西北等水资源不太富集区域转移。畜禽养殖水资源矛盾也表现为供水和需水之间的矛盾。随着经济的发展，人民生活水平的提高，水污染的加重，畜禽养殖业对水质和水量的要求日益提高。而目前所供给的水量和水质都不能满足用水要求，水的供需矛盾日益突出。尤其是在西北地区，夏秋之交时节常常出现干旱现象，此时不仅农作物的生长需要大量的水分供应，而且城乡居民用水量也最大，人畜争水的矛盾明显。

从饲料资源来看，耗粮型的生猪养殖正在向粮食主产区的华中、东北等地转移；草食动物牛、羊也在由西北向西南等地转移。尽管这种转移有助于养殖企业降低生产成本，但对绿色发展而言，却降低了转入地的绿色发展水平。如河南省年产生猪约 4 000 万头，占全国比重的 6%，每年向外省输出猪肉 200 万吨，相当于 2 000 万头猪，亦即河南生猪产量的一半供给了外省，对猪粮安全做出了重要贡献。但河南省畜禽养殖绿色发展水平较低。由表 4-2 可知，河南 2010—2019 年畜禽养殖绿色发展水平指数仅为 0.273，远低于全国平均水平 0.338。

五、绿色生产意识有待提升

虽然现阶段中国养殖业发展正从中、小规模养殖户向规模养殖、集约化养殖转变，但是养殖从业者文化水平低、环保意识差、安全意识不够等仍然没有得到根本性转变。

1. 污染防治意识不足

我国目前崇尚的养殖模式是规模化养殖，存在大、中、小不同的养殖规模，超大规模养殖场大量的畜禽粪便和废水一般经过专业化的集中处理后，能够解决环境污染问题，但存在粪污处理效果不理想，粪肥脏、臭味重、使用不方便、用工成本高、有效利用不通畅的问题。中、小规模养殖场的畜禽粪便处理一直是个难题，粪污处理方式不一，有的采用堆肥处理、就近消纳模式，但存在配套耕地不足的问题，过剩的养分在耕地中下渗进入地下水或周边饮用，会造成水体环境的富营养化污染。一些养殖场"雨污分流"不彻底，雨水变粪水；一些养殖场的处理方式落后、方式粗放，固体粪便经简单处理后堆肥发酵、还田利用，或以直接还田为主，大量的臭气和大量病原菌、虫卵造成二次污染；有贮粪场、沉淀池等设施，但清粪方式不科学，仍采用水冲粪、水泡粪等非干清粪方式，增加了粪污总量，加大了处理难度。

散养户和一些中、小规模养殖户对养殖废弃物资源属性和利用潜力并没有概念，重视不够，导致养殖废弃物随意丢弃，不仅浪费了资源还污染了环境。由于疫病、市场风险大，养殖业效益波动较大，加上传统的粪污处理工艺落后、成本高。例如，每吨污水处理成本为 8～12 元（年出栏 500 头的规模猪场污水处理成本为 1 万元），养 5 头猪就需要 1 亩多地来消纳粪污，导致部分养殖场投资治污设施设备的主动性不高，往往直接简单还田，个别甚至出现偷排乱排现象。尽管一些养殖场都修建了堆粪场，但是粪污处理设施配套不健全，过于简陋，与标准化的设施要求有一定差距，处理污染的效果不好。

2. 生物安全意识不足

非洲猪瘟疫情暴发使得养殖户对生物安全有一定的重视，但也仅仅知道做好防护隔离，阻断病毒传入猪场，而对猪场外部环境的生物安全做得不足。如一些养殖户认为畜禽产生的排泄物会大大增加土壤的肥力，因而随意排放各种牲畜产生的粪便、尿液，造成排泄物中的氮、磷等元素以及各种菌类在土壤中大量富集，产生各种毒素，改变土壤性质，使土地板结或者酸碱性改变，破坏种植业的生物安全环境。

3. 产品安全意识不足

一些养殖户缺乏对药物残留危害的认知，为了利益最大化，使用一些违规药物，造成畜禽体内残留，影响体的健康。一些养殖户对人兽共患病的认知不足，对于畜禽排泄物没有加以无害化处理，使得一些露天堆放的病原微生物蔓延扩散，导致人兽共患病疫情的发生。

六、平台与装备发展不足

智能化养殖业都具备非常广阔的发展前景。从养殖企业的角度来说，能降低投入成本、提高管理效率、保证产品质量，是其在竞争激烈的市场上立足的重要基础，而智能化养殖就是实现以上目标的重要手段。从环境保护的角度来说，企业也应该通过应用智能化管理模式来达到环境保护的硬性要求，履行自身的社会责任。以智能化养猪为例，全自动化喂料系统、漏缝地面、自动刮粪、大跨度钢结构猪舍和风机水帘温度控制系统等使得猪场员工人数的下降幅度高达23%，但人均年产猪苗却提高了约30%。而以智能化为基础的数字化养殖，不仅可以依据传感器提升育种配种效率，而且有助于依据数据改进饲料配方、降低碳排放等。但是智能化数字化养殖目前在我国还处于发展的初级阶段，对绿色发展的效应还远没有体现出来，其存在的问题如下。

1. 智能化装备发展不足

畜禽养殖环境控制技术与设施装备技术对畜禽健康养殖产业支撑不足是影响畜禽养殖绿色发展的关键。我国畜禽养殖总体机械化水平不高，畜禽养殖的机械化率尚不到1/3，尤其是智能养殖技术与装备尚处于起步阶段，与发达国家相比仍存在较大差距，并且成本较高，缺乏具有自主知识产权的智能化技术装备。我国养殖环境控制及智能养殖设备技术的主要瓶颈有3个[①]：

一是畜禽智能养殖装备技术落后。养殖发达的国家正快速推进智能化养殖技术，形成了系列成套的养殖装备，并逐步开始应用智慧畜牧业技术提升畜禽健康、生产水平及生产效率和产品质量。而智能养殖在我国还处于探索

---

① 杨飞云，曾雅琼，冯泽猛，等，2019. 畜禽养殖环境调控与智能养殖装备技术研究进展［J］. 中国科学院院刊，34（2）：163-173.

阶段，缺乏相应的人才团队、技术和装备支撑，主要依托于引进国外技术装备，投入成本高，引进的装备技术多为国外 20 世纪 90 年代应用的技术（目前这些技术模式在发达国家已被淘汰）；同时，由于畜禽养殖的智能化控制软件源程序不开放，控制模型不能根据当地用户使用情况的变化而进行调整或自行改进，因此难以建立畜禽场自身有效的数据库。此外，我国各地的自然气候条件与技术引进国之间的差异较大，引进的技术得不到改造，因此技术最终也都是难以被直接适用。

二是畜禽智能养殖标准化体系缺乏。目前，针对畜禽智能化养殖装备及产品研发的企业及相关产品增加迅速，但同类型的产品毫无规范可言，基本上处于相互模仿阶段，缺乏专业的行业指导。同时，畜禽养殖过程中缺乏智能环境调控、智能辨识、智能饲养的标准化体系，不能实现对采集的信息进行处理和智能调控相应养殖装备，以及达到最佳环境、健康水平或者生产性能的目的。

三是畜牧环境调控与智能化养殖装备科技成果转化滞后。目前国内畜禽智能化养殖装备技术的研究基本还停留在科研试验层面，在智能感知信息技术的数字化、精准化方面跟不上，智能养殖装备技术与针对不同区域、不同养殖模式、不同养殖规模的标准化圈舍设计、养殖工艺参数不配套，导致养殖工艺-设施设备-环境控制技术不匹配，科研成果转化与推广应用力度明显滞后，这就使得先进的养殖理念、养殖方式得不到很好的推广应用。

2. 数字化平台建设及推广等缓慢

数字化养殖是智能化养殖的高级阶段，是用物联网、大数据、区块链等信息技术收集的数据辅助养殖决策和精准执行。当前国内数字养殖存在以下困境。

一是数字平台建设滞后。数据平台包括数字软硬件建设，是数字化的核心。在硬件建设方面，数字传输网络尚未完全覆盖；设备缺乏标准，设备稳定性差，故障率高，维护费用高，无法提供后续技术服务。在软件建设方面，各种畜禽数据库、资源数据库、养殖环境数据库、流行病数据库和人才数据库空白。

二是数字技术推广不足。中国养殖的形式是大中型养殖企业、中小型农场和家庭农户并存。中小型农场人员和家庭农户通常是生活在农村地区的留守老人，这些留守老人受教育程度不高，吸收数字化知识技术的能力普遍较低，数字设备的高昂成本限制了其推广。由于资金等条件的限制，中小型农场（户）数字化设备的推广和实施严重不足。

三是数据分析使用不足。数字化养殖就是以数据为基础的分析、指挥和调控，而目前大部分中小规模养殖企业的家禽、生猪、奶牛等行业的养殖数据还不是通过传感器传入，相关数据还主要依靠饲养员每天的手工记录或输入计算机，使得这些数据很难形成系统的数据体系并用于指导生产。事实上，目前许多养殖场在生产、管理、产品流通等方面产生的大量信息和数据也无法有效地、系统地、完整地采集，很难形成有效的数据分析与应用，在一定程度上制约了养殖的绿色发展。

第六章
我国畜禽养殖绿色发展战略框架 ▶▶▶

我国畜禽养殖现实基础、面临制约、有利形势及战略定位共同决定着绿色发展的战略目标和措施选择。

第一节　战略定位与战略目标

经过 2010—1019 年的快速绿色发展，当前我国畜禽养殖绿色发展已经有了相当好的基础，在此前提下绿色发展的战略定位和战略目标必然有所改变。

一、战略定位

前文已述，我国目前畜禽养殖绿色发展水平在过去的十年有较大提升，但整体水平不高、区域差异较大，亟需提升。畜禽养殖绿色发展内涵要求资源节约、环境友好、产品安全、产出高效，当前政策、经济发展、社会文化、乡村振兴、科学技术等的快速发展为畜禽养殖绿色发展提供了良好的发展机遇。基于此，笔者认为，未来 5～15 年，我国畜禽养殖绿色发展的战略定位是提效率、保生态、升品质、促发展，实现由畜牧大国向畜牧强国的转变（分析过程见表 6‑1）。

表 6‑1　我国畜禽养殖绿色发展战略定位

发展内涵	现实基础（问题）	面临制约	有利形势	战略定位
资源节约	劳动生产率较低，饲料转化率较低，单位产品能耗较高	技术、人才、装备	环境规制持续趋紧，经济高质量持续推进，最新科技成果不断渗透，乡村振兴深入推进，绿色文化意识不断增强	提效率、保生态、升品质、促发展，增强绿色竞争力，建成畜禽强国
环境友好	氮、磷、氨、碳排放较多，环保治理投入不足，单位面积承载量较多	技术、养殖模式、布局、意识、装备		

（续）

发展内涵	现实基础（问题）	面临制约	有利形势	战略定位
产品安全	绿色认证产品品类少、产量少，饲料检测合格率有待提升	技术、意识、装备	环境规制持续趋紧，经济高质量持续推进，最新科技成果不断渗透，乡村振兴深入推进，绿色文化意识不断增强	提效率、保生态、升品质、促发展，增强绿色竞争力，建成畜禽强国
产出高效	规模化率不高，产值占比不高，成本利润率不稳	技术、模式、人才、装备		

二、战略目标

依据战略定位，我国未来十五年畜禽养殖绿色发展阶段性目标如下：

到 2025 年，畜禽养殖绿色发展水平达到中等发达国家水平，在畜禽养殖节能减排、产品安全等一批关键技术上取得重大突破，种养一体模式广泛推广，产品与区域布局合理，绿色发展综合水平大幅提升（具体指标参见表6‐2）。

表 6‐2　我国畜禽养殖绿色发展战略目标

主要维度	具体指标	2019 年实际值	2025 年目标值	2035 年目标值
资源节约方面	劳动生产率	生猪人均 180 头，蛋鸡 4 000 羽，奶牛8 头	生猪人均 1 000头，蛋鸡 10 000 羽，奶牛 50 头	生猪人均 5 000头，蛋鸡 20 000羽，奶牛 200 头
	饲料转化率	生猪料重比 3.0，蛋鸡料蛋比 2.3	生猪料重比 2.5，蛋鸡料蛋比 2.1	生猪料重比 2.0，蛋鸡料蛋比 1.8
	资产利用率	生猪出栏率 150%	生猪出栏率达到 170%	生猪出栏率达到 180%
环境友好方面	粪便资源化利用率	75%	80%	90%
	二氧化碳需氧量及氨、磷排放量	—	在 2019 年的基础上下降 10%	在 2019 年的基础上下降 25%
产品安全方面	规模化养殖率	生猪、奶牛、蛋鸡规模化养殖率 67%、67%、76%	生猪、奶牛、蛋鸡规模化养殖率分别达到 80%、80%、90%以上	生猪、奶牛、蛋鸡规模化养殖率分别达到 90%、90%、95%以上
	疾病发病率	生猪、家禽、牛发病率分别为 5%、6%、4%以下*	生猪、家禽、牛发病率分别下降到 4%、5%、3%以下	生猪、家禽、牛发病率分别下降到 3%、4%、2%以下

（续）

主要维度	具体指标	2019 年实际值	2025 年目标值	2035 年目标值
产出高效方面	畜产品人均占有量		人均肉类消费达到 60 千克/年，人均奶类消费达到 45 千克/年，人均蛋类消费达到 20 千克/年	人均肉类消费达到 70 千克/年，人均奶类消费达到 50 千克/年，人均蛋类消费达到 25 千克/年
	畜牧业占农业总产值比重	27%	35%	50%
	畜产品加工产值占养殖业总产值比重	50%	60%	70%

注：* 参考《国家中长期动物疫病防治规划（2012—2020 年）》。

到 2035 年，在畜禽养殖全产业链环节绿色发展综合水平处于国际前列，畜禽养殖基本实现现代化，在动物疫病防控、环境保护等方面处于领先水平，探索出一条适合中国国情的绿色发展路径。

第二节 战略任务

绿色发展的定位与目标必须通过在科技创新、生产模式、生产布局等方面的调整才能有效实现。

一、提高科技创新能力

把握畜禽养殖绿色发展总体要求，以降低资源消耗、降低动物废弃物排放、降低动物体内有害物质残留、增加动物产品安全性为目标，以优质畜种技术、疫病防控技术、废弃物排放技术、绿色屠宰技术研发与应用为切入点，实现畜禽养殖绿色发展科技创新能力的大幅提升。

加强畜禽优良品种开发与保护。首先，选育动物新品种，保护已有优良种质，建立高效繁育技术体系。通过主要畜禽品种遗传改良计划，实现全国联合育种；其次，加大畜禽高效繁殖与胚胎工程技术研究。重点研究公畜精液优质高效生产相关技术，建立新的人工授精技术体系标准；重点打造适合我国的生猪、牛、羊胚胎生产技术体系，突破种畜体细胞克隆技术。再次，加强地方特色种质的选育与保护，建立地方特色的种质资源保护中心，并建立地方特色物种基因库，整合全国优秀种质资源。最后，加强高校、科研院所的基础育种研发投入，创立产学研创新体系。

加强动物疫病防控技术研发与生物安全体系建设。加强动物病原学、疫病控制、疫病监测与预警等关键技术研究，有效防范外来动物疫病的传入。加强动物生物安全体系建设，强化疫病流行态势、分布规律认识，强化综合防治技术集成与示范，有效控制重大动物疫病和主要人兽共患病，基本达到口蹄疫、猪瘟、高致病性禽流感、新城疫、伪狂犬病等重大疫病，以及结核病、布鲁氏菌病、狂犬病等人兽共患病净化状态，动物发病率、死亡率和公共卫生风险显著降低。

加大畜禽粪污的无害化处理与有机肥加工技术研究。重点加大畜禽粪便有机肥利用生态质量安全评价和控制技术、专用高肥效有机肥配方和加工技术、畜禽粪便有机肥机械化生产技术等方面的研究。

加强新一代信息技术在畜禽养殖绿色发展中的应用。加强畜禽养殖、粪污处理、屠宰加工等技术与装备体系的机械化、信息化、智能化技术研发与集成示范，逐步实现相关机械设备的高质量与国产化替代。

二、优化区域布局

优化畜禽养殖区域布局。按照"立足资源，发挥优势，统筹规划，集中发展，突出特色，适度规模"的原则，设立优势产业区、重点发展区和劣势产业区，加强区域内养殖规划布局。推动区域之间畜牧产业的联合，做到优势互补，形成规模化的产业布局；推动区域内不同产业之间的融合，实现产业化经营。

优化畜禽品种结构。逐步调整畜禽消费结构，引导消费者逐渐加大对牛奶、鸡蛋、鸡肉等的消费（饲料转化率由高到低的顺序是奶牛、蛋鸡、肉鸡、肉牛、生猪）。科学做好养殖生产布局规划，引导生猪、肉牛养殖流向饲料主产区和生态环境承载力较强的区域。

加强产业、产品区域流通体系建设。发展覆盖生产、贮存、运输及销售整个环节的全程"无断链"肉类冷链物流体系。重点发展猪肉冷链物流，消除生猪活体的跨区域运输；积极发展从中部、华南地区到珠三角、长三角、港澳等沿海地区，从东北地区到京津地区的冷链物流体系。

三、因地制宜探索养殖模式

大力推行种养结合模式。在粮食主产区推行"以地种养、有种有养"的种养结合家庭农场模式，持续做好"公司＋家庭农场"模式，探索发展托管、"互联网＋"等种养结合新模式。

引导"一特一片"特色发展。在生态资源富集区，推行生态种养"一特一片"特色发展，形成一片区域（连片村、乡镇）、一种种养模式、一批适度规模生产经营主体、一套标准技术、一个公用品牌，彰显区域特色优势，打造一批生态种养特色县、镇、村。

推进规模化养殖集聚发展。在城市郊区推行大型规模化养殖，做好畜禽粪污资源化利用与无害化处理，强化除臭、减排等技术创新。

四、加强产业整合融合

推进畜禽养殖智能化数字化建设，通过加快数字化建设，进行制度、技术和商业模式创新，将畜禽养殖生产与畜产品加工、流通和服务业等渗透交叉，推进全产业链融合，开发、拓展和提升畜禽养殖全产业链价值，提升畜牧业效益。

加强畜禽产品生产的区域文化内涵。根据各地资源条件、产业优势和品牌，充分挖掘不同地域畜产品品牌的历史、地理、传统、风俗等文化资源，凝练具有地域特色的畜产品文化，打造一批具有地方特色的优质畜产品和地理标志畜产品，培育系列知名畜产品品牌。鼓励绿色畜产品企业严格按照绿色食品标准要求，提高自身品牌价值；鼓励企业深入挖掘品牌价值，提升绿色畜产品的品牌文化内涵，全方位提升绿色食品的知名度和美誉度，带动绿色食品品牌价值的提升。

促进畜牧业与乡村旅游融合发展。加快畜牧业家庭农场与建设乡村旅游、住宿、特色餐饮、文化创意等供应链综合服务，挖掘培育具有当地乡土风情或异域风情的农家乐、休闲度假村等载体，发挥多功能效益，弘扬乡土文化和中华文化。

推行种养结合循环发展。支持建设生态种养特色县、镇、村，加强适宜种养结合的农作物和畜禽优良品种繁育基地建设，发展优质粮食加工和副产物综合利用、畜禽保鲜冷链物流与精深加工，构建生态种养全产业链，提升产业综合效益和竞争力。

第三节 重点工程

从畜禽养殖产业链绿色发展的关键环节出发，绿色发展关键是要做好关键环节的技术创新和模式创新工程。

一、畜禽种质资源保护与现代育种工程

在已有国家级畜禽现代育种实验平台的基础上，因地制宜，根据畜种类别、区域特色建立各省级或专门畜种现代育种保种中心，攻克并掌握一批现代育种"卡脖子"关键核心技术。开展地方特色畜禽品种资源保护及基因资源挖掘创新。以解析畜禽遗传基础科学问题为主线，重点突破畜禽资源优异种质形成与演化规律、重要经济性状协同调控机理、代谢调控网络与合成机制，构筑生物育种理论创新体系。以种业核心技术原始创新为导向，构建前沿畜禽生物技术创新平台，重点推进传统优质特色种质资源的筛选与保护，重点研发细胞工程育种技术、全基因组选择技术、表型系统设计等关键技术，形成创新链与产业链高效衔接的生物育种技术创新体系。开展畜禽种业遗传改良。利用现代畜禽育种理论和技术，针对良种母畜进行超数排卵，开展性别控制技术、胚胎移植以及基因编辑等分子技术，加快畜禽种业性能提高，加快种群遗传改良速度。

加强畜禽种质创新与高产节粮抗病新品种培育。围绕新时期国家重大需求，在高效、节粮、优质、抗病畜禽新品种培育方面开展研究，确定适当的选育性状和选育目标，利用现代分子与细胞选育技术，加快培育资源高效、环境友好、优质、抗病的多元畜禽品种，达到种源安全、产业安全和动物源性食品供给安全的要求。加强市场化的种业协同创新体系建设。构建以企业为主的产学研协同创新体系建设，创新育种组织方式，加强科企融合，联合建立院企现代化育种平台，加速育种技术研发及应用，形成成熟高效的商业化育种体系。加快培育孵化出若干"专精特新"创新型中小企业，推动形成千亿元规模的畜禽育种产业集群，带动我国畜禽育种产业基本实现关键核心技术自主可控。

二、新型生物制剂与绿色兽药研发工程

实施非洲猪瘟、口蹄疫等重大动物传染病疫苗研发计划。攻克并掌握一批动物疫苗研发核心技术，开发出安全有效的动物疫苗产品，形成比较完备的疫苗研发布局，构建成熟高效的商业化疫苗接种体系。重点研发基因缺失疫苗、活载体疫苗、核酸疫苗、转基因植物可饲疫苗等新型疫苗，开发新的免疫佐剂以及疫苗传递系统等。鼓励疫苗生产大型企业加强研发，攻克一批关键技术，带动疫苗产业更好发展。推进兽药替代和减量计划。重点开发新型微生物发酵

技术和工艺，实现饲料及饲料添加剂的生物化和无害化，研制兽药替代品，提高饲料中传统抗生素的合理替代程度，保证在饲料禁抗政策实施过程中能够有效应对动物疫病的发生风险。合理推进兽药减量化进程，引导养殖户科学规范用药，提高健康养殖水平。实施新型中兽药制剂开发工程。围绕降低药物残留，重点明确天然中药的有效成分及其作用机理，优化提取融合技术和剂量剂型配比，开发中药原材料的新型兽药制剂。开发利用构树中的黄酮类、萜类、挥发油、脂肪酸、氨基酸等有效成分，合理加工配比，制成商品化的中兽药制剂。

三、绿色饲料及添加剂开发工程

实施绿色专用饲料源培育开发工程。加快培育针对不同畜禽的专用饲用玉米、饲用小麦等，实现饲用粮作物专业化供给。实施能量饲料资源与非常规蛋白质饲料资源开发工程。开展能量饲料与非常规饲料种类营养成分分类与统计，并建立针对各个畜产品种类的营养成分标准。开展非常规蛋白质原材料与其他饲料原材料之间的经济差异和养殖条件差异研究，建设原材料种植经济区，发挥原材料生态、景观、经济等作用，形成多方位原材料产业经济价值，保障产量稳定。建立畜产品营养标准，形成高效营养摄入体系。针对畜种不同、成长周期不同、单位重量各营养成分不同的特点，开展畜产品新型营养摄入计划，降低无效成分摄入，降低养殖废物排放。实施饲料加工工艺与新型饲料添加技术提升工程。加强小麦、玉米、稻谷、豆粕、亚麻籽等饲料膨化技术的开发、应用及推广，加快绿色化膨化技术、工艺等开发利用，提高各种饲料原材料的生物利用率。加强饲料监测与质量控制技术，加快大型、成套设备的研发；加快新型微粉碎设备、高效调质粒设备、后熟化及喷涂设备和膨化设备的研制与技术升级；大力开发新型饲料原材料加工与烘干设备。加强营养剂、营养液加工技术开发与优化，减少动物无效成分摄入。细化技术实施标准。明确加工中的元素、成分变化机理，制定成分标准，明确饲料加工环节，严格实施标准化管理，提升饲料加工成品品质。根据畜禽种类的不同，制定不同的施用标准，明确精准饲料的施用配比。

四、智能化、自动化技术装备提升工程

强化支撑智慧牧业工程的基础理论体系研发。研究动物生产、成长周期规律与动物信息感知理论，揭示动物不同生长阶段和生理状态下生长与健康、营养、环境的影响规律，设置畜牧业中云计算与大数据在差异化品种、在不同周

期下的身体状态精准把控。建立畜种不同生长周期下营养摄入差异的大数据中心，实现因时制宜、因地制宜、因物制宜的智能化营养、制剂摄入精准化控制，实现摄入量最小化、产量最大化。加强畜牧业生产环境智能控制等关键技术及设备研发与集成示范。重点关注动物营养摄入、废弃物排放、环境监测、畜牧智能化核心技术，实现畜牧业养殖加工传感、大数据、云计算、人工智能机器人等一批智能化畜牧业技术瓶颈的突破。开发一批畜牧业互联网、大数据、人工智能等智慧畜牧业技术性和共性关键技术，研制智能畜牧业机械、智能畜牧业环境调控设备、机器人等一批智慧畜牧业发展所需要的重大软硬件产品，集成一批智慧畜牧业所需要的技术，制定畜牧智慧化系列标准。研究低成本传感网的组网、传感网与移动通信互联网、畜牧业智慧信息惠及、智能化畜牧业信息处理、智能畜牧业机器人、应用于畜牧业的云计算与大数据等一大批关键技术，部署智慧畜牧业物联网公共服务平台，部署畜牧业大数据服务平台，建成畜牧业生产环境智能控制大数据中心。启动畜牧专用芯片研制计划，解决智慧畜牧核心技术"卡脖子"问题。以植入式 RFID 芯片、畜牧专用处理器等的研发为核心，研制动物体温监测及环境温湿度、光照度、特殊气体监测用传感器、低功耗 RFID 芯片，攻克低功耗植入式体温监测传感芯片，实现畜牧养殖环境监测典型传感器的国产化替代。实施智慧畜牧产业体系建设工程。引导与支持明星企业、龙头企业带动参与壮大智慧畜牧产业体系建设。建设集基础理论研究、关键技术开发、智慧农业软硬件设计、产品生产制造、人才培养、基地建设、龙头企业培育、国际合作为一体的智慧畜牧业体系。加强自主芯片及智能终端研发与应用，实现对动物个体身份识别及体征信息的自动获取，实现对畜禽个体外在行为的实时监测、疫病早期诊断与智能分析预警，实现"云＋端"的一体化智能处理。开展畜禽屠宰设施设备国产化工程。强化屠宰、分割工艺技术研发与创新，加快配套畜禽屠宰设备研发能力建设，提升畜禽屠宰设备国产化水平、自动化水平、智能化水平、高效能水平与可靠性，显著提升生产效率、有效降低单位产品能耗、显著减少单位产品污染排放。

五、畜禽废弃物减量化与资源化潜力开发工程

加强废弃物减量化工程技术与装备升级及推广使用。创新粪污处理原位降解、自然发酵技术，不同粪污混合处理配方技术；开展沼气发酵低温菌种技术研究；开展便于运输、养肥齐全、无害高效的不同作物专用有机肥和沼液浓缩产品开发。加强对畜禽粪便开发利用、粪便加工机械研制开发力度；重点开展固液分离、干燥、粉碎、除臭、堆肥处理、厌氧发酵等新材料、新设备的开发

推广普及；研究沼液、沼渣、有机肥收、运、贮、施等环节的低成本机械化技术。支持适度规模养殖场进行标准化建设，重点配套完善废弃物综合处理利用设施，推广"废弃物＋清洁能源＋有机肥料"三位一体的技术路线，确保畜禽废弃物得到有效处理。继续实施病死畜禽无害化处理工程。升级畜禽养殖密集区域无害化处理厂装备，提升病死畜禽及其产品集中无害化处理能力。以企业为主导，建立健全政府扶持、保险联动的病死畜禽无害化处理设施建设机制；鼓励规模养殖场、养殖小区、养殖专业合作社，通过自建或联建等方式，建设与生产规模相适应的无害化处理设施。改造完善屠宰加工企业、公路动物防疫监督检查站无害化处理设施。开发种养结合关键技术。重点开展畜禽废弃物加工的有机肥对不同土壤、不同作物的应用效果及作用机理研究；研究粪肥、沼肥中有效养分指标、盐分、重金属、抗生素、有害微生物等质量标准安全、土地承载量和风险评价研究，建立无害化标准体系；研究粪污重金属和抗生素物理去除、生物吸纳等减量化技术；研发粪便堆肥臭味物质减排技术；研究农业废弃物好氧堆肥过程中生物群落多样性及演替规律。

六、重大动物疫病生物安全防控工程

加快建立兽医公共卫生体系。加强兽医公共卫生领域人才培养，建设兽医公共卫生领域科技人才体系；着力提高兽医公共卫生领域人才数量和教育质量，加快相关院校、专业向培养兽医公共卫生领域基础人才和高精尖人才转型；建立兽医公共卫生领域高校学生和研究生实践训练基地，增强兽医公共卫生领域战略科技人才创新能力。加大兽医公共卫生研究领域的科研投入，针对会给国民经济和公共卫生带来重大影响的动物疫病及人兽共患病，开设疫情预警监测、病原溯源、疫苗和药物研发等专项课题支持，鼓励产学研有效联动，最大条件保障兽医公共卫生领域的科技力量。打造兽医公共卫生发展新平台，充分发挥大数据、人工智能、云计算、区块链等数字信息技术的功能，加快畜牧业产业链各环节信息流通共享，在疫情态势分析和防控策略分析等方面形成合力。完善法制保障，加快推进基层兽医公共卫生体系的有效运转，推动疫苗、药物、检测试剂等在科研与应用中的协同发展，推进科研、科技与科普在疫情监测分析、病毒溯源、防控救治、资源调配中的应用协同，实现疫情溯源、诊断、救治、防控多方面合力攻关，确保基层兽医公共卫生体系有效运转。深化动物病原学和动物抗病机制研究。推进对动物疫病尤其是重大动物疫病开展病原生态学和流行病学、病原分子进化和遗传演变规律的短期攻关与长期研究；建立病原生态学和流行病学数据库；完善分子生物学实验室，解析病原与宿主之间的分子互相细节，阐明其致病机制。组建宿主抗病机制研究小组，揭示动物个体和群体的抗病反应性。实施非洲猪瘟、口蹄疫等重大动物传染病疫苗研发计划。形成比较完备的疫苗研发布局，攻克并掌握一批动物疫苗研发核心技术，开发出安全、有效的疫苗产品，构建成熟、高效的商业化疫苗接种体系。重点研发基因缺失疫苗、活载体疫苗、核酸疫苗、转基因植物可饲疫苗等新型疫苗，开发新的免疫佐剂以及疫苗传递系统等。孵化出若干具备良好研发技术和应用潜力的"专精特新"创新型中小企业，衔接我国疫苗生产大型企业，带动疫苗产业更好发展。

七、全产业链动物福利保障工程

加强动物福利评估。开展妊娠母畜饲养方式、饲养环境、饲喂营养等试验，开展分娩母畜与哺乳仔畜饲养环境、舍室设计试验，开展断奶仔畜、成年牲畜温度环境、设施丰富程度等试验。使用观察资料进行严重性评估，以决定需要优先改善事项，评估动物饲养过程中的福利问题。推广使用新型畜禽场舍清洁技术。重点推广使用新型生物除臭技术；开发新型饲料添加剂，调节饲料营养成分，降低臭气排放；开发新型除臭剂。加快智能化、低成本清粪技术研发，提高清粪频率，改善畜禽场舍环境。开展新型动物福利现代装备的研究。加快动物产出（奶牛、蛋鸡等非屠宰类动物）、屠宰关键环节设备更新与优化。重点关注保障动物产出环境，提升奶牛、蛋鸡等畜禽产奶、产蛋效率，以及高效屠宰、安乐化屠宰等技术需求，创新改进现有设备，提升动物福利及畜禽产品品质。提升运输与屠宰动物福利。重点推进畜禽运输、宰前静养标准与管理体系建设，开展新型致晕技术创新与应用，推广采用世界最先进的二氧化碳气麻致昏法，使生猪无危险感，不受惊，保证肉品的正常 pH 和新鲜度。推广采用最先进的空心刀刺杀放血技术，沥血时间长，放血全，肉品耐贮存。推广采用世界最先进的吊挂隧道式蒸汽烫洗法，避免猪体间的交叉污染，以改善猪胴体和车间的卫生状况。推广采用二阶段快速冷却技术，减少 PSE 猪肉[①]的发生率。

八、畜禽场舍绿色设计与环境友好提升工程

实施美丽牧场建设工程。引导企业合理规划场址，结合合适的地形、地

---

① PSE 猪肉，指 pale soft exudative 猪肉，是指一种泽淡，缺乏弹性并有渗出液的猪肉。这类猪肉保水性差，煮熟后损耗大，味道差，但一般无毒害作用。

势，明确土壤的成分、水源位置，确定与社会其他方面的联系。提升养殖场建设的工艺设计，明确养殖场的性质和规模，确定主要生产指标，设置合理饲养管理方式。考虑通行的卫生防疫制度，参考高标准的畜牧兽医技术参数，合理搭配畜舍样式和主要尺寸，建设相应的附属建筑及设施。加强新型技术在场舍建造中的应用。加强气象技术的应用，重点控制太阳辐射，降低太阳辐射强度；控制空气温度，使养殖场的气温维持在合适的水准；控制空气湿度，利用相应技术使空气湿度保持在适当的范围；构建气象综合应急处理体系。提升畜禽管理水平，加强畜舍保温防寒与隔热防暑、通风换气、采光与照明、排水及粪尿清除、垫草使用、降低畜禽饲养密度等管理。加强养殖场环境保护与管理。提升养殖场废弃物的处理与利用，重点开展粪尿的无害化处理与利用以及污水的处理与利用。提升养殖场的环境管理水平，主要通过绿化环境、消除恶臭、处理尸体、防鼠灭虫、消毒等措施来开展。开展养殖场环境监测与评估。

九、畜产品质量安全监控溯源信息化工程

优化畜牧业产品质量溯源体系。一是建立畜产品大数据信息处理平台，利用大数据技术衔接养殖、屠宰、加工、贮存、运输、销售等环节信息数据整合，形成一品一数据链。二是构建安全溯源人才队伍体系以及安全溯源服务体系，形成分层次人才梯队，建立基层食品安全监察体制；加强食品安全源头质量监控，增加非政府机构、行业协会在安全溯源中的作用，形成稳定的第三方评价机制。三是完善法律法规和食品安全标准，加强各部门信息共享与沟通交流，提升部门联合执法能力和执法力度。

运用 5G、区块链等新技术升级畜牧业安全溯源关键技术。一是利用新技术优化数据管理平台，实现数据安全有效，降低数据整合成本。二是利用新技术打通各个生产（如消费环节），实现信息高度互联互通以及数据的动态化处理。三是在各个环节升级原有 RFID、二维码技术的应用，利用 5G 技术实现实时监控，以视频直播结合数据分析的新形式呈现给产业链各主体以及终端消费者。

建立全产业链安全溯源监督长效机制。一是实现全国性农业部门、执法部门信息互通互联，协调执法监督力量。二是实现社会机构、非政府组织、行业协会与行政部门信息互联互通。三是分品类、分级别、分区域建立安全溯源标准体系，形成安全溯源标准与应用体系，建立规范化、常态化安全溯源评价机制。

第七章
畜禽种业振兴战略 ▶▶▶

畜禽种业位于产业链的顶端，对畜禽养殖发展的贡献率超过 40%，优良的畜禽品种是畜禽养殖的核心竞争力。畜禽养殖绿色发展首先在种，只有开发出节料、抗病、多繁、快长等性能的新品种，才能实现畜禽养殖绿色发展的目标要求。

第一节　发展现状

种业位于农业产业链最上游，属于"高精尖"产业。农业要绿色发展，离不开绿色种业引领。加快畜禽养殖绿色发展，首先必须振兴畜禽种业。畜禽种业既是现代农业发展的航母，又是绿色养殖的"芯片"。畜禽种业绿色发展内涵是基于"绿色发展"理念，利用现代自主创新技术，构建资源节约型、环境友好、优质抗病育种体系，培育高产、节粮、抗病、优质且适应现代社会需求的绿色畜禽新品种。

一、遗传资源逐渐得到有效保护

畜禽遗传资源是我国畜禽绿色种业发展的重要支撑。现代畜禽绿色种业发展，关键在于我国畜禽优质遗传资源的保护、开发及高效利用，通过开展畜禽种业科技自主创新，优异种质资源关键育种核心技术攻关，推进畜禽养殖降本增效、抗病高产，最终实现我国畜禽核心种源自给，保障我国畜禽种业安全。

2020 年 5 月，农业农村部发布的《国家畜禽遗传资源目录》显示，我国拥有世界上最为丰富的畜禽遗传资源，目前已发现的地方品种有 545 个，引进品种有 104 个，以地方品种为素材培育的新品种（配套系）有 101 个（表 7 - 1）。

表 7-1　我国地方畜禽遗传资源数量统计（个）

畜种	地方品种	国家级保护品种	省级保护品种	其他品种
猪	90	42	32	16
牛	94	21	47	26
羊	101	27	52	22
家禽	175	49	97	29
其他	85	20	32	33
合计	545	159	260	126

资料来源：国家统计局网站。

　　我国的地方畜禽品种具有优异的遗传性状，是培育绿色畜禽新品种（配套系）不可缺少的原始育种素材。但是长期以来，养殖企业片面追求短期经济效益，加大对国外品种的引进，而不注重对市场竞争力不强的地方品种进行改良。引进的外来品种和自主培育的规模化品种对地方遗传资源形成了冲击，使得我国部分地方品种面临濒危或灭绝，其中地方猪品种濒危和消失得最为严重。据统计，自 2000 年以来，我国濒危和濒临灭绝的地方畜禽品种约占地方品种总数的 18%。其中，处于濒危的有 48 个，濒临灭绝的有 8 个，已灭绝的有 14 个（表 7-2），这种趋势将随着集约化程度的提高和大量的引种而进一步加剧。

表 7-2　我国地方畜禽遗传资源濒危品种（个）

畜种	濒危	濒临灭绝	已灭绝	合计
猪	淮猪（山猪、灶猪、皖北猪）、马身猪、大蒲莲猪、河套大耳猪、汉江黑猪、两广小花猪（墩头猪）、粤东黑猪、隆林猪、德保猪、明光小耳猪、兰屿小耳猪、华中两头乌猪（赣西两头乌猪）、湘村黑猪、仙居花猪、官庄花猪、闽北花猪、莆田猪、嵊县花猪、赣中南花猪、玉江猪、滨湖黑猪、确山黑猪、安庆六白猪、湖川山地猪（罗盘山猪）	岔路黑猪、碧湖猪、兰溪花猪、浦东白猪、沙乌头猪	横泾猪、虹桥猪、潘郎猪、雅阳猪、北港猪、福州黑猪、平潭黑猪、河西猪	37
家禽	金阳丝毛鸡、边鸡、浦东鸡、萧山鸡、中山沙栏鸡、四川麻鸭、云南麻鸭、雁鹅、百子鹅、阳江鹅、永康灰鹅	彭县黄鸡	烟台糁糠鸡、陕北鸡、中山麻鸭	15
牛	太行牛、复州牛、徐州牛、温岭高峰牛、樟木牛、阿勒泰白头牛、海仔水牛、大额牛（独龙牛）	舟山牛、蒙山牛	上海水牛、荡脚牛	12

（续）

畜种	濒危	濒临灭绝	已灭绝	合计
羊	兰州大尾羊、汉中绵羊、岷县黑裘皮羊、承德无角山羊、马关无角山羊	—	临沧长毛山羊	6
合计	48	8	14	70

为了加强对畜禽遗传资源的保护与研究力度，国务院和全国人大相继颁布了《种畜禽管理条例》《中华人民共和国畜牧法》等，同时农业农村部建立并完善了"国家畜禽遗传资源管理委员会"机构，以加强各地保种场、保护区和基因库的建设，促进畜禽遗传资源保种事业的有序发展。截至 2020 年，已经纳入国家和省级保护名录的畜禽品种达到 419 个，约占地方品种总数的76.9%，其中国家级保护品种有 159 个（表 7 - 1）。建设国家级畜禽遗传资源保种场、保护区和基因库总数量已达到 195 个，累计保护地方品种 249 个，其中抢救性地保护了金阳丝毛鸡、浦东白猪、海仔水牛等 39 个濒临灭绝的地方品种。但由于各地保种工作力度不均衡，目前仍有 46 个地方遗传资源品种尚未建立保种场或保护区，暂由地方农户散养保存。随着我国城镇化建设的加快以及大量规模化外来品种的引进，大量农村散养户退出，地方品种生存空间变小，因此迫切需要国家或地方政府加以保护。

二、优良品种培育有待进一步加强

我国是世界上畜禽遗传资源最为丰富的国家，2020 年公布的《国家畜禽遗传资源品种名录》中，有 33 种畜禽共 948 个品种。其中，地方品种 547 个（占 57.7%），培育品种 245 个（占 25.8%），引入品种 156 个（占 16.5%）。2015—2020 年，以猪、牛、羊和鸡等地方畜禽品种为基础，培育出 52 个新品种（配套系），占总培育品种的 21.22%（表 7 - 3）。但由于这些地方品种产业化开发利用种类比较单一，在如肉质、药用和抗逆性等优良特性上还未得到充分、系统的深入发掘，特色畜产品优质优价的机制还未建立，因此与高产畜禽品种相比缺乏市场竞争力。

表 7 - 3　2015—2020 年畜禽培育品种统计

畜种	培育品种数量（个）	品种名
猪	8	湘沙猪、吉神黑猪、苏山猪、宣和猪、川藏黑猪、晋汾白猪、江泉白猪、温氏 WS501 猪

（续）

畜种	培育品种数量 （个）	品种名
牛	1	阿什旦牦牛
羊	11	鲁中肉羊、云上黑山羊、鲁西黑头羊、草原短尾羊、戈壁短尾羊、察哈尔羊、黄淮肉羊、乾华肉用美利奴羊、高山美利奴羊、象雄半细毛羊、疆南绒山羊
鸡	32	雪域白鸡、鸿光麻鸡、京白1号蛋鸡、参皇鸡1号、天农麻鸡、大恒799肉鸡、天府肉鸡、京星黄鸡103、豫粉1号蛋鸡、新杨黑羽蛋鸡、神丹6号绿壳蛋鸡、海扬黄鸡、栗园油鸡蛋鸡、温氏青脚麻鸡2号、粤禽皇5号蛋鸡、大午褐蛋鸡、肉鸡WOD168、黎村黄鸡、农大5号小型蛋鸡、桂凤二号肉鸡、申鸿七彩雉、天露黄鸡、凤达1号蛋鸡、科朗麻黄鸡、大午金凤蛋鸡、京粉6号蛋鸡、天露黑鸡、欣华2号蛋鸡、金陵花鸡、鸿光黑鸡、金陵黑凤鸡、光大梅黄1号肉鸡

资料来源：《国家畜禽遗传资源品种名录》，2020。

1. 猪新品种（配套系）培育现状

截至2020年底，《国家畜禽遗传资源品种名录》收录的我国自主培育的猪新品种（配套系）共有38个。与地方品种猪相比，胴体性状、生长性能等指标均得到不同程度的改良（表7-4）。国家"十三五"期间，以地方猪为主，自主培育的新品种（配套系）共有8个。

表7-4　猪引进品种、地方品种和培育品种生产性能对比

类别	地方品种	培育品种	引进品种		
	东北民猪	川藏黑猪	大白猪	长白猪	杜洛克猪
产仔数（头）	16~20	16~18	12	13	10
达100千克日龄（天）	270~300	185~210	147	147	138~145
日增重（克）	560	657	750~850	800~900	820
瘦肉率（%）	44~48	50~60	64	68	68

湘沙猪配套系是以沙子岭猪为基础，导入引进品种巴克夏猪、大约克夏猪，由湘潭市家畜育种站联合湖南省畜牧兽医研究所、伟鸿食品股份有限公司、湖南农业大学进行科技攻关选育而成的。与纯种沙子岭猪相比，湘沙猪配套系瘦肉率提高17%，达到100千克体重日龄少102天。

吉神黑猪是以北京黑猪为父本、大约克夏猪为母本，以吉林农业大学、吉林省农业科学院、中国农业科学院北京畜牧兽医研究所等单位为技术依托，历经20年（12个世代）培育而成的黑猪新品种，具有肉质好、繁殖性能高、抗逆性强等特点。

苏山猪分别含有50％大白猪和50％苏钟猪血统，是江苏省农业科学院畜牧研究所育成的优质瘦肉猪新品种，分别具有优质（肉色鲜红、肌内脂肪含量2.56％）、高产（产仔数13.6头、日增重786克、料重比2.89∶1、瘦肉率59.4％）、抗逆（耐粗纤维可达11.39％、抗气喘病强）等特点，肉质一致性好，口感、风味保留了江苏地方土猪特色。

宣和猪是以乌金猪为母本与长白猪杂交，经8个世代闭锁选育而成的，由宣威市农业农村局（宣威市畜牧兽医局）组织，以云南农业大学为技术依托培育而成。宣和猪育肥猪达100千克体重日龄174天左右，日增重760克以上，料重比2.91∶1，瘦肉率60.24％，肌内脂肪含量3.58％。

川藏黑猪是以藏猪、梅山猪等地方猪种为核心育种素材，由四川省畜牧科学研究院经过14年攻关培育而成的，既具有肉质细嫩多汁、鲜香爽口、香味浓郁、回味悠长的突出特点，又兼备生长速度快、胴体瘦肉率高的优良特性，是生产优质猪肉的优良猪种。种母猪平均每头产仔数12.5头，商品猪达90千克体重日龄181天，料重比3.14∶1，胴体瘦肉率57.72％，肌内脂肪含量4.07％。

温氏WS501猪是以皮特兰猪、杜洛克猪为父本，以长白猪、大白猪为母本，经多年选育而成的五元杂交配套系，由广东温氏食品集团股份有限公司培育而成。该配套系校正100千克体重背膘厚11mm，达100千克体重日龄147天，30～100千克日增重1 004克，饲料转化率2.12∶1，100千克时瘦肉率为65.8％。父母代种猪具有繁殖性能好、生长速度更快、瘦肉率更高、饲料转化率更高等特点。

2. 牛新品种（配套系）培育现状

截至2020年底，我国共有14个牛的培育品种（配套系）被收录至《国家畜禽遗传资源品种名录》中。与地方品种相比，日增重、屠宰率等指标均有不同程度的改良，相关比较见表7-5。

表7-5　肉牛引进品种、地方品种和培育品种生产性能对比

类型		地方品种（肉役兼用型）秦川牛	培育品种（乳肉兼用型）中国西门塔尔牛	培育品种（肉用型）云岭牛	引进品种（乳肉兼用型）美国西门塔尔牛	引进品种（小型肉用）安格斯牛
初生重（千克）	公牛	27	35	42	31	30
	母牛	25	36	37	29	27
成年体重（千克）	公牛	620	1 130	867	813	800
	母牛	416	600	524	517	550

(续)

类型	地方品种 （肉役兼用型） 秦川牛	培育品种 （乳肉兼用型） 中国西门塔尔牛	培育品种 （肉用型） 云岭牛	引进品种 （乳肉兼用型） 美国西门塔尔牛	引进品种 （小型肉用） 安格斯牛
日增重（克）	749	1 106	1 060	1 200	1 300
屠宰率（%）	63	60	60	55	63

国家"十三五"期间，中国农业科学院兰州畜牧与兽药研究所以青海高原牦牛为育种素材，采用群体继代选育法，应用测交和控制近交方式，有计划地通过建立育种核心群、自群繁育、严格淘汰、选育提高等阶段，集成开放式核心群育种技术体系、分子标记辅助选择技术等，自主培育出了国家级畜禽新品种——阿什旦牦牛，这是世界上第二个牦牛品种。阿什旦牦牛后裔的平均繁活率为 59.98%，比当地牦牛提高了 11.72%；死亡率为 1.24%，比当地牦牛降低了 4.32%；18 月龄体重平均为 92.77 千克，比当地同龄牦牛提高了 24.71%，增产增效显著。

3. 羊新品种（配套系）培育现状

截至 2020 年底，我国分别有 11 个肉羊和 30 个绵羊培育品种（配套系）被收录至《国家畜禽遗传资源品种名录》中。"十三五"期间，共培育出了 7 个肉羊和 4 个绵羊品种。与地方品种相比，日增重和屠宰率等生产性能均得到一定程度的改良（表 7-6）。

表 7-6　肉羊引进品种、地方品种和培育品种生产性能对比

类别	地方品种		培育品种	引进品种	
	小尾寒羊	豫西脂尾羊	鲁中肉羊	杜泊羊	萨福克羊
日增重（克）	220	201	312	300	311～323
产羔率（%）	260～270	113	231	150	130～140
屠宰率（%）	50.6	43	54.8	49.8	51.27
净肉率（%）	39.21	30	45	46	58

鲁中肉羊新品种是以南非白头杜泊绵羊作父本、湖羊为母本，采用常规育种和 FecB 分子遗传标记辅助选择技术，继代选育与扩繁，培育出的适合生产优质高档羊肉的肉用绵羊新品种，由济南市莱芜赢泰农牧科技有限公司联合中国农业科学院、山东省农业科学院、山东农业大学等单位历经 15 年培育而成。与湖羊比较，每 100g 鲁中肉羊羊肉中含粗蛋白质 20.28%、粗脂肪 3.14%、总氨基酸 18.67%、胆固醇 59.2 毫克/100 克，具有繁殖率高、生长速度快、

屠宰率高、肉质好、耐粗、抗病、适合舍饲特点，是生产高档羊肉和优质肥羊的理想品种。

草原短尾羊是以呼伦贝尔羊中的短尾品系为素材，采用本品种选育方法，采取个体选择与系谱选择、个体选配与等级选配结合的方法培育出的小短脂尾型绵羊新品种，具有体尾型短小、生长发育快、耐寒冷、耐粗饲、宜牧养等优良特性。草原短尾羊新品种的育成，既保护和开发了珍稀的地方肉羊品种，也填补了我国北方高寒地区无短脂尾型肉羊品种的空白。

黄淮肉羊以杜泊羊为父本、小尾寒羊和小尾寒羊杂交羊为母本，由河南牧业经济学院动物科技学院牵头，联合河南省畜牧总站等国内 20 多家科研院所、地方畜牧主管部门和养羊企业，培育而成的多胎肉用绵羊新品种。成年羊体重公羊为 98.1 千克、母羊为 71.7 千克，公、母羊 6 月龄育肥体重分别为 58.50 千克和 52.45 千克，每只母羊年提供断奶羔羊数（2.38±0.14）只，生长性能和繁殖性能较现有地方品种每只羊年提高超过 20％。

云上黑山羊是以努比山羊为父本、云岭黑山羊为母本，经 22 年 5 个世代系统，由云南省畜牧兽医科学院联合云南省种羊繁育推广中心和相关养殖企业培育而成，是中国第一个肉用黑山羊新品种、第三个肉用山羊新品种，适宜于舍饲、放牧＋补饲或全放牧的饲养方式，能广泛适应于低海拔河谷地区（低于 1 000 米）和较高海拔（2 000 米左右）的冷凉区，适合在我国南方山羊养殖主产区推广，具有广阔的应用前景。

高山美利奴羊是以澳大利亚美利奴羊为父本、甘肃高山细毛羊为母本，运用现代育种先进技术培育成功的新品种。该品种能适应 2 400～4 070 米的生态区，对青藏高原寒旱生态区严酷自然条件的适应性显著优于国内外其他细毛羊品种，体重、毛长、产毛量、净毛率等性能指标达到或超过国内先进细毛羊的水平和档次，属于国内少有的超细毛羊新品种，具有良好的抗逆性和生态差异化优势，羊毛细度达到 19.1～21.5 微米，实现了澳大利亚美利奴羊在我国高海拔高山寒旱生态区的国产化，丰富了羊品种资源，大大优化了我国羊业发展布局。

4. 鸡新品种（配套系）培育现状

截至 2020 年底，我国自主培育的通过国家畜禽遗传资源委员会审定的蛋鸡新品种（配套系）共有 23 个。其中，高产蛋鸡品种有 13 个，生产性能达到或接近国外同类品种水平，适合我国饲养环境，推广量较大；地方特色蛋鸡品种有 10 个，均在我国地方鸡资源的基础上培育而成，对于自主培育的高产蛋鸡，72 周龄产蛋数为 310～330 枚，性能与国际水平基本持平。对于自主培育的特色蛋鸡品种，72 周龄产蛋数为 220～280 枚，且具有蛋品质较好、蛋黄比例高、蛋白黏稠、蛋壳光泽好、蛋重适中等特点，更符合我国居民传统的消费习惯，满足了多元化市场消费需求（表7-7）。《国家畜禽遗传资源品种名录》（2021）中收录的肉鸡新品种（配套系）81个，我国自主培育的黄羽肉鸡品种大多肉质优良、环境适应性强，具有较好的养殖效益，极大地丰富了我国肉鸡产品市场。

表7-7　蛋鸡引进品种和培育品种生产性能对比

类别	引进品种			自主培育高产蛋鸡品种					自主培育特色蛋鸡品种				
	海兰褐	海蓝灰	罗曼粉	京红1号	京粉1号	京粉2号	京粉6号	农大3号	大午金凤	苏禽绿壳蛋鸡	新杨绿壳蛋鸡	欣华2号	栗园田鸡
72周龄体重（克）	2 040	2 050	1 939	2 080	1 810	1 940	1 800	1 600	1 850	1 505	1 461.9	1 404	1 740
开产日龄（天）	140	143	145	139～142	140～144	141～146	138～142	150	137	145	153	151	159
72周累计产蛋数（枚）	325	326	325	324.3	324.4	323	329	306	317	221	256	258.7	234
72周累计产蛋量（千克）	19.7	20.5	20.6	19.9	19.9	19.5	18.3	16	19.3	10.1	13.7	13.1	12.2
平均蛋重（克）	62.5	62	63.2	61.3	61.4	60.5	55.6	55	62	45.7	53.2	50.4	52
产蛋期料重比	2.04	1.93	2.05	2	1.98	2.1	2.1	2.08	2.2	3.36	2.55	2.5	2.72

国家"十三五"期间，共培育出32个鸡新品种。2018年，北京峪口禽业利用现代遗传育种技术和计算机技术等，成功培育了具有肉质鲜美、成活率高、符合消费者习惯的小型白羽肉鸡配套系"WOD168"；江苏京海集团有限公司和扬州大学联合培育出了具有产蛋性能好、肉质鲜美、抗病力强，且适合产业化的中速型优质黄羽肉鸡配套系"海扬黄鸡"。大恒799优质肉鸡配套系由四川省畜牧科学研究院与四川大恒家禽育种有限公司联合培育而成，该配套系培育出的商品代肉鸡不仅保持了地方鸡种的优质风味和外观性状，且生产性能大幅度提高，父母代繁殖性能较高，商品代生长速度快，均匀度、成活率、料重比、外观性状、肉质风味等方面均受到市场的普遍青睐。经测定，该配套系父母代66周龄产蛋数为189枚，种蛋合格率为91.0%。商品代雏鸡雌雄自别率为99.3%，10周龄公鸡体重2.668千克，饲料转化率2.26∶1，成活率96.7%；10周龄母鸡体重2.269千克，饲料转化率2.35∶1，成活率97.2%；70日龄时每100g鸡肉中肌内脂肪含量公、母鸡平均2.05%，肌苷酸含量2.90毫克。中国农业科学院培育出"栗园油鸡蛋鸡"和"京星黄鸡103"肉鸡

配套系，在保持肉、蛋品质风味的基础上，产蛋量、繁殖力和饲料转化效显著提高。

三、核心育种场建设日益受到重视

2018 年以来，农业农村部陆续发布了奶牛、生猪、肉牛、蛋鸡、肉鸡和肉羊遗传改良计划，印发了《关于促进现代畜禽种业发展的意见》和《国家畜禽良种联合攻关计划（2019—2022 年）》，明确了畜禽种业发展的思路、目标和任务。2018 年，国家发展改革委、农业农村部出台《"十四五"现代种业提升工程建设规划》，发布新一轮畜禽遗传改良计划，系统谋划了今后一段时期我国畜禽种业的发展方向和目标，加快推进畜禽种业发展。

自 2018 年实施生猪、鸡、牛、羊等主要畜种遗传改良计划后，开展了国家核心育种场良种登记、生产性能测定等基础性育种工作，生猪、奶牛和肉牛等引进品种本土化选育选配利用速度加快，通过引进、消化、吸收和再创新方式，打破了对国外种源的依赖。截至 2020 年，以企业为主体的国家级畜禽核心育种场达 191 家。其中，生猪场 89 家、肉牛场 42 家、肉羊场 28 家、奶牛场 17 家、肉鸡场 10 家、蛋鸡场 5 家（图 7-1）。2015—2019 年，国家核心育种场数量呈现增加趋势；2019 年，受非洲猪瘟的影响，生猪核心育种场的数量由 98 家减少到了 89 家。据统计，2019 年底，我国有各类种畜禽场 7 686 个，种畜站 1 338 个。其中，种公牛站 41 个，存栏荷斯坦采精种公牛 585 头，肉用和兼用采精种公牛 2 198 头；种猪场 3 431 个，全国能繁母猪存栏 3 081 万头；种禽场 2 142 个，祖代蛋种鸡存栏 60 万套，父母代

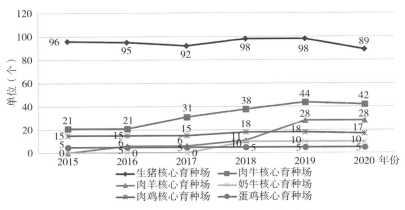

图 7-1　2015—2020 年国家核心育种场变化

1 515 万套，祖代肉种鸡存栏 92 万套，父母代存栏 3 141 万套，优良种畜禽数量能够满足当前市场需求。

在遗传改良计划的推动下，主要畜禽的生产性能得到大幅度改良和提升。截至 2019 年，全国现有国家肉牛核心育种场 44 个，包含 26 个品种，存栏肉牛 6.14 万头，其中核心群母牛 2.03 万头。全年向社会提供公犊牛 8 974 头，母犊牛 5 980 头。国家奶牛核心育种场存栏荷斯坦牛 3.85 万头，其中核心群母牛 5 816 头，平均乳脂率 4.04%，乳蛋白率 3.33%，体细胞数 17.29 万个/毫升，365 天每头均产奶量 12.71 吨。截至 2020 年，我国生猪核心育种场大白猪平均达 100 千克日龄、100 千克背膘厚以及总产仔数分别为 162.80 天、10.88 毫米和 13.0 头。与 2008 年相比，分别缩短了 5 天，下降了 0.7 毫米，增长了 1.7 头。

第二节　发展制约因素

畜禽种业具有公共品属性，理应由国家或国有企业出资建设，促进其发展。尽管近年来种业发展日益受到重视，但是由于重视时间较晚，种业发展还面临体制机制有待完善、平台项目支持不足、重大科技成果支撑不足等一些制约因素，这阻碍了畜禽养殖业的绿色发展。

一、体制机制有待完善

近年来，国家在有关畜禽种业及畜禽种质资源保护利用方面出台了近 20 个相关法律法规、配套规章和办法，形成了较为完整的法律政策保障体系。但还存在保护体制不健全、专门化管理机构少、技术研发和创新能力落后等相关问题，制约着畜禽遗传资源的有效保护和利用。

1. 保种体制不健全

我国地方畜禽种质资源的保护以活体原位保种为主、易位保存为辅的方式进行。但目前有部分保种场存在管理体制滞后、设施陈旧、技术和管理水平落后等现象，给保种和选育工作带来了极大的难度，导致畜禽品种优良性状的严重退化和丢失，不能满足市场经济发展的需要。据统计，截至 2020 年，我国已建设太湖猪、辽宁绒山羊和狮头鹅等国家级遗传资源保种场 167 个，荣昌猪、蒙古绒山羊和渤海黑牛等国家遗传资源保护区 26 个，国家级畜禽遗传资源基因库 6 个（表 7-8）。

表 7 - 8　我国地方畜禽遗传资源保种场、保护区和基因库数量（个）

畜种	国家级畜禽遗传资源保种场	国家级畜禽遗传资源保护区	国家级畜禽遗传资源基因库
家禽	52	—	4
猪	55	7	
牛	18	4	2
羊	22	4	
其他	20	11	
合计	167	26	6

资料来源：农业农村部信息中心。

2. 动态检测预警机制不健全

由于畜禽种质资源专门化管理机构少，专业人员不足，监测和预警工作不到位，因此不能及时、有效掌握资源状况，存在有一些地方品种资源处于自生自灭状态。据统计，在 78 个国家重点保护畜禽品种中，有 14 个品种无保种场，有近一半以上的保种场经营困难。畜禽遗传资源保护任务主要由企业和个人承担，生产者为了追求更高的经济效益，对市场竞争力不强的地方品种进行改良或者淘汰，另外引入的品种和自主培育的规模化品种对地方遗传资源的冲击，导致我国部分地方品种面临濒危或灭绝，其中地方猪品种濒危和消失得最为严重。随着我国加强畜禽品种资源的基础研究，先后启动了"畜禽遗传资源保存的理论与技术""中国地方畜禽品种遗传距离测定"等项目，开展了部分畜禽遗传资源的种质特性和遗传多样性等方面的系统研究，在畜禽系统保种理论和保种方法等方面取得了一定成果，为我国开展畜禽遗传资源的保存利用提供了科技支撑。

3. 保护与开发利用脱节

开展畜禽遗传资源保护工作主要是为了开发利用，只保种而不利用既不现实也不长久。但目前存在品种资源保护与开发利用脱节现象，缺乏对地方畜禽品种资源的有效开发利用，缺乏联合育种机制，准确快速的育种技术尚未全面应用，保种体系不健全，群体血统不明了，存在保种手段单一、设施与手段落后等问题，还未完全形成以国家为主、社会参与的畜禽遗传资源保护格局。同时对优秀的地方畜禽品种部分特色性状基因还未得到充分挖掘，特色性状机制还未得到充分解析，特色畜产品优质优价的机制还未建立。因此，地方品种产业化开发利用种类比较单一，与高产畜禽品种相比缺乏市场竞争力。

4. 市场化育种机制不健全

与发达国家相比，我国种业企业规模小，抗风险能力弱，育种企业上下游联合与横向联合的育种机制不健全，持续选育能力和意愿不强，畜禽良种化重大科研项目较少，导致生产要素浪费和育种效率低下。同时国内育种企业未将地方品种资源与引进品种优良性状充分利用，从国外引进的优秀种畜不能得到持续选育提高，种畜禽企业无法完全摆脱对国外品种的依赖。育种素材交流难，很难实现资源共享，部分品种资源还未挖掘出优质特色产品，资源优势尚未转化成经济优势，对全国畜禽遗传资源保护和利用工作缺乏统筹规划，对我国地方畜禽优良特性的重要性认识不足，地方资源产业化开发利用比较落后，产品种类比较单一，市场竞争力弱，缺乏特色畜产品的优质优价机制，尚未形成科学合理的畜禽遗传资源利用体系。

二、平台项目支持不足

1. 畜禽种业科技创新平台较少

科技创新平台主要包括国家重点实验室、国家工程技术研究中心、国家工程实验室、国家工程研究中心等。据统计，农业类国家重点实验室和工程中心共计 100 个和 148 所，其中畜禽种业方向的国家重点实验室和工程中心仅各 6 个，分别占比 6% 和 4%，种业创新平台数量较少。依托国家重点实验室和工程中心，在种质资源挖掘和种质创新等方面虽然取得了一定的研究进展，但对畜禽重要经济性状分子遗传机理的研究不够，资源鉴定评价体系不完善，缺乏国家畜禽生物育种多功能实验室、基因组学、分子生物学等平台；应积极推进畜禽种业科技创新平台创建，在畜禽重要经济性状遗传机制、畜禽育种新技术、畜禽新品种（配套系）培育等方面开展研究，加大畜禽绿色种业科技创新平台建设，立足基础研究和应用研究，突出国家战略目标导向，结合国际最新进展与国家重大需求，开展前沿性、创造性和探索性研究，大力推进畜禽种业科技自主创新，启动实施重点种源关键核心技术攻关，以"瞄准学科前沿，凝练研究方向，孵化创新成果，服务国家社会"为指导，以创新研究为核心，全面提升基础研究和应用基础研究水平。

2. 畜禽种业项目支持不足

畜禽种质资源保护、种质资源基础研究均具有基础性、公益性、战略性和长期性的特点，也是商业育种之基，且投资规模大、预期不确定因素多。因此，畜禽种质创新研究需要中央和地方将其纳入财政预算，设立种质资源保护利用和科技创新专项，建立持续稳定的财政投入机制，形成以国家为主的畜禽种质资源保护和利用局面。但我国对畜禽种业立项支持的项目较少，经费较少（表 7-9 至表 7-11）。

表 7 - 9 2016—2020 年国家重点研发计划专项统计

年份	2016	2017	2018	2019	2020
专项总数（个）	42	49	58	40	36
课题数（个）	1 172	1 309	1 036	455	444
畜牧类专项数（个）	1	1	1	0	0
畜牧类课题数（个）	16	23	24	0	0
经费（亿元）	278	264	197	0	0

资料来源：国家自然科学基金委员会。

表 7 - 10 2015—2019 年国家自然科学基金项目统计（猪、牛、羊、鸡）（项）

年份	2015	2016	2017	2018	2019
畜牧类	197	199	217	207	203
遗传育种类	108	97	103	100	95
绿色种业类	11	9	8	6	15

资料来源：国家自然科学基金委员会。

表 7 - 11 2014—2020 年国家自然科学基因项目投入统计（万元）

年份	2014	2015	2016	2017	2018	2019	2020
畜牧类	11 074	7 981	8 854	13 307	10 296	10 086	7 912
遗传育种类	5 439	5 366	4 076	8 012	4 645	4 534	4 356
绿色种业类	395	1 039	595	241	545	704	321

资料来源：国家自然科学基金委员会。

由表 7 - 9 可知，国家重点研发计划对畜禽专项和立项课题数极少，支持的经费也较少。2016—2019 年国家重点研发计划重点专项共计 225 项，其中畜禽相关专项共计仅 3 项，累计投入经费 739 亿元。这直接导致了对畜禽种业开发利用的不足。从立项的国家自科基金项目看，畜牧类总体项目较少，绿色种业占比更少。2015—2019 年受国家自然科学基金委资助的畜禽遗传育种类相关项目数共计 503 项，累计投入 26 633 万元（表 7 - 11）。

三、重大科技成果支撑不足

科技成果包括国家奖励和专利技术，是畜禽种业乃至绿色养殖的重要基础。但我国畜禽种业科技研发成果不足，对种业振兴形成制约。从国家级科研奖励看，2014—2020 年国家科学技术奖励项目共计 1 613 项，其中畜禽种质共计 16 项（表 7‑12）。国家级畜禽奖励明细见表 7‑13。

表 7‑12　2014—2020 年国家奖励项目统计（项）

年份	国家自然科学奖		国家技术发明奖		国家科技进步奖	
	总计	畜禽种业	总计	畜禽种业	总计	畜禽种业
2014	46	0	54	0	154	1
2015	42	0	50	0	141	2
2016	42	0	47	1	132	2
2017	35	0	49	0	132	1
2018	38	0	49	1	137	3
2019	46	0	47	0	146	2
2020	46	2	47	1	133	0
合计	295	2	343	3	975	11

表 7‑13　2014—2020 年国家奖励项目明细

奖励类别	年份	项目名称
国家自然科学奖	2020	成年哺乳动物雌性生殖干细胞的发现及其发育调控机制
		早期胚胎发育与体细胞重编程的表观调控机制研究
国家技术发明奖	2016	良种牛羊高效克隆技术
	2018	猪整合组学基因挖掘技术体系建立及其育种应用
	2020	良种牛羊卵子高效利用快繁关键技术
国家科技进步奖	2014	大恒肉鸡培育与育种技术体系建立及应用
	2015	荣昌猪品种资源保护与开发利用
	2015	"农大 3 号"小型蛋鸡配套系培育与应用
	2016	中国荷斯坦牛基因组选择分子育种技术体系的建立与应用
	2016	节粮优质抗病黄羽肉鸡新品种培育与应用
	2017	民猪优异种质特性遗传机制、新品种培育及产业化
	2018	高效瘦肉型种猪新配套系培育与应用
	2018	优质肉鸡新品种京海黄鸡培育及其产业化
	2018	地方鸡保护利用技术体系创建与应用
	2019	家畜养殖数字化关键技术与智能饲喂装备创制与应用
	2019	蛋鸭种质创新与产业化

　　从国家级专利成果看，2015—2020 年畜牧学科专利研发共计 12 903 项，占全部专利申请量不到 1%。其中，生猪育种成果占 7.42%，达 958 项；家禽

育种成果占 8.09%，达 1 044 项；牛育种成果占 3.70%，达 478 项；羊育种成果占 2.24%，达 289 项（表 7 - 14）。

表 7 - 14　2014—2020 年畜牧学科专利分布统计（项）

专利数	年份						
	2014	2015	2016	2017	2018	2019	2020
畜牧类	1 377	1 653	1 739	2 506	2 274	2 414	2 317
猪育种	125	163	128	188	184	134	161
家禽育种	162	200	151	197	209	142	145
牛育种	80	72	91	91	91	60	73
羊育种	57	51	51	66	41	33	47

第三节　战略举措

国际种业发展一般分为四个阶段，即驯化选择 1.0 时代、常规育种 2.0 时代、分子标记辅助选择育种 3.0 时代和智能化育种 4.0 时代。相较于一些发达国家已进入"生物技术＋人工智能＋大数据信息技术"的育种"4.0 时代"，我国仍处在以杂交选育和分子技术辅助选育为主的"2.0 时代"至"3.0 时代"之间，在基因编辑、合成生物学、全基因组选择、分子设计和人工智能育种等新兴交叉领域技术研发方面短板明显：原始创新能力不足，缺少重大突破性的理论和方法，关键技术与战略性产品研发水平相对较低，国际竞争力优势相对较弱。为此，我国种业振兴的目标是掌握关键品种，保障畜禽养殖高质量发展，促进种业自立自强。种业振兴首先是在保护传统优质畜禽品种的前提下，运用现代育种技术开发出节料、多繁、抗病、高质等性能的畜禽新品种。而要做到这些，紧要工作是建设国家级育种基地，革新现有保种育种体制机制。

一、保护优质种质资源

1. 建立种质资源保护场和大数据中心

一是建设一批国家级和省级畜禽遗传资源保种场、保护区和基因库，组织实施畜禽地方品种登记，开展畜禽遗传资源调查，实现畜禽遗传资源调查全覆盖，创建畜禽遗传资源数据库。二是分畜禽种类建设国家级畜禽遗传资源大数据中心，建成由国家大数据中心、省级地方分中心、基层监测点三位一体的地方畜禽遗传资源动态监测体系。中心开展畜禽遗传资源种群常态性监测和登记，全面监控分析品种资源数据，及时掌握资源动态变化，提高地方畜禽遗传资源保护的针对性。

2. 加强畜禽种质资源保护的科技创新

一是积极探索、完善和创新保种理论，为建立高效保种技术体系提供理论指导。制定国家级、省级保种场个性化保种方案，评估保种效果，提升保种效率。加强地方畜禽保护的技术方法研究，开展包括生殖细胞冷冻保存，cDNA 文库构建，以及生殖细胞、体细胞克隆等技术的创新研究。如建立可以大幅度提高畜禽繁殖效率的性别控制、以体外胚胎生产为代表的配子胚胎操作技术体系，建立高效、安全的体细胞重编程技术，构建以克隆、干细胞为代表的新型畜禽繁殖技术等。二是加强地方畜禽品种性状解析方面的研究。应用现代生物学、集成信息与传感等技术，对生产、品质、抗病等成因进行解析，鉴定、验证具有重要选育经济价值的功能基因及其调控元件，筛选出与主要经济性状显著相关的分子标记；提高畜禽性能测定、数据采集与传输的自动化、智能化水平。通过畜禽遗传资源优质性状相关基因的发掘，促进地方品种的开发利用，间接达到保种目的。三是加强产学研联系。加快科技创新和成果转化，大力开展地方畜禽遗传资源种质特性研究、评估分析与优良基因挖掘。解决制约地方畜禽遗传资源保护与利用工作发展的技术瓶颈，提升资源保护与利用科技创新水平。

3. 强化畜禽遗传资源普查与评估

一是开展畜禽遗传资源普查，指导开展畜禽地方品种登记，定期开展畜禽遗传资源普查工作，查清资源家底，科学制定畜禽遗传资源保护利用规划，实现畜禽遗传资源调查全覆盖。围绕重点资源，统筹规划，紧扣保护、监测和利用等重点环节，编制畜禽遗传资源保护和利用指导意见及分品种保护方案。二是完善资源评估评价体系，制定修订品种、评价等标准，开展种质鉴定、性能测定、特性评估等工作。加大保种场、保护区和基因库的管理，实施疫病净化。加强对种群规模、濒危状况等保种效果监测，发布监测评估报告。三是建立保种场、保护区和基因库保种工作评价规范，开展地方畜禽遗传资源保护绩效管理，对各保种场、保护区和基因库的保种工作、保种效果、管理状况等方面进行综合考核评价，建立保种单位奖励和退出机制，督促强化保种工作措施高效有序实施。

二、开发畜禽优异品种

1. 加强畜禽遗传资源保护与利用协调发展

开展畜禽遗传资源保护工作主要是为了开发利用，单纯保种而不利用既不现实也不长久。一是以经济效益优良、种质特性优异的地方畜禽品种为核心，以区域特色明显、养殖传统悠久的市县为重点，加快优良品种的产业化开发，推动传统产业转型升级。二是以地方品种为主要素材、以市场需求为导向，满足多元化的消费需求，采用常规育种技术，结合信息和生物工程技术，培育优质、节粮、高产型的地方畜禽新品种和配套系。针对已培育的新品种和配套系，加快产业开发，打造知名品牌，增加特色畜禽产品供给。三是扩大地方特色畜禽遗传资源的药用、娱乐和竞技等价值，深入挖掘传统文化内涵，发展特色畜禽产业。四是积极推动和落实走出去及引进来战略，聚焦绿色种业关键技术，积极拓展渠道，鼓励企业引进高端人才、优异种质、先进育种制种技术及装备制造技术，同时支持有实力的企业在国外建立研发中心和国际联合实验室，协同研究解决种业绿色发展面临的关键科学技术问题。

2. 强化优良品种选与培育

一是加强畜禽育种"卡脖子"技术攻关。针对畜禽种业原创性成果不足、重大基因缺乏等瓶颈问题，以畜禽遗传育种基础研究为主线，设立"优质高效肉牛新品种培育""猪高效抗病生物学基础与基因组设计育种""多元化肉鸭新品种培育""白羽肉鸡新品种培育""优质高效肉羊新品种培育与产业化"等重大项目支持计划，重点突破优异种质形成与演化规律，挖掘重要经济性状相关的功能基因和分子标记，培育和创制畜禽新品种（配套系），支撑保障畜禽种业安全，为我国畜禽养殖绿色发展提供核心"芯片"。二是加强全基因组育种研究。建立畜禽全基因组选择技术平台，开展奶牛、生猪、肉牛全基因组选择育种。健全完善畜禽良种繁育体系，按照国家畜禽遗传改良计划部署，加快实施省级生猪遗传改良计划，推进省级肉牛、肉羊、奶牛、家禽等主要畜种遗传改良计划，开展生猪、奶牛等生产性能测定，提升畜禽养殖供种能力。

三、建设高端平台基地

1. 建设国家种业实验室

谋划建设一批国家种业实验室，解决我国农业领域"卡脖子"重大科学和技术问题。目前，河南神农种业实验室、湖北洪山实验室、海南崖州湾种子实验室、湖南岳麓山实验室等相继开建，在种植、养殖种业方面开展了深入研究。引导种业实验室瞄准生物学重大科学问题，聚集分子生物学、生物信息、分子设计、合成生物学、基因编辑和遗传育种等学科相关技术，以农业原始创新和技术创新为主体、以重大关键技术集成创新为重点，提高生命科学与技术、高技术研究与发展等的综合研究优势和高新技术产业化能力，真正提升农业科技创新能力。引导实验室创新体制机制，加强人才培养。利用国家种业实验室平台，吸引、聚集、培养国际一流农业、生命、信息和人工智能等相关人才；不断创新实验室管理体制机制，推进成果频出，促进畜禽种业高质量发展。

2. 建立国家畜禽创新综合试验基地

对标"四个面向"和"两个一流"，"十四五"及至 2035 年重点打造高水平畜禽育种创新基地。聚焦生猪、牛、羊、鸡、鸭等畜禽养殖绿色竞争力提升，构建"谋划一批、立项一批、建设一批、运行一批"梯次，有序推进畜禽种业科研设施和基地建设，为畜禽种业跨越式发展提供强有力的支撑。全面推动种业基地和科研设施等条件能力提升，支撑我国畜禽种源自主创新和畜禽养殖绿色发展。

3. 培育壮大种业企业

打造国家级繁育推一体化种业企业，培育一批大型畜禽种业集团。以优势品种为基础、以优势种畜禽企业为载体，吸引金融机构、风险投资机构、社会团体等，与科研院所建立利益共同体，共同开展绿色技术创新和转化应用，打造一批具有国际竞争力的畜禽种业品牌。依托大型畜禽种业企业，打通数据库横向联结，提供种业数据、技术、服务、政策、法律的"一站式"综合查询和业务办理，优化国家种业大数据平台手机 APP 功能，推进种业服务模式创新。

4. 激活高校畜禽育种力量

针对目前我国畜禽种业面临相关学科设置不配套、繁育基地设施不完善、研发平台发展不均衡及人才队伍素质与结构等问题，完善和加强学科建设，以国家级原种场为重点建设动物种业繁育基地，减少重复建设，完善设备设施，加强疫病防控和净化，提升繁育基地供种能力。依托高校科研院所既有基础，在基础研究领域，建设畜禽、实验动物和特种动物遗传育种以及繁殖国家重点实验室；在技术研发领域，完善奶牛、生猪种业等国家工程技术研究中心，新建肉鸡、肉牛、肉羊等国家工程技术研究中心。加强本土从业人才培养，引进、培养一批领军人才和技术骨干，构建世界一流的动物育种人才团队，鼓励人才在科研机构之间、科研机构和企业之间流动，提高我国动物种业的整体科技创新能力。依托高校科研院所力量，建设畜禽遗传资源保护与生物育种省级重点实验室，组建畜禽遗传资源协作联盟，开展联合技术攻关、畜禽新品种和配套系培育。

第八章
畜禽生物安全防控战略 ▶▶▶

　　无论是食品安全还是环境保护，畜禽养殖绿色发展都离不开生物安全防控。良好的生物安全环境、必要的生物安全举措既是生物安全防控的必须也是畜禽养殖绿色发展的必须。

第一节　生物安全及其防控的重要性

　　我国自 2000 年以后才逐渐重视生物安全，特别是在非洲猪瘟发生以后才特别注意畜禽养殖生物安全防控的重要意义。

一、畜禽养殖生物安全的内涵

1. 生物安全概念

　　我国对生物安全的关注和研究起步于 2000 年左右，主要集中于种植业、环保、养殖业以及实验室等方面。受国际生物安全形势发展的影响，我国学界日益注重从国家战略高度对生物安全问题进行探讨。

　　生物安全最早可以界定为：为了使病原微生物在实验室受到安全控制而采取的一系列措施，即"实验室生物安全"（biosafety）；随后可以理解为生物技术成果及其应用对人类生命和健康的侵害或损害，即"生物安全问题或事件"（biosecurity）；后来扩展为对生态环境、生物多样性和人类生存产生的潜在危害，即"生物安全风险"（biosecurity）；现代观点认为其也包括"生物安全应对"（biosecurity），即不仅指生物安全威胁，而且指采取的一系列预防和控制举措。

　　综合各种观点，生物安全可以界定为：国家等行为体有效防范由各类生物因子、生物技术误用滥用及相关活动引起的生物性危害，确保自身安全与利益处于相对没有危险和不受内外威胁状态以及保持持续安全的能力与行为①。生物安全的概念范畴包括：引起生物危害的内部因素（安全客体）、外部条件、生物危害表现形式及发生规律（生物安全危害形态）、安全主体与相应的防控策略四个部分。

2. 畜禽养殖生物安全

联合国粮农组织、世界动物卫生组织、世界银行等机构于 2008 年对涉及养殖业的生物安全（biosecurity）进行了界定：为降低病原传入和散布风险而实施的措施，即要求人们采取一整套的态度和行为，以降低涉及家养和野生动物及其产品所有活动的风险。由此概念可知，畜禽养殖生物安全包括：用来避免（防止）病原进入畜禽群或养殖场的外部生物安全（external biosecurity），以及当病原已存在时防止疫病在畜群或农场内向未感染动物散布或向其他农场散布的内部生物安全（internal biosecurity）②。

养殖场的生物安全有三大要素：隔离、清扫（或清洗）、消毒；涉及两个方面：净化特定病原的种源及养殖场相对隔离的环境。

需要说明的是，联合国粮农组织将生物安全水平由高到低划分为四类。并且根据生物安全水平，将现有养殖场分为四类：具有高生物安全水平的工业化整合系统养殖、具有中至高生物安全水平的商业化畜禽生产系统、低至最低的生物安全商业化畜禽生产系统、仅有最低生物安全的庭院式生产。

二、生物安全防控的重要意义

畜禽养殖生物安全不仅直接影响着养殖业的健康发展，同时也关系着动物源性食品安全和公共卫生安全，其重要意义如下：

1. 是各国畜禽养殖核心竞争力的重要体现

畜禽生物安全防控水平是各个国家畜禽养殖的核心竞争力。重大和重要动物疫病严重影响动物及其产品的国际贸易，是国际贸易壁垒设置最合法的依据。例如，《关贸总协定 1994》第 20 条：赋予 WTO 各成员格外的保护权，即各成员可以以"保障人民、动植物生命或健康"或"有效保护可能用竭的天然资源"为理由，采取贸易限制措施。《技术性贸易壁垒协议》（*Agreement on Technical Barriers to Trade*，简称"TBT 协议"）要求各成员：认识到不应阻止

---

① 朱康有，2020.21 世纪以来我国学界生物安全战略研究综述 [J]. 人民论坛·学术前沿（20）：58-67.

② 刘秀梵，2010. 生物安全：我国动物疫病防控中的关键问题 [J]. 中国家禽，32（11）：33-34.

任何国家在其认为适当的程度内采取必要措施，保证其出口产品的质量，或保护人类、动物或植物的生命健康及保护环境，或防止欺诈行为，但是这些措施的实施方式不得构成在情形相同的国家之间进行任意或不合理歧视的手段，或构成对国际贸易的变相限制，并应在其他方面与本协定的规定相一致。《实施卫生与植物卫生措施协议》（*Agreement on the Application of Sanitary and Phytosanitary Measures*，简称"SPS 协议"）甚至规定：在缺乏充分科学证据的情况下，各国有权采用临时贸易措施作为预防方法。世界动物卫生组织（World Organisation for Animal Health，WOAH）2018 年更新了其法定报告动物疫病名录，共包括 117 种动物疫病。我国是世界畜禽生产和消费第一大国，2017 年出栏生猪 6.88 亿头，占世界生猪总产量的 48%；出笼活禽近 140 亿羽，占世界养禽总量的 1/3。但我国虽是养殖大国，却不是养殖强国，生猪、肉牛、奶牛、蛋鸡的年单产量都处于很低水平。究其原因是我国畜禽生物安全（疫病）防控水平较低，与发达国家的差距较大[①]。改变畜禽生物安全防控水平落后的局面，提增畜禽疫病防控效益，已成为我国养殖业发展过程中最为迫切的需求。

2. 是保障动物源性食品安全及公共卫生安全的战略需求

动物源性食品是以动物产品为原料的食品，畜禽产品是动物源性食品的主要来源。畜禽自身的健康安全直接关系到动物源性食品的源头安全。首先，动物源性人兽共患病与畜禽重大疫病严重威胁食品安全。世界卫生组织的统计资料表明，70% 的动物疫病可以传染给人类，75% 的人类新发传染病来源于动物或动物源性食品。目前已经证实的人兽共患病有 200 多种，其中大多数可由家畜、驯养动物、宠物和野生动物传染给人类。我国农业农村部规定的 157 种法定报告动物疫病中，至少有 22 种为重要的人兽共患病。在《国家中长期动物疫病防治规划（2012—2020 年）》规定的 16 种优先控制国内病种中，有 7 种为重要的人兽共患病，占 44%，包括高致病性禽流感、布鲁氏菌病、奶牛结核病、狂犬病、血吸虫病、棘球蚴病和沙门氏菌病。这些病种严重威胁食品安全和人体健康，如人布鲁氏菌病的传染源是羊、牛等感染动物。据估计，全球每年有 80 万新发布鲁氏菌病人间病例，我国报告的布鲁氏菌病人间病例每年有 5 万左右，考虑到漏报现象，实际病例应大大高于该数值[②]。人布鲁氏菌病如不及时治疗，可能导致患者丧失劳动力、生育能力甚至生活能力，将给患者

①　陈伟生，2019. 提高养殖企业生物安全水平推动疫病净化工作纵深发展［J］. 中国畜牧业（1）：20-23.

②　施玉静，赖圣杰，陈秋兰，2017. 我国南北方 2015—2016 年人间布鲁氏菌病流行特征分析［J］. 中华流行病学杂志，38（4）：435-440.

及其家庭带来巨大的痛苦和经济负担。动物结核病是人结核病的重要传染源，世界卫生组织已计划 2035 年消灭人结核病，给我国家畜结核病尤其是奶牛结核病的控制和净化带来了很大压力。动物疫病如不加强防治，将会严重危害动物源性食品安全和公共卫生安全[1]。另外，畜禽疫病防治过程中带来的抗生素等兽药残留问题严重，直接威胁食品安全。畜禽养殖是肉、蛋、奶供应的源头，源头安全是保障食品安全与公共卫生安全的根本。因此，推进畜禽生物安全尤其是重大疫病防控的科技创新，阻断疫病传播路径，实现疫病科学有效防控，降低药物残留，是从源头上保障动物源性食品安全与公共卫生安全的战略需求。

3. 是维护我国生态环境安全与稳定发展大局的现实需求

畜禽疫病的发生与流行在某种程度上会对国家的生态环境安全与社会稳定发展带来冲击。一是畜禽疫病暴发，势必导致药物的大量投入与使用，由此产生的药物残留与耐药性问题又会给生态环境安全带来巨大威胁[2]。二是疫病暴发导致的大量动物死亡会给生态环境造成极大危害。近年来我国先后发生高致病性禽流感、口蹄疫、非洲猪瘟等重大疫情，为快速遏制疫病传播，大量畜禽被扑杀，这些被扑杀动物的尸体处理也会给生态环境安全带来重大隐患[3]。三是随着世界经济全球化进程加快，一些传染性极强的重大动物疫病与动物源性人兽共患病，正以前所未有的速度在世界范围内传播和流行，影响社会安定和谐，极大地冲击着国家安全。例如，自 2018 年 8 月起，我国多地相继暴发了非洲猪瘟疫情，这不仅给我国养猪业造成了巨大损失，甚至还对居民生活、经济发展产生了深远的影响。

第二节　生物安全防控现状

近年来，由于绿色发展理念日趋人心，畜禽养殖生物安全的法治环境得到了不断完善。而由于非洲猪瘟肆虐，养殖场也加强了生物安全防控措施；同时，一些疫病防控的技术成果不断涌现，推动了生物安全防控工作的持续改进。

---

① 焦新安，涂长春，黄金林，等，2009. 我国食源性人兽共患细菌病流行现状及其防控对策 [J]. 中国家禽，31 (19)：4-11.

② 马骥，孙永学，陈进军，等，2010. 兽药残留对生态环境影响的研究进展 [J]. 中国兽医科学，40 (6)：650-654.

③ 崔乃忠，郭洁，刘森，等，2008. 现行染疫动物尸体无害化处理方法的生物安全隐患 [J]. 中国兽医杂志 (7)：67-69.

一、生物安全法律环境逐渐完善

1. 疫病防控法治环境逐渐完善

疫病防控是生物安全防控的重要部分，我国对畜禽疫病防控体系的构建非常重视，先后制定了《中华人民共和国动物防疫法》《兽药管理条例》《动物重大疫病应急处理条例》等一系列法律法规，出台了应急预案、防治规范和标准，构建起了全方位的畜禽免疫预防保障体系、疫病监测诊断体系、防疫监督体系、防疫屏障体系及疫病应急处理体系，坚实了畜禽疫病防控的制度保障，形成了畜禽疫病预防和疫情突发应急处置机制，制定并实施了完备的畜禽疫病监测、预防免疫、检疫、封锁、隔离、扑杀和消毒技术的国家标准及操作规程。

2. 环境保护法治环境不断完善

畜禽养殖环境保护是防治生物残留对外部环境产生影响的重要工作。党的十八大以来，我国逐渐加强对环境保护制度的制定和执行力度，国务院（含国务院办公厅）及农业农村部等相关部门相继出台了《畜禽规模养殖污染防治条例》（以下简称《条例》）（2014 年）、《水污染防治行动计划》（简称"水十条"）（2015 年）、《关于促进南方水网地区生猪养殖布局调整优化的指导意见》（2015 年）、《土壤污染防治行动计划》（简称"土十条"）（2016 年）、《畜禽养殖禁养区划定技术指南》（2016 年）、《关于加快推进畜禽养殖废弃物资源化利用的意见》（2017 年）、《关于促进畜禽粪污还田利用、依法加强养殖污染治理的指导意见》（2020 年）等一系列政策法规。这些政策法规强化了畜禽养殖粪污的环境管理，实现了通过总量控制达到源头减排、农牧结合和畜牧业生产方式转变等目的，推动了生物安全防控体系建设和畜禽养殖的绿色发展。

3. 生物安全防控法律法规迅速建立并实施

自非洲猪瘟发生以来，国家相关部门出台了一系列针对性的生物安全防控相关文件（表 8-1）：《规模猪场（种猪场）非洲猪瘟防控生物安全手册（试行）》目的是给规模猪场科学防控非洲猪瘟提供技术指南；《关于加强非洲猪瘟防控工作的意见》目的是引导养猪场提升生物安全防控水平，增加生猪产业链薄弱环节的生物安全防控措施；《关于进一步加强病死畜禽无害化处理工作的通知》目的是通过无害化处理消灭病原，落实生物安全防控，促进畜禽养殖绿色可持续发展；《非洲猪瘟常态化防控技术指南（试行版）》为规模猪场在非洲猪瘟常态化背景下应对非洲猪瘟提供生物安全指导，保障规模猪场生产力；《中华人民共和国生物安全法》强调对于动物疫病要主动监测，及时发布预警，采取相应防控措施，防止动物源性疫病传播。

表 8-1   2018—2020 年生物安全防控相关文件

法律文件	颁布时间	颁布机构	相关内容
《规模猪场（种猪场）非洲猪瘟防控生物安全手册（试行）》	2019 年 3 月 4 日	中国动物疫病预防控制中心	规范规模猪场疫病防控行为，建议从场址选择、场内布局、饲养方式、人员管理、洗消中心、消毒卫生、无害化处理等方面加强生物安全体系建设
《关于加强非洲猪瘟防控工作的意见》	2019 年 6 月 22 日	国务院办公厅	要求养殖场（户）开展全进全出、清洁消毒、疫病检疫、隔离等生物安全措施
《关于进一步加强病死畜禽无害化处理工作的通知》	2020 年 2 月 11 日	农业农村部财政部	建议养殖场（户）与无害化处理公司展开合作，保证无害化处理设施完善与运输车辆清洁消毒，做好生物安全防控
《非洲猪瘟常态化防控技术指南（试行版）》	2020 年 8 月 12 日	农业农村部办公厅	指导规模猪场从场址、布局、猪场建设、饲养管理、人员管理、车辆管理、物资管理等角度有效预防非洲猪瘟
《中华人民共和国生物安全法》	2020 年 10 月 17 日	全国人民代表大会常务委员会	相关机构对动物疫病加强监测，及时发布预警，分析疫病发展趋势，积极制定相应防控措施，防止动物源性传染病传播

资料来源：蔡辛娟，2021。

二、养殖场生物安全防控等级提高

2018 年非洲猪瘟发生以后，一些养殖户损失惨重，未受到影响的养殖户普遍加强了生物安全的防控，促进养殖场生物安全防控意识升级、防控等级提升。截至 2020 年，国内非洲猪瘟防控工作取得显著成效：一是发病率明显下降，各地上报的生猪发病数量、死亡数量与扑杀数量均呈下降趋势，2018 年 8—12 月、2019 年全年和 2020 年 1—4 月，全国非洲猪瘟监测阳性率分别为 0.36%、0.09%、0.03%，疫情逐渐得以控制；二是生猪养殖环节（饲养、运输、屠宰）的感染率明显下降，主要得益于生猪产业从业人员防控意识加强，生猪养殖环境逐渐好转。

1. 规模养殖场建立疫病防控体系

非洲猪瘟肆虐使得规模养殖场建立了疫病防控体系，主要分为外部防控、内部防控与精准拔牙三种类型。其中，外部防控包括升级饲料厂、实验室、洗消中心、车辆配备、代养场等硬件，内部防控包括签订承诺书、明确风险点、物资管理、车辆管理、人员管理，精准拔牙包括密切监测与清除、停止一切操作、排查人为因素、确定污染面积、倒查污染源。一些养殖场建立一、二、三线防控体系。一级防线是外围生物安全（设置洗消点、设立中转点），二级防线是入场区生物安全（入场消毒设备设施、车辆管理、人员管理），三级防线是内部生物安全（产区通道消毒、空栏消毒、猪群消毒、卫生消毒及污水处理、无害化处理、生物安全制度、条例建设），形成了防线管理的生物安全防控体系。

2. 建立常规化的生物安全防控活动

在非洲猪瘟疫情下，养殖户生物安全防控活动发生了巨大变化，如外部人员和车辆由原来的可以进场变为不可以进场，圈舍、场内外道路也由原来的基本不消毒转变为消毒，一些关键节点防控从无到有（表 8 - 2）。尤其是消毒的强度明显提高，场区道路消毒频率由 18.75 天一次提高到 3 天一次，育肥猪舍消毒频率由 26.19 天一次提高到 3.92 天一次，母猪舍消毒频率由 31.58 天一次提高到 4.5 天一次，养殖户生物安全防控体系正逐步完善。

表 8 - 2　养殖户生物安全防控活动的变化

关键节点	2017 年	2019 年
外部人员和车辆	可以进场	不可以进场
人员进舍	直接进舍	踩消毒盆、换鞋
饲料入场环节	基本不消毒	车辆在场外消毒
卖猪环节	进场看猪、赶猪	不进场，猪在场外交易
圈舍（带猪）消毒	基本不消毒	消毒
圈舍（空栏）消毒	消毒（氢氧化钠）	消毒（喷雾、火焰等）
场内外道路	基本不消毒	消毒

资料来源：蔡辛娟，2021。

非洲猪瘟疫情使得养猪场的生物安全防控体系建立起来并取得显著成效，且这一系列防控制度和防控措施也被饲养其他畜种的养殖户借鉴并用于生产现场的安全防控。例如，浙江衢州江山市的华欣湖羊养殖场参照上述生物安全防控措施，建立了一套适用于羊的生物安全防控措施体系，促进了养羊生物安全水平的提升。

三、生物安全防控技术成果丰富，应用良好

1. 生物安全防控技术成果丰富

近年来，我国不断整合资源和力量推进基础设施建设，建成了兽医生物技

术、家畜疫病病原生物学、农业微生物学等一批国家级重点实验室、生物安全实验室、工程研究中心及工程实验室等高水平研究平台。畜禽疫病防控研究水平和服务能力不断增强，涌现出一大批高水平畜禽疫病防控的基础研究和产品研发成果。我国先后研制了世界上第一个马传染性贫血驴白细胞弱毒疫苗、具有国际竞争力的猪瘟疫苗（猪瘟兔化弱毒疫苗）、伪狂犬基因缺失疫苗和禽流感灭活疫苗等产品，消灭了牛瘟和牛肺疫这两种动物重大传染病，在全国范围内有效控制了马鼻疽、马传染性贫血和兔病毒性出血症等几十种主要畜禽疫病的发生，并在禽流感遗传演化等畜禽疫病基础研究领域取得了重大突破，一批新型疫苗、诊断试剂、综合防治技术等科研成果转化为实用技术和产品，为世界畜禽疫病防控与净化贡献了中国智慧和中国方案。

2. 新发动物疫病的影响逐渐降低

尽管畜禽流行病种类越来越多，对养殖业以及潜在的公共卫生威胁逐渐增加，但 2018 年以来，由新发动物疫病导致的死亡病例、扑杀和受感染数不断下降。如图 8-1 所示，新发动物疫病致死数量 2019 年下降到 50 万头（万只）以下。报告的事例也逐渐下降，2019 年以后接近 50 万头（万只）以下；扑杀数除 2005 年、2012 年、2014 年较高外，其他年份均较低。

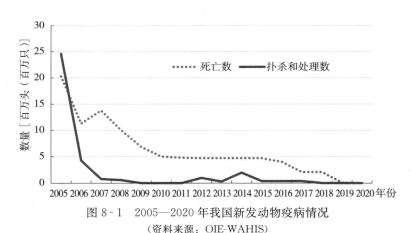

图 8-1　2005—2020 年我国新发动物疫病情况
（资料来源：OIE-WAHIS）

四、重大及重发动物疫病防控形势依然严峻

1. 人兽共患病的威胁仍然较大

由于动物流通范围不断扩大、频率不断加快，人类居住和生活领域扩大，与野生动物的距离不断缩小，以及伴侣动物饲养量不断增加等，当前我国人兽

共患病呈现出日益严重的趋势，并不时出现暴发流行。据 WHO 资料，全球每年死于各类传染病的人数（约 1 500 万人）达到总死亡人数的 1/3。如近年来布鲁氏菌病感染发病呈上升趋势，人群中布鲁氏菌病的发病率不断上升（图 8 - 2）。2016 年，全国共报告发生 18 种人兽共患病，涉及 29 个省（自治区、直辖市）1 595 个县的 6 611 个疫点，发病县数较 2015 年增加了 792 个，发病地域范围更为广泛；羊棘球蚴病报告县数由 2015 年的 8 个增加到 43 个，疫点数、发病数均大幅升高；牛、羊炭疽报告地区范围扩大，发病数较 2015 年大幅升高；布鲁氏菌病报告发病县数较 2015 年增加了 153 个，中南区域发病率和感染抗体阳性率较 2015 年大幅上升；从人布鲁氏菌病的流行情况反映出我国动物布鲁氏菌病的流行形势相当严峻[①]。新发与重现的人兽共患病不断发生与流行，使我国动物疫病防控面临新的考验。

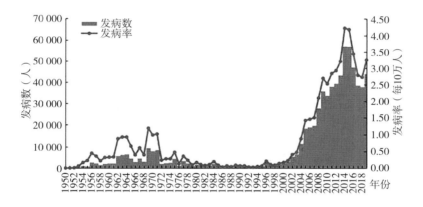

图 8 - 2 1950—2018 年中国布鲁氏菌病发病数和发病率

2. 病原变异给动物疫病防控带来新挑战

动物传染病特别是病毒性传染病主要依靠疫苗免疫预防，这一措施尽管在防止疫病暴发流行和控制疫情上起到了重要作用，但一些疫病病原变异较快，病原毒力增强，使原有的疫苗不能产生有效的交叉保护，从而出现新的疫情。猪瘟和新城疫虽然通过疫苗免疫得到了有效的控制，不再有大规模暴发情况，但仍然在全国各地呈散发性流行，病例的临床表现日趋复杂，经常出现一种所谓的"免疫失败"现象，有的表现为温和型感染，有的表现为隐性带毒感染等。这些现象的出现，给疫病控制带来了新的挑战。

---

① 姜海，阚飙，2020. 我国布鲁氏菌病防控现状、进展及建议［J］. 中华流行病学杂志，41 (9)：1424-1427.

3. 细菌性疫病危害日益严重

随着养殖密度的不断增加和养殖规模的不断扩大，由致病病原导致的环境污染越发严重，且病原可通过多种途径传播，并引起动物发病。鸡白痢、鸡球虫病等严重危害养殖生产的疫病高居发病数量前列。面对疫病流行的复杂局面，许多养殖企业往往过多地依赖于兽药，不规范使用抗菌药物的行为导致耐药病原的大量出现和传播，耐药种数不断增加，耐药率持续升高。有报道表明，鸡白痢沙门氏菌耐药种数在 20 世纪 60 年代以二耐、三耐为主，70 年代以四耐、五耐为主，到 90 年代以八耐、九耐为主[①]。有学者对猪源大肠埃希氏菌耐药性进行检测发现，当前猪源大肠埃希氏菌以九至十二耐为主，耐药率达 45%，耐药种类以常见的链霉素、环丙沙星、恩诺沙星、四环素、阿莫西林、氨苄青霉素和多西环素等抗生素和抗菌药为主，耐药率均超过 70%[②]。WHO、FAO、WOAH 和 CAC 等国际组织已高度关注动物源病原耐药性对食品安全和人体健康的潜在危害，而我国已成为动物源病原耐药性比较严重的国家之一。

第三节 生物安全防控制约因素

生物安全防控是一套综合体系，涉及人、物、环境、制度等系列因素，因而建立一套行之有效的防控体系非常困难，甚至成本较高。当前制约我国畜禽养殖生物安全防控的因素有以下几个方面。

一、生物安全防控意识有待巩固

尽管许多养殖场建立了一套生物安全防控体系，但由于防控意识建立时间不久，因此常常有疏忽现象。

1. 部分养殖场（户）防控意识不牢固

2018—2019 年非洲猪瘟疫情对国内生猪行业影响最严重的时候，养猪场（户）纷纷重视生物安全，并取得了良好的防控效果。但随着非洲猪瘟疫情的发生次数与频率逐渐下降，部分养猪场（户）对猪场生物安全防控的重视度有所下降，甚至部分地区又出现违规跨区域调运现象。

---

① 潘志明，焦新安，文博，等，2002. 鸡白痢沙门氏菌耐药性的监测研究 [J]. 畜牧兽医学报（4）：377-383.

② 高懿，黄金虎，陈丽，等，2019. 江苏北部地区猪源屎肠球菌耐药性分析及其酰胺醇类耐药基因的检测 [J]. 南京农业大学学报，42（2）：322-327.

生物安全操作标准不统一。目前虽然养殖场（户）大部分具有消毒意识，但是部分养殖场中消毒药的配比浓度要求不一；选用的消毒药种类五花八门、频繁更换、效价难以评估；消毒液的喷洒环境、消毒面积和消毒剂用量缺乏标准；场区生物安全管理混乱（指挥不一、人云亦云、号令不一）；生物安全制度对消毒和防疫的管理要求很笼统，或是朝令夕改，或是同样的消毒场所消毒要求参差不齐、各不相同。如在猪场消毒方面，目前大部分养猪场（户）对消毒重视不够或操作流程不完善，比如忽视饲料、兽药及机械设备等购进物品的消毒；对进场员工带入场内的生活用品未能严格消毒；对车辆、猪舍、器具等没有彻底清洗干净便进行消毒，尤其是外来车辆底部、车轮等容易成为病原的藏匿点；消毒药使用后随意放置或使用时不按照说明书要求调配，导致药物没有得到合理利用。消毒工作做不到位，消毒就没有起到应有作用，丢失了防控疫情的一大利器。

生物安全操作方法不规范。例如，缺少消毒防护措施造成人员损伤，过度消毒造成环境破坏；生物安全指导仅仅凭借"言传身教"，口传误传导致很多执行漏洞；生物安全设施和条件没有规范的配置标准或资源，难以弥补生物安全漏洞。

生物安全操作流程不清晰。生物安全制度中的可操作部分缺少落地措施，难以贯彻执行；生物安全防控及防疫岗位职责不清晰、不明确。消毒执行不彻底，防疫物品、工具比较落后，不利于规范消毒、不利于提高防疫效率；每一个养殖场都有自身特殊的环境和疫病防控要求，所以要有针对每个养殖场独立完整的生物安全制度，大公司一刀切的生物安全制度使得与各个分立养殖场的实际情况难以衔接和匹配，造成执行盲区或偏差，最终执行力大打折扣，难以做到实际有效的防控[①]。

2. 部分养殖户过度依赖药物

一些养殖户认为动物疫病发生是由于动物自身免疫能力不足，为应对这一问题，在畜牧生产中大量应用一些抗生素。十九大以后，虽然我国实施禁抗行动，抗生素使用大幅下降，但一些养殖户仍然大量使用抗生素替代品，存在药物过量使用问题，由药物过量使用导致的动物产品兽药残留和细菌耐药性已成为全球关注的热点。在疫病防控上，不提倡过多依赖化学药物和抗生素，主张"治未病"，即通过控制养殖环境、改善动物福利、促进微生态平衡、提高免疫能力来预防动物疫病的发生。但这一主张变成养殖户的实际行动还有待时日。

---

① 史德育，2020. 生物安全防控的问题探讨及解决办法浅析［J］. 猪业科学，37（4）：130-132.

3. 部分从业人员法律意识淡薄

目前，部分从业人员法律意识淡薄，为牟取暴利铤而走险，违规生产假兽药、擅自使用"自家苗"等案件屡见不鲜，对生物安全带来严重影响。如2019年1月21日，杭州市农业农村局在对某养殖有限公司进行执法检查时，发现该公司为预防和治疗所属养猪场部分生猪"蓝耳病"等疫病，擅自采集自家养殖场生猪病料，委托杭州某生物技术有限公司生产了没有产品批准文号的"自家苗"，并将其使用在了养殖场生猪上。2019年5月28日，上海市农业农村委员会执法人员对某生物技术有限公司仓库进行现场检查，查获48箱安宫康（聚维酮碘栓水溶性实芯缓释护理栓）、26箱20%聚醇醚碘溶液、52张聚醇醚碘国家提供商标识符（National Provider Identifier，NPI）标签，经调查核实，安宫康和20%聚醇醚碘溶液均未取得兽药产品批准文号，依法认定为假兽药。2019年8月14日，河南省新密市农业执法大队接相关人员举报，曲梁镇尚庄村九组有人在居民旧宅中私自生产兽药，该市农业执法人员查获兽药成品11个品种、原料药7个品种、包装材料标签3.6万张、包装盒900个、玻璃安瓿瓶92箱、生产设备6台、生产记录1份，当事人违法生产的假兽药货值金额214 677元，违法所得180 541元①。这些案件反映出我国生物安全防控法律法规的执行监督有待完善。

4. 部分执法人员对生物安全重视度有待提高

部分执法人员重视度不够是一个重要因素，导致一些重大疫病的瞒报和漏报现象依旧存在，疫病防控工作难以有效开展。例如，某些动物或动物产品在运往其他地方前，会对其进行检疫，只有检疫合格才能装车运输。但是当到达目的地以后，可能会因为某些因素的影响，导致动物免疫力降低或动物产品性质变化，所以应该进行二次检疫，但往往未执行，进而使一些疫病肉流入市场。此外，运输环节监管力度不够，经常导致违法收购行为不能得到及时纠正。一些贩运户直接到养殖场收购畜禽，随机性较大，检疫人员很难掌握。不执行凭产地检疫证明收购动物，收购后直接运输到交易地、屠宰场或外地；另外，检疫人员在公路上没有设点检查，因此使未经产地检疫的动物直接进入流通环节或屠宰场。

---

① 朱振营，薛振华，刘建华，等，2020. 查办假劣兽药案件有关问题思考［J］. 中国动物检疫，37（2）：42-45，48.

二、生物安全防控设施建设不足

生物安全防控不仅涉及意识、制度、操作等人为或制度方面，还涉及硬件建设方面，一些中小规模养殖场因为硬件设施达不到要求而使得生物安全成本居高不下。

1. 部分中小规模养殖场建设不规范

饲养环境的控制对畜禽疫病防治有很大影响，如温度、湿度、垫料、光照、通风、食具、饮水器等因素。任何一环做得不好，都可能会增加疫病发生的机会。因此，平时应注意环境用具的消毒，尽可能消除可预见因素的影响。一般新建场所较少有疫病流行，而老场所往往由于消毒清污工作做得不彻底导致潜伏病原多，疫病流行的风险较大，从而造成用药较多、生产成本高。

以猪场为例，一些猪场在村外建场已久，但随着村落向外发展，与村落的距离变近，另有部分旧猪场或散养户离农田、交通干线、居民住宅区或集贸市场太近等。场址选择直接影响周边自然与人居环境，猪场产生的臭气影响周边空气质量与居民健康，粪污与病死猪等废弃物影响土地与地表、地下水资源；同时，猪场也易受外界影响，在人口密集区域容易受到犬、猫、鼠、鸟等的干扰，更会增加消毒与防疫的难度，生物安全隐患可见一斑。

2. 部分养殖场内部划分利用不合理

猪场内部布局应结合当地风向，按各猪舍功能性与环境要求合理规划布局。但实际生产中，大部分猪场尤其是中小规模场并未能按照此种方式布局。有些猪场在建场时并未仔细规划，对生产区、生活区及无害化处理区等区域建设不全或不完善。比如，有的猪场并未建设无害化处理区，有的猪场区域之间没有隔离措施，甚至有的猪场由于养殖场面积小就将不同生长阶段的猪进行混养，还有部分猪场的猪舍距离过近。如果在建场规划时就留有安全隐患，那就相当于给未来的养殖工作埋下了一颗定时炸弹，等疫病来临时最先受到冲击的就是规划不合理的猪场。

3. 一些硬件设备缺乏

一些养殖场产品或药物试剂的贮存设备不足，如没有制冷设备，疫苗或兽药存放不到位，不能有效起到防疫作用；一些养殖场环保设备落后、缺乏或者运行不良，使得一些废弃物没有得到有效处理并流出养殖场，给环境带来危害的同时也增加了生物安全防控的难度；一些动物检疫设备缺乏，导致在检疫工作中工作人员多是根据经验等对动物进行观察并检疫，权威性不够。虽然部分屠宰场有检疫设备，但是设备的使用不够，且由于设备落后能检疫的项目较少。

三、生物安全防控制度建设不健全

1. 生物安全管理制度不完善

一些养殖场虽然建立了生物安全管理制度，但这些制度的建立往往是根据自己的理解以及其他养殖场经验建立的，有时可能存在某一环节过度防疫，而另一环节有所疏漏的现象。这会使得员工认为相关措施无效，从而在操作中执行不到位。比如，场内人员缺乏生猪常见的传染病和药品疫苗使用的基础知识；场外人员与车辆随意进出，缺乏登记；猪场的某些设备工具在不同猪舍之间轮回使用，员工在各猪舍之间来回工作；引种购猪时对猪只的隔离观察天数不够；猪场档案不健全，生猪销售、场内药品疫苗采购、病死猪处理、母猪生产及饲料采购加工等没有记录或记录不完善。规章制度是管理的灵魂，养猪场管理混乱增加了疫病发生的隐患，不利于生物安全防控。

2. 补偿制度不健全

补偿制度不健全极易使得养殖户不愿扑杀受感染的养殖畜禽，极有可能少报或不报疫情，使得疫病扩散化，给疫病防控带来不利影响。

补偿标准偏低。我国针对高致病性禽流感和口蹄疫的扑杀补偿属于定额补偿，补偿标准远低于被扑杀动物的实际价值。

补偿范围偏窄。①目前享受扑杀补贴政策的病种只有高致病性禽流感、口蹄疫、高致病性猪蓝耳病、小反刍兽疫、布鲁氏菌病、结核病、非洲猪瘟等，其中布鲁氏菌病和结核病的补偿也只针对奶牛，而其他危害重大的疫病，如鸡新城疫则没有扑杀补贴。②扑杀病畜过程中产生的人工、消毒和无害化处理费用，以及疑似染疫的相关产品（如禽蛋产品、奶产品、动物胴体和饲料等）的销毁费用都没有纳入补贴范围。

补偿效率低下。我国的扑杀补贴款由中央财政和地方财政按比例承担，地方政府在完成疫病情况评估、确定补偿的畜禽品种和数量、补偿资金审查、发放地方财政分担的补偿款等一系列环节后，还要将须由中央政府承担的补贴份额方案逐级上报至中央财政，在其审查后再逐级向农户补发中央补贴资金。在政府提供扑杀补偿的过程中，不仅涉及多个部门，消耗大量的人力和物力，而且对养殖户而言，补偿金不能及时到位，十分影响应急防控工作的时效性。

3. 部分制度的执行要求不严

生物安全防控涉及不同的政府部门，包括环保、动物监测、国土资源等，不同部门基于自身管理需要出台的法律制度不同，存在政出多门、无从适应的现状，而在监管上也是各负其责，这些导致相关疫病防疫监管存在点多面广、秩序混乱现象。如虽然现在不允许活禽在城市市场上销售，但在一些农村市场仍在销售。同时，禽肉市场检疫只能针对定点屠宰机构，而一些非定点机构的检疫存在很大疏漏。另外，一些制度的规定不具有约束性，如《动物疫情报告管理办法》第九条规定的内容"从事动物饲养、经营及动物产品生产、经营的单位和个人应当建立本单位疫情统计登记制度，并定期向当地动物防疫监督机构报告"只能算作其义务，不能算作他们的职责，缺乏约束力，在具体运作中得不到有效落实。

四、人才与技术支撑不力

动物防疫人员专业素质不高的问题是新型疫病防控面临的主要问题。同时，一些疫苗、饲料添加剂等技术还存在升级空间，对生物安全防控体系建设的支撑不够。

1. 兽医人才极度缺乏

首先，我国养殖业基层动物防疫应急队伍的职业素质和专业素质普遍较低，同时缺乏实战经验，联防联控意识淡薄，甚至有一些防疫人员不能按规定和要求开展工作，疫病防控措施落实不到位。其次，基层动物防疫往往位于农村，工作辛苦劳累，待遇差，导致大多年轻人不愿从事动物防疫工作，致使基层防疫人员出现断层和青黄不接的现象。再者，通过村级推荐的防疫人员大多缺乏系统完整的防疫知识，业务能力较低，不能满足防疫工作需求[1]。如动物防疫相关的技术规范、操作规程、细节处理、法律法规不熟悉，只按照以往经验进行简单的处理，并没有充分掌握所涉及的各种疫病，常导致诊断不准确、不全面，无法全面落实。

部分动物检疫部门检疫人员的专业技能以及综合素质偏低。在进行检疫的过程中，一些检疫人员为了获取利益，甚至胡乱收取超额检疫费用。另外，在面对疫情时，因缺乏扎实的专业知识，一些检疫人员往往无法及时进行诊断。因此，对于动物检疫工作质量的提升来说，检疫人员综合素质低下是一个严重的阻碍因素。

2. 现有疫苗不能有效发挥动物的免疫潜力

使用疫苗、诊断试剂、药物是畜禽疫病防控的最有效措施。针对畜禽重大传染病病原，要重点开展基因缺失标志疫苗、基因工程活载体疫苗和核酸

---

① 刘衍海，臧达昊，2018. 加强畜牧兽医队伍建设促进畜牧业发展［J］. 今日畜牧兽医，34 (5)：46.

疫苗等具有广阔应用前景的新型基因工程疫苗的研究；同时，针对健康安全养殖的新需求，也要大力开发微生态制剂、中兽药和生物治疗制剂等新型绿色防控产品。有的厂家在生产疫苗时未按《中华人民共和国兽药管理条例》《兽用生物药品管理办法》等有关规定执行，导致疫苗中含有强毒或疫苗毒力不够，造成免疫效果差或者免疫失败。疫苗在运输和贮存过程中，冷链系统不完整也可能降低效价。免疫操作过程不规范，也会对免疫效果产生影响。如在免疫接种过程中，将皮下注射误作肌内注射，或在滴鼻点眼接种时将疫苗滴错了位置；人为增加免疫剂量，导致疫苗接种量过高；对注射器和针头等用具消毒不严格；疫苗在使用过程中稀释不当或者稀释后没有在规定的时间内用完；免疫管理不善；对畜禽造成应激，如过冷、过热、惊吓、粗暴捕捉、混群及改变饲养方式等，都会使免疫后达不到预期效果。

3. 饲料及添加剂的生物化程度不高

我国的饲料安全问题受到饲料原料自身带毒、人为用药和传染病等多因素影响，具有隐蔽性、长期性和复杂性等特性，主要有饲料中添加药品、饲料药物添加剂超标、动物源性饲料滥用、饲料卫生指标超标和假冒伪劣产品等生产问题[1]，对动物健康造成了影响，不利于畜禽养殖的绿色发展。

综上所述，动物防疫工作的完善是保证畜禽动物食品安全的重要保障，为保证人们食用安全、健康的畜禽食品，必须优先做好动物防疫工作，从源头对畜禽疫病进行遏制，防止患有疫病的动物流入市场。工业化生产带来的直接影响是环境恶化，环境质量降低对动物防疫工作质量也会造成较大的影响，如动物质量整体下降，且饲养成本不断提升。因此，只有坚定绿色的发展方向，充分做好动物防疫工作，尽可能提升动物产品质量，才能切实、有效地从根源上解决问题。

第四节　生物安全防控战略举措

畜禽养殖绿色发展生物安全防控战略在于以构建全面的生物安全防控体系为目标，以预防为主、防治结合为方针，以强化疫苗研制使用、生物兽药研发和动物福利行为为战略任务，全面推进技术和标准升级、养殖模式改进，具体措施如下。

---

① 刘攀峰，2020. 畜牧养殖中的饲料安全问题及解决对策 [J]. 畜禽业，31 (5)：32.

一、强化养殖场（户）生物安全防控

1. 强化养殖场生物安全防控意识

实时报道畜禽疫情与疫苗研究的最新进展，通过网络媒体与政策法规等手段展开科学宣传，阐述实施生物安全的重要性、必要性与有效性，培养养殖场的防控意识，引导其重视并采取生物安全措施。目前，养殖场生物安全水平参差不齐，政府也要相应地支持、引导与鼓励养殖场完善生物安全措施，对不同养殖场视其规模分别进行不同额度的补贴，即养殖规模越大，补贴力度越大。由于养殖场在规模、资金、技术等方面有所差异，因此政府可联合畜牧兽医部门针对不同规模养殖场规定相应的生物安全防控设施，规模越大其生物安全设施应越完善。

2. 建立生物安全防控标准规范

支持规模养殖场全部建立"一场布局、二段饲养、三级洗消、四流管控、五区划分、六色线路"的"六部曲"生物安全体系建设标准①。以生猪养殖为例，其中，"一场布局"是指把猪场作为一个防疫整体，从整体上把控猪场的生物安全防控，场址选择和布局符合《农业部畜禽标准化示范场管理办法》的要求，地理位置选择背风向阳且水源充足处，距离主要公路、屠宰场、动物医院、养殖场等 3 000 米以上；距离公共场所、居民区、城镇、学校等 2 000 米以上；距离主要河流 1 000 米以上。"二段饲养"是指所有猪场必须分两个阶段饲养，根据"全进全出"的隔离饲养管理制度，以"分点饲养"为措施，把处于不同生长阶段的猪进行隔离、分群饲养；其中育肥场分保育阶段（断奶至70 日龄）和育肥阶段（70 日龄至出栏）两个阶段分别进行隔离饲养；繁殖场分为"头胎线（头胎区）"与"经产线（经产区）"两个阶段分别进行隔离饲养。"三级洗消"是指规模化猪场设置"一级洗消通道，二级洗消、烘干站，三级预洗区"的三级清洗消毒流程，选择醛类、酚类等高效消毒剂用于车辆消毒，以防场外病原微生物"侵入"，从而更好地落实猪场的生物安全防控。"四流管控"是猪场对"人、车、猪、物"的管理与控制，从以上四个方面切入，为猪场的生物安全防控提供保障。"五区划分"是指在场部划分"隔离区、办公区、生活区、生产区、无害化环保区"5 个区域，进行综合管理。"六色线路"是用不同颜色把猪场"人、车、猪、物"的流动与运输道路加以标识，形成专用路线，防止交叉污染，各线路按照要求定期消毒，同时还要做好生产用

---

① 王闯，刘建；孙勇，等，2021. 非洲猪瘟环境下规模化猪场"六部曲"生物安全体系的构建[J]. 黑龙江畜牧兽医（4）：18-21.

水的管控与雨污分流〔绿线是场内工作人员通道；黄线是场外饲料车路线；蓝线是场内饲料车路线；紫线是猪流通道路（猪在场内转移用紫色实线道路，猪出场的道路为紫色虚线道路）〕；黑线是污道（实线是粪污、病死猪的运输路线，虚线为污水处理通道）；白线是场内雨水、净水流向。

3. 鼓励养殖场设施革新

鼓励养殖场从选址、场区出入口与场内布局三个方面构成由外到内的生产基础设施体系。从建场时就应考虑选址，除了地势、温湿度、降水量及风向等自然因素外，还需充分考虑与居民区、交通干道、其他养殖场、河道、屠宰厂及集贸市场等的距离。科学选址是保障外部生物安全的重要前提，需要考虑周密。场区出入口是连接场内外的重要通道，入口管控是为防止病原进入，出口管控是为防止病原传播。在实际生产中牢牢把握员工、访客、外购猪、饲料等的出入口，在出入口配置消毒设备。尤其是生产区出入口需要严格管控，做好人员与物资的消毒工作，可配备消毒池、消毒垫或喷雾消毒装置。场内布局是防控病原传入的最后一道防线，要有合理性，主要涉及生活区、生产区、废弃物处理区。对最容易传播病原的废弃物处理区与隔离区一定要科学设计，粪污无害化处理要与生产规模相适应，隔离区的位置要相对独立且远离生产区，结合风向对区域布置科学规划。

4. 因地制宜选择无害化处理方式

畜禽无害化处理是指以物理、化学或生物的方法消灭病原，主要涉及粪污及病死尸体的处理，这是对人畜安全的必要保证。如猪场的粪污无害化处理方式为生产沼气/有机肥及直接还田、深埋等。粪污处理方法分为产前、产中与产后，产前强调优化饲料配方，从源头上减轻粪污处理的压力，常用饲料化技术，诸如干燥法、发酵法、化学药剂处理法等；产中强调加强管理，防止粪污流失；产后强调粪污资源化利用或能源化利用。常用的粪污无害化处理方式包括肥料化技术、能源化技术、热解技术等，其中肥料化技术包含堆肥化技术、填埋法、生物发酵处理法等；能源化技术包含直接燃烧利用、沼气化利用、发电利用等；热解技术是生物化学反应，通过控制含氧量，对生物质进行热解得到生物炭，过程较为复杂。农业农村部提供了病死猪的5种无害化处理技术，主要包括焚烧、深埋、化制、高温及硫酸分解法。综上，科学、合理的无害化处理方式只有结合地域、经济、养殖规模、技术等条件因地制宜地开展，才能发挥最大效益。

二、加快新型疫苗试剂研用

传统疫苗在传染病预防方面的作用也已被认可，但是目前疫苗无论在质量、贮存方面，还是在接种安全、效果及程序方面都存在着一系列问题，这就迫切需要研发并推广新型疫苗，来弥补传统疫苗的不足。

1. 实施重大传染病疫苗研发计划，加快生物疫苗研制进度

随着生物技术的进一步发展和推广应用，以及我国疫苗行业科技水平的进一步提高，现代生物技术疫苗将成为新型动物用疫苗的主体。目前的新型疫苗主要包括亚单位疫苗、病毒载体疫苗、细菌活载体疫苗、转基因植物可饲疫苗、核酸疫苗等，具有低成本、高产量、易制备和安全性好等优势，在充分增强畜禽免疫潜力的同时，低剂量注射也能获得良好的免疫效果，并且免疫保护时间长。因此，开发速效、高效、长效的新型基因工程疫苗不仅是未来动物用疫苗研究的重要方向，更是未来绿色疫病防控不可或缺的一环。

今后应加快实施非洲猪瘟、口蹄疫等重大动物传染病疫苗研发计划，形成比较完备的疫苗研发布局，攻克并掌握一批动物疫苗研发核心技术，开发出安全、有效的动物疫苗产品。包括建设 CHO 高效表达平台、杆状病毒载体表达平台、反向遗传学技术平台等新型疫苗研发与创制平台，为后续新型基因工程疫苗研发提供技术支撑；围绕大型生物反应器全悬浮无血清培养技术、载体悬浮培养及放大技术、抗原大规模高效纯化技术和新型佐剂及免疫增强剂技术等多个行业共性关键技术进行攻关研究；持续开展工艺技术的研发及升级，开发新的免疫佐剂以及疫苗传递系统等，不断提升疫苗质量；构建成熟、高效的商业化疫苗接种体系等。

2. 实施新型诊断试剂研制计划，实现精准快速诊断

疫病诊断技术是传染病早期预警、风险管理工作的基础，是疫病诊断、疫情监测的根本保障，也是疫苗免疫效果评价的依据，是有效控制动物疫病的前提。国内禽用诊断试剂市场从 20 世纪 90 年代初起步，一些重要疫病的诊断产品已逐渐成熟，对我国重大、重要禽病防控起到了积极的作用。但与国外禽用试剂盒相比，在产品种类、产品技术和稳定性方面还有明显差距，产品原理主要以血凝试验、血凝抑制试验、琼脂扩散试验、乳胶凝集试验、凝集抑制试验等为主，技术含量低，生产工艺较落后。鉴于重大禽病防控需求，29 个产品中有 16 个用于禽流感的诊断，产品种类过于集中，且大部分都无法早期诊断出疫病。因此，随着养殖业集约化程度的提高、养殖规模的迅速扩大，如今的检测诊断产品已无法满足生产需求，对疫病快速、精准、鉴别、高通量等检测技术及相关诊断制品的需求将进一步加大。同时，检测试剂配套设备、试剂盒生产工艺、质量控制与标准物质、远程网络诊断技术平台也是未来检测技术研究的趋势。

芯片检测技术、核酸适体自动化筛选技术、恒温扩增基因芯片技术、微流控芯片等新技术具有特异性好、灵敏度高、高通量等优点，被广泛应用于病原检测等领域，许多国家都建立了可同时检测大量病原的芯片检测平台，并向定性和定量方向发展。我国虽然也开始了可视化芯片、恒温扩增基因芯片等技术的研究，并取得了一定进展，但受技术工艺和检测成本的限制，还没有被广泛应用。下一步我国应该加速研究高新诊断检测技术，以满足早期诊断和快速检测的要求。

3. 实施兽药替代计划，加快绿色兽药制剂研制进度

兽药对畜禽疫病预防、诊断、治疗有重要作用，但目前使用还存在着许多缺点，如残留现象十分严重。当在动物体内残留时，药物以原形或代谢物形式随粪、尿等排泄物排出，或动物产品加工的废弃物未经无害化处理而排放于自然界中，污染土壤和水源，破坏生态环境，并通过食物链长期累积，最终危害人体健康。另外，有些兽药极易使畜禽产生耐药性，疗效会逐渐减弱甚至消失。因此，兽药的创新与优化，应该是绿色发展与创新中不可忽视的一项。

首先，加强新型绿色兽药的研发，使其满足无残留、疗效好等要求。其次，利用现代生物技术对抗菌药进行改良，通过改变其结构、优化剂型和给药方式等，增强效力，降低耐药性和毒副作用。最后，加快中兽药产业的发展，中兽药具有良好的天然性、多功能性、无污染、毒副作用小、不易产生耐药性和药物残留等优点，具有多组分、多功能、多靶点、标本兼治、整体系统防治等优势。然而，当前中兽药制剂存在来源复杂、成分复杂、作用机理复杂、生产复杂和剂型单一等诸多问题，应建立统一的中兽药产品质量控制、药理、毒理及临床防治效果的科学评价标准，并应用现代生物医药科学技术对中兽药的作用机理等进行研究，明确有效成分及其防治效果。同时，加强研制中兽药制剂新剂型，使其质量稳定、服用方便、易于贮存与运输。

4. 推行兽药减量和禁抗计划，施行畜禽安全用药

动物源性食品中的残留药物可通过饮食直接蓄积于人体，或通过环境释放蓄积到其他植物中并最终以各种途径汇集于人体，从而导致人体内正常菌群的耐药性发生变化及出现慢性毒性作用，引起多种器官病变，主要表现在变态反应、过敏反应、免疫抑制、致畸、致癌、致突变等。为此，联合国粮农组织、世界卫生组织和美国食品与药品管理局等先后出台了在食用动物饲养过程中禁抗的相关法令。我国农业农村部近年来也高度重视兽用抗菌药的综合治理，加大力度推进药物饲料添加剂退出行动、兽用抗菌药使用减量化行动、规范用药宣教行动，以及兽药残留监控、动物源细菌耐药性监测等。

截至 2020 年，每年安排国家兽药残留监控计划约 9 000 批，对主要畜禽产品中的十五大类中的 79 种兽药残留进行检测；每年安排国家耐药性监测计划，监测 10 种动物源细菌对 52 种兽用抗菌药的耐药性；通过宣传、培训普及兽用抗菌药科学安全用药知识，在全国范围内启动实施了科学使用兽用抗菌药百千万接力公益行动和兽用抗菌药减量化使用科技下乡集中宣传活动，覆盖 2 万多个养殖场；对无抗产品自愿性产品认证规则由认证机构自行备案；开展了相关标准研制和经营环节监管等工作。总体而言，我国兽药减量和禁抗工作进展良好，今后需在总结近几年推进兽药减量和禁抗工作的基础上，会同有关部门不断完善政策顶层设计，研究兽用抗菌药使用减抗、养殖业投入品替抗等系列课题，持续开展饲料中抗菌药检测相关标准的制定和修订等；同时，鼓励支持有条件的地方加快实施养殖业减抗等行动，并给予相关养殖主体财政政策扶持和用药指导等技术服务；持续加强认证监管和经营环节中畜禽产品质量安全监管工作，促进养殖业健康发展。

三、完善生物安全监管与卫生体系

1. 完善畜禽生物安全监管体系

落实政府及有关部门生物安全防控监管责任。如对所在地区的养猪场做好监管检测工作，加大监管力度，严厉打击生猪违规偷运现象，严禁养猪场乱排乱放，严格审批规模猪场选址布局规划，对不符合条件的养猪场责令其完善整改或关停。在此基础上，建议制定生物安全政策法规，规范生猪养殖行为，要求"养则必建"，即养猪场不论规模大小都必须建设生物安全防控设施，督促养猪场做好疫病防控工作，提高区域整体生物安全水平。各级政府应与畜牧主管部门展开合作，加强基层防疫体系专业队伍建设，认真开展生猪疫病调查与研究，增强监督管理力度，结合区域实际情况制定有效的生物安全防控措施，为生猪产业打造安全、健康的养殖环境。

2. 完善公共安全体系

人兽共患病等公共卫生问题对人类和动物的健康危害严重，应切实采取有力措施加强公共卫生体系建设，积极发挥兽医在人兽共患病源头防控、动物源性食品安全源头防控等方面的作用，扎实推进健康中国战略。要完善兽医公共卫生体系建设，应落实以下几点：一是加强兽医公共卫生领域人才培养，建设兽医公共卫生领域科技人才体系；着力提高兽医公共卫生领域人才数量和教育质量，加快相关院校、专业向培养兽医公共卫生领域基础人才和高精尖人才转型；建立兽医公共卫生领域高校学生和研究生实践训练基地，增强兽医公共卫生领域战略科技人才创新能力。二是加大兽医公共卫生研究领域的科研投入，针对会给国民经济和公共卫生带来重大影响的动物疫病和人兽共患病，开设疫情预警监测、病原溯源、疫苗和药物研发等专项课题支持，鼓励产学研有效联动，最大条件地保障兽医公共卫生领域的科技力量。三是基于大数据时代下的信息化和智能化，打造兽医公共卫生发展新平台，充分发挥大数据、人工智能、云计算、区块链等数字信息技术的功能，加快畜牧业产业链各链条间的信息流通共享，在疫情态势分析和防控策略分析等方面形成合力。四是完善法制保障，加快推进基层兽医公共卫生体系的有效运转，推动疫苗、药物、检测试剂等在科研与应用中的协同发展，推进科研、科技与科普在疫情监测分析、病毒溯源、防控救治、资源调配中的应用协同，实现疫情溯源、诊断、救治、防控多方面合力攻关，确保基层兽医公共卫生体系有效运转。

第九章
绿色饲养战略 ▶▶▶

绿色饲养是从养殖模式与具体操作方式上采取低碳、节能、环保的技术与方法，不断增加畜禽养殖绿色产品的供给和对环境造成较少的损害。绿色饲养是坚持绿色化发展方向，高效综合利用投入品、生产安全产品的过程。本章从投入产出过程以及投入品、产品来分析绿色饲养。

第一节　绿色饲养发展现状

绿色饲养包括安全产品产出、投入品质量、转换过程等，只有投入品质量较好、生产过程安全高效，才能生产出较高质量的畜禽产品。

一、绿色认证生产资料和产品增加但绿色消费不足

1. 绿色认证生产资料和产品不断增加

畜牧生产领域绿色生产资料的开发应用对于畜牧业持续健康发展具有重要意义。绿色食品生产资料是指获得国家法定部门许可、登记，符合绿色食品投入品使用准则要求，可优先用于绿色食品生产加工，经中国绿色食品协会核准并许可使用特定绿色生产资料标志的安全、优质、环保生产投入品的统称。近年来，我国关于绿色认证生产资料的法规制度日臻完善，2015 年中国绿色食品发展中心发布《中国绿色食品发展中心关于推动绿色食品生产资料加快发展的意见》，积极推动绿色认证生产资料加快发展。后来又相继出台了《饲料和饲料添加剂管理条例》（2017 年 3 月）、新版《饲料卫生标准》（2017 年 11 月）、新版《饲料添加剂安全使用规范》（2017 年 12 月）等规范性文件，其中《饲料卫生标准》涵盖 5 类 24 个有毒有害项目、164 个技术指标，其中 80% 达到全球最严的欧盟标准水平。

2014—2019 年，中国绿色食品生产资料获证企业数量呈现缓慢上升趋势。

2019 年有 170 家，比 2018 年增长 11.11%。其中，肥料获证企业数量 85 家，饲料及饲料添加剂获证企业数量 38 家，兽药获证企业数量 1 家，食品添加剂获证企业数量 11 家（表 9-1）。

表 9-1 2014—2019 年中国绿色食品生产资料获证细分企业数量结构（个）

种类	年份					
	2014	2015	2016	2017	2018	2019
肥料	53	52	64	69	84	85
农药	7	6	11	18	18	35
饲料及饲料添加剂	18	21	24	29	33	38
兽药	—	—	—	—	1	1
食品添加剂	18	22	21	16	17	11
其他	11	11	1	—	—	—
合计	97	102	121	132	153	170

资料来源：中国绿色食品发展中心。

由表 9-1 可以看出，作为绿色食品产业发展重要物质保障的绿色食品生产资料（简称"绿色生产资料"），其开发和应用却明显滞后，存在总量规模较小、推广力度不够等突出问题，已成为我国绿色食品产业发展的一个重要制约因素，需要引起各地的高度重视，以便采取有效措施，积极推动绿色生产资料加快发展。

2. 绿色畜禽产品消费滞后

经过 20 多年的培育和发展，绿色食品已经成为我国优质、安全农产品和食品的精品品牌，绿色食品产业已经成长为一个规模巨大的新兴产业，绿色食品发展模式已经在示范引领农业标准化生产和环境友好型、资源节约型农业中发挥了积极的作用。在绿色产品方面，2019 年中国有绿色食品获证产品 14 699 个，同比增长 10.39%。其中，肥料获证产品 190 个，农药获证产品 140 个，饲料及饲料添加剂获证产品 211 个，兽药获证产品 1 个，食品添加剂产品 16 个（表 9-2）。

表 9-2 2014—2019 年中国绿色食品生产资料获证细分产品数量（个）

种类	年份					
	2014	2015	2016	2017	2018	2019
肥料	99	94	119	133	184	190
农药	21	20	37	66	65	140
饲料及饲料添加剂	92	99	80	116	153	211
兽药	—	—	—	—	1	1
食品添加剂	30	30	30	17	23	16

（续）

种类	年份					
	2014	2015	2016	2017	2018	2019
其他	1	1	1	—	—	—
合计	243	244	266	332	426	558

资料来源：中国绿色食品发展中心。

但中国居民对绿色食品的消费严重不足。据全球有机农业发展报告显示，亚洲供给了全球41％的有机农产品，但其消费严重不足，而欧美则消费了全球70％的有机农产品。我国居民前些年发展社区支持农业、有机农场等农业经营模式，供城市居民消费绿色食品，但其所占份额极小，尤其是畜禽产品中的绿色食品数量更少，不足全部产量的1％。

二、饲料配方技术进步但优质蛋白质及牧草资源缺乏

1. 饲料配方技术不断发展

据 FAO 统计，全球畜牧业产值占世界农业总产值的40％，约维持13亿人的生计，并为全球提供约1/4的蛋白质来源。但畜牧业也是造成环境污染的主要行业之一，其占农业对温室气体排放贡献率的50％，占全球温室气体排放率的14％。在我国，畜牧业占农业造成水体氮污染贡献率的41％。伴随人类对美好生活的不断追求，对肉蛋奶的需要量必将持续增长，但这也对环境保护提出了更加严峻的挑战。因此，开发更加绿色和安全的饲料配方是平衡这种矛盾的方向。饲料营养调控是一种从生产源头上来缓解畜禽对环境污染的策略，具有促进畜牧业可持续发展的现实意义。我国饲料配方技术取得的重要发展如下：

一是开发出低氮排放的饲料配方技术。包括提高饲料蛋白质的利用率和饲料中蛋白质的消化率两方面。在饲料中添加适量的蛋白酶（胃蛋白酶、胰蛋白酶和木瓜酶），可使蛋白质的利用率由80％提高到85％，粪氮排放减少20.6％，尿氮排放减少38％，从而降低了排泄物中氮的含量。二是已开发出低磷排放的饲料配方技术，畜禽生产中向环境排放的磷主要来源于饲料中未被消化的植酸磷、人工补充的磷酸二氢钙和磷酸氢钙等添加剂。在日粮中补充500单位/千克的植酸酶可使仔猪粪尿中的磷含量下降31.3％，氮含量下降5％。三是已开发出降低微量元素排放的饲料配方技术，通过应用有机微量元素替代无机微量元素来降低畜禽对微量元素铜、锌、铁的排放。50％有机微量元素的替代能使粪中铜、锌和锰的含量降低51.78％、21.71％和16.82％。已开发出降低臭气排放的饲料配方技术，调整营养物质的利用率及微生物的组成和活力，以减少臭气的

产生。如植物性除臭剂（包括丝兰属植物、大蒜、中草药和茶叶提取物等）以其安全、环保和高效的特点，有着其他除臭剂无法比拟的效果，已成为当前除臭剂开发应用的热点。四是已开发出降低甲烷排放的饲料配方技术，畜禽排放的甲烷主要来自反刍动物瘤胃中产生的甲烷。降低甲烷产生主要分为降低瘤胃氢气的产生、降低瘤胃产甲烷菌的数量和活性、争夺氢气添加剂的使用等。已开发出消减畜禽排泄物中耐药基因的饲料配方方案，饲料中禁用抗生素是削减畜禽生产中产生耐药基因对环境造成危害的最有效方法，农业农村部已明确规定 2020 年全面禁止在饲料中添加抗生素。从依靠抗生素转为有机饲养的家禽养殖场中禽粪肠球菌的多重耐药率从 84% 下降至 17%。预期随着饲用抗生素的退出和替抗方案的全面推广应用，耐药基因的传播和扩散将被遏制。

2. 蛋白质饲料及苜草资源对外依存度高

据国家统计局数据表明，2020 年我国大豆进口量 10 033 万吨，较 2019 年增长超过 1 000 万吨；2019 年我国燕麦进口量达 24.09 万吨，进口金额为 8 636.82 万美元，同比增长 8.3%；2019 年苜蓿进口量 135.6 万吨（进口金额为 45 982.72 万美元），紫花苜蓿粗粉及团粒进口量近 3 万吨（进口金额为 797.4 万美元）。因此，积极发展木本饲料是缓解我国蛋白质饲料缺乏的重要举措之一[①]。非常规饲料资源包括农作物副产物、木本饲料、糟渣类和饼粕类、农副产品、食品加工的下脚料等。其中，木本饲料包括桑树叶、构树叶、槐树叶和松树叶等，是很好的蛋白质补充料。但我国木本饲料因其开发及生产、加工、利用等方面技术不成熟，存在许多不足，因此转化效率较低。加大对木本饲料的研究，主要包括木本饲料植物调查、营养价值和饲用价值评价、栽培技术、良种选育、抗营养因子的分析、贮存、加工及粮果间作种植模式等，能够有效提升非常规饲料的利用率。

优质饲草的充分供应是保证动物健康、快速生长的基础。我国常规的饲草资源主要来源于天然草场、人工草地、林间草场、饲用作物、农作物秸秆和农林副产品。近年来，随着市场对肉蛋奶需求量的不断增加，传统的"秸秆＋精饲料"已难以为继。据了解，我国草产品加工企业共 300 余家，大型企业不足 10 家，且多集中在北方，南方目前没有规模化的饲草加工企业。海关总署的数据表明，中国的饲草进口量还在增加，数据显示，2020 年饲草料进口 169 万吨，其中主要为苜蓿干草。2020 年我国燕麦进口量为 213 490 吨，同比下降 3.1%；出口量为 77.4 吨，同比下降 10.4%。虽然国内苜蓿和燕麦生产总量

---

① 陈鑫珠，刘景，陈炳钿，等，2020. 非常规饲料资源的开发利用成效分析与发展对策 [J]. 中国草食动物科学，40（1）：56-60.

在逐年增加，但却无法满足养殖规模对牧草的需求量。因此，我国现阶段且在较长阶段处于饲草料不足特别是优质牧草不足的情况，非常规饲料尤其是蛋白质饲料的开发和高效利用是畜牧业可持续发展的有效途径之一（表9-3）。

表 9-3　2015—2020 年中国部分饲料原料的进口量（万吨）

年份	大豆	玉米	苜蓿干草	紫花苜蓿粗粉及团粒	其他饲草料
2015	8 169	473	121.4	2.2	136
2016	8 391	317	146.3	3.19	169
2017	9 553	288	139.8	3.76	182
2018	8 803	352	138.4	2.95	168
2019	8 851	479	135.6	2.98	160
2020	10 033	1 130	—	2.84	169

资料来源：农业农村部信息中心。

饲料原料供应紧张导致价格上涨。据农业农村部畜牧兽医局监测，玉米价格连续 3 年上涨，2020 年全年集贸市场均价为 2.31 元/千克，较上年涨 10.9%；截至 12 月，玉米价格涨至 2.6 元/千克，年内累计上涨 24.5%。豆粕价格低位上涨，全年集贸市场均价为 3.32 元/千克，较上年涨 2.7%；截至 12 月，豆粕价格涨至 3.46 元/千克，年内累计上涨 6.2%。大豆全年进口量超过 1 亿吨，较上年增加 13.3%，国内豆粕整体供应充足，国际大豆期货市场价格上涨。鱼粉为近 6 年内最低价格，全年集贸市场均价为 11.88 元/千克，较上年下降 1.3%；截至 12 月，鱼粉价格降至 10.77 元/千克，年内累计下降 12.7%（图9-1）。

图 9-1　2010—2020 年中国主要饲料原料价格走势
（资料来源：农业农村部畜牧兽医局）

三、规模化养殖发展迅速但种养结合不足

1. 规模化养殖率不断提升

前文已述，我国生猪、蛋鸡和奶牛养殖规模化程度逐渐提升（图3-28）。规模化养殖有助于养殖户的成本控制、疫情防控、污染治理以及提升畜产品品质，促进绿色发展。以河南省生猪养殖为例，截至2021年底，全省年出栏生猪500头以上规模的猪场有2.0万家，其中年出栏万头以上的猪场有454家，其中年出栏5万头以上的猪场有96家；散养户从2016年的104万户下降到2019年的41万户，全省生猪规模养殖比重达70.8%。全省前20强企业生猪存栏量占全省存栏总量的近1/4。牧原食品股份有限公司的生猪存出栏量均居全国第一，正大集团、新希望六合股份有限公司、温氏集团、天康宏展食品有限公司等龙头企业纷纷在河南省布局，河南丰源和普农牧有限公司、河南裕嘉农业发展有限公司等省内一批新兴企业快速成长。

2. 种养结合发展不足

种养结合有助于统筹畜禽养殖、农业生产发展与生态环境保护、推进绿色发展战略的贯彻实施等。以河南省为例，近年来，种养结合水平不断提升，秸秆饲料化利用水平稳步提升，畜禽废弃物资源化利用水平持续提升，规模养殖场粪污资源化利用率达75%，种养结合绿色发展能力进一步增强，已培育出漯河等5个生态畜牧业示范市、林州等10个国家级畜牧业绿色发展示范县、1 700个种养结合示范场。但是仍然存在种养结合不足问题。

一是种养循环渠道不畅。过去传统农业生产是"一栏猪、十亩田"，形成了"人养猪、猪养田、田养人"的种养结合循环发展模式。随着经济社会发展，社会分工更加细致化，出现了养殖不种田、种田不养殖、种养主体分离的情况，而且随着养殖规模化水平和种植规模的快速提升，这种种养分离的趋势更加明显，客观上阻断了种养结合循环发展的路径。

二是秸秆和玉米资源饲料化利用水平低。目前河南省牛羊规模养殖比重约30%，牛羊肉产量占全省肉类总产量的15.6%，草食畜禽饲养量少，对秸秆资源的利用能力不足。2016年河南省畜牧业生产需用玉米1 200万吨左右，虽然总产量达到了1 752万吨，但用于畜牧业生产的只有840万吨，其余的360万吨从东北等地外调，主要原因是饲用品质相对于东北玉米不高。另外，河南省秸秆收、储、运、加体系不健全，特别是大型高效收割、粉碎运输机械数量少，如果再遇上秋季雨水天气，则严重影响青贮玉米作业，秸秆饲料化利用率不足秸秆总量的1/3。

四、机械化发展较好但智能化发展不足

1. 畜禽养殖机械化发展良好

新中国成立以来，我国畜禽养殖机械化装备从无到有、由粗到细，成绩斐然。据国家产业技术体系专家测算，2015 年我国六大主要畜种规模养殖装备原值达 2 585 亿元，约占农业机械原值的 27.5%。全国从事养殖装备制造的企业超过 1 000 家，山东、河北、河南、广东等地区相对比较集中。据中国农业机械工业协会数据，全国规模以上畜牧机械生产企业主营业务年收入 125.05 亿元，占规模以上农机企业主营业务收入的 2.8%。

农业农村部推广了 20 个畜禽养殖机械化促进绿色发展的案例，以江苏宇航食品科技有限公司为例，该公司自有优质奶源基地——东丰牧场，位于东台镇东丰村，占地 8 万米^2，建筑面积 3 万米^2，现有存栏奶牛 880 头。牧场自建成以来，基于自身产业结构转型升级和向高质量发展的要求，公司先后投资 3 500 万元实施基础设施升级，添置设施装备 500 多台（套），加快推进畜禽养殖的机械化、智能化。公司先后购置进口 TMR 饲料制备机、电动发料机、推料机等机械设备 10 多台（套），并培养技术能力强的员工，进行定时定点饲喂，轻松解决饲喂工作量大、人畜接触存在防疫隐患等问题。奶牛饲喂人工作业被机械化作业替代后，一是提高了饲料的混匀率（提高到 95% 以上），确保了粗、精饲料混合充分，饲料浪费率减少 50% 以上；二是饲料分配牛的均衡率得到了大大提高（达 90%），为形成体格健壮、膘情良好、结构合理的牛群整体素质奠定了基础；三是全场至少减少用工 15 人，年节约劳动力成本 105 万元以上。

2. 智能化发展不足

智能化理念及技术的出现改变了现代社会的发展模式。随着时代的不断进步，传统养殖业的发展模式已经不能满足实际需要，机械化技术、自动化技术、智能化技术在养殖业中的应用是大势所趋。智能化养殖不仅是满足消费者对产品品质安全需求的必然选择，而且可以降低生产者的投入成本、提高管理效率、保证产品质量，更有助于节能减排，达到环保的硬性要求，履行自身的社会责任。但我国智能化养殖处于发展的初级阶段，智能化水平还不高。以河南瑞昂科技有限责任公司为例，其开发的生猪液态饲喂系统大大提升了饲料利用效率，显著降低了料重比和猪的发病率。但该套设备使用时要求猪场的起始饲养规模为 2 000 头，资金投入规模约 200 万元。高资金投入限制了一些中小养殖场对这套设备的推广应用，也降低了行业整体的智能化水平。

第二节　绿色饲养制约因素

绿色饲养面临着来自绿色技术、养殖模式、资源禀赋、体制机制等方面的制约。

一、绿色技术制约

绿色饲养成本较高，最基本的还是技术问题，提升绿色饲养技术是促进绿色发展的关键。

1. 饲料加工技术有待提高

我国的饲料加工多停留在以粉碎、制粒为主，液态饲喂发展不足的层面。粉碎工艺是饲料加工的主要方法之一，运用粉碎工艺所生产的饲料占到市场饲料的70%左右，很多养殖户选择粉碎工艺生产的饲料。原料粉碎粒度越小，与消化酶的接触面积就越大，消化率就越高。但原料粉碎粒度过细，一方面增加能耗，降低生产效率；另一方面使动物胃角质化和胃溃疡的发生率增加。科学控制好粉碎粒度有利于动物吸收，是加工工艺的最基本要求。制粒工艺是将原饲料进行重新加工、分解、加热、合成，其对工艺技术含量的要求较高，对饲料原材料的质量要求也较高。在制粒加工中，原材料经过热处理后其本身的纤维结构会受到破坏，破坏后会将原材料进行重组，饲料中的脂肪含量会受到明显的影响，水热处理会降低原材料中的不饱和脂肪酸。因此，在加工过程中会加入一些抗氧化剂，以减少饲料中营养成分的分解。粒制工艺会让原材料中的脂肪、蛋白进行重组，提高饲料中的蛋白质含量和质量，有利于动物吸收；但同时，也会对饲料中的氨基酸和脂肪结构造成影响，而氨基酸、脂肪和原材料中的相关成分发生反应产生的化合物不仅不能被动物吸收，而且会对肠胃造成一定的负担，影响了动物的肠胃功能。虽然制粒工艺所生产的饲料有明显优势，但也存在明显缺陷，如粗纤维虽然能够促进动物肠胃消化，但却破坏了原材料中的纤维结构。

发酵、膨化、熟化等技术可大大提高饲料的消化率。膨化工艺是饲料加工中最常用的一种工艺，是通过螺杆式挤压膨化机，将饲料原材料加湿、加温，多次挤压使其膨胀，体积变大，进而易于动物消化和吸收。膨化工艺主要分为干膨化和湿膨化，根据饲料不同的物理特点选择不同的膨化手段，让饲料原料在膨化后质量有所保证。膨化加工能够提高饲料的含水量和适口性，让动物更加容易接受，对一些挑食的动物也比较适合。生产膨化饲料时要科学选择原材料，深入了解各种原材料的物理性能，这对改进饲料膨化工艺有着重要的意义；同时，也应对动物的吸收性能作基本了解，为改进加工工艺创造条件。

抗生素饲料添加剂的应用促进了畜禽养殖业的飞速发展，但抗生素滥用也导致了细菌耐药性增强、动物免疫力下降、药物残留、食品安全等一系列问题。对此，国家出台了系列政策引导抗生素逐步退出饲料添加剂市场。自2020 年 7 月 1 日起，禁止饲料生产企业生产含有抗生素类药物饲料添加剂（中药类除外）的商品饲料。在"饲料禁抗、养殖减抗、产品无抗"的新时代，研究安全、环保、高效、无残留、无耐药性的绿色饲料添加剂（如微生态制剂、酸化剂、植物提取物、酶制剂等）成为养殖行业的重中之重。

进入无抗时代，饲料标准趋严，着力研究无残留、无耐药性的饲料添加剂刻不容缓。面对如何改善微生态制剂的活性、酸化剂的有效性、植物提取物的稳定性、酶制剂的产量等问题，应该在现有理论基础上，增强理论与技术双创新，有针对性地解决。目前尚未有一种产品可以完全替代抗生素，但可以科学地将两种及以上替抗产品复合配伍，最大限度地发挥组合效应，使替抗效果最大化，促进养殖业向着绿色、环保、健康的方向发展。

2. 动物福利养殖技术推广缓慢

动物福利包括生理福利、环境福利、卫生福利、行为福利与心理福利。

（1）生理福利　动物最基本的生存条件是获得必要的饲料与饮水，实际养殖过程中就是要根据动物生长发育的不同阶段，给其饲喂必要的营养物质。

（2）环境福利　给养殖类动物提供必要的、适合的居所，有利于其体重快速增长、避免各种疫病传染，关键点在于为其提供宜居的生长环境，特别是对于低龄动物，要抓好"恒温、控湿、保洁、消毒、通风换气"五位一体化的生长环境管理，以最大化地降低发病与死淘率。

（3）卫生福利　广义上指按照国家和地方的相关法律法规，制定科学化的综合疫病防治制度，做到科学养殖。

（4）行为福利与心理福利　其含义是保证动物表达天性的自由，为其提供足够的空间、适当的设施以及享有与同类安逸生活的各种条件，尽量减少恐惧和焦虑。实践意义在于：积极预防随意换料、转舍、并群等造成的各种不良应激综合征；尽量保证将同品种、同窝次、同日龄、体况接近的畜禽组群，以减轻心理伤害，避免产生不良应激；在适当场景、时间段播放柔和的音乐，以增进动物饮食，并可削弱因噪声（爆竹、发动机、雷鸣等）造成的不良应激；提供畜禽自由采食天然食物的条件，适时供应块茎、天然牧草、瓜果蔬菜等食物等。

现代规模化养殖牺牲了大量的动物福利，比如限制其自由运动和采食、滥用药物、活动空间和光照不足等，这是造成动物高度过敏体质（高度应激性）的重要原因之一。开展动物福利养殖可最大化地满足畜禽生长过程中生理与心理的最重要需求，全面兼顾养殖过程中"预防疫病、健康养殖、保护环境、集约增收"等的和谐统一。动物福利养殖的优势包括：贯彻原生态（仿原生态）养殖方式，对动物源性食品卫生安全有促进作用；兼顾动物食品卫生安全与生态环境保护，上升到了关系公众利益的高度；和国际接轨，是人类社会文明程度进步的体现；是畜牧产业可持续发展的必然之路。因此，动物福利养殖的实践经验与技术的推广应用是绿色畜禽养殖发展的重要举措。我国目前动物福利养殖技术推广缓慢，相关研究缺乏，相关法律亟待加强。

3. 数字化技术不足

我国数字畜禽养殖发展处于初级阶段，不仅数字化平台建设少，而且数字化技术不够成熟，表现在：一是智能化、一体化高端设备技术不成熟，导致进口相关装备成本较高；二是软件技术不成熟，一些软件技术在工业化领域应用较好，但针对畜禽养殖的开发还存在不足、不全；三是数字分析技术不足，相关人才紧缺，部分数字的搜集、处理方法不足，导致可用于指导实践的分析报告质量不高。

二、养殖模式制约

中国目前养殖模式存在大、中、小规模并行的态势，但对养殖绿色发展而言，"哑铃形"的两端大、中间少养殖模式对绿色发展更为有利。而我国当前养殖模式中，中等规模养殖所占比例较大，对畜禽粪便等废弃物污染的处理不足。

1. 土壤污染

各种畜禽产生的排泄物，被养殖户误认为会大大增加土壤的肥力，于是被随意排放。长此以往，排泄物中的氮、磷等元素以及各种菌类在土壤中大量富集，产生各种毒素，改变土壤性质，使土地板结或者酸碱性发生改变，影响种植业的发展。

2. 水体污染

养殖废水排放如果不加以控制，会渗透到地下水中，导致养殖场用水甚至生活用水污染。尤其是排出的氮、磷等元素会使水体富营养化，导致如水华、赤潮的发生，使得水中的生态系统失衡。

3. 药品残留与疫病防控

畜禽养殖中，一些养殖户为了追求利益最大化，使用一些违规药物，造成畜禽体内残留，影响人体健康。

4. 畜禽排泄物问题

畜禽排泄物没有进行无害化处理，一些排泄物露天堆放造成病原微生物传播，导致人兽共患病疫情的发生。解决中等规模养殖的环境污染问题，是缓解我国动物养殖环境压力的重要任务。鉴于我国养殖现状，应加强中等规模养殖场环境污染管控。在保证养殖行业稳定的前提下，通过循序渐进的方式控制中等规模养殖场数量，以及利用补贴激励和引导规模扩大等方式增加主体的养殖投入，投入越多放弃养殖的机会成本就越高，在面对环境约束的情况下，更愿意在环境治理方面进行投入。因此，通过政策制定，加大环保宣传力度，加强技术培训，积极引导养殖场实施环境友好行为，对改善生态环境、绿色发展养殖产业具有重要作用。

三、资源禀赋制约

1. 资金约束

强化绿色饲养需要改造升级养殖设施或场房，而这需要加大成本支出。以生猪养殖的环保设施改造为例，为建设废弃物处理设施，养殖企业（户）增加的成本占全部固定资产成本的5％～15％；特别是一些中小养殖户，养殖利润率较低，增设环保设施往往需要一下子投入较多资金，而不增设环保设施可能面临重罚，正因为拿不出较多改造资金，所以加速退出行业。而非洲猪瘟的暴发也使得养殖场生物安全防控措施升级，消毒设施增设和消毒剂量增加使得绿色饲养成本攀升。资金约束是养殖户绿色生产改造的重要资源约束。

2. 知识技能约束

中国畜禽养殖户大多数是文化水平不高的农民，养殖知识技能不足是其实施绿色发展措施的主要障碍。以养殖大国荷兰为例，生猪养殖户实行职业资格制，获取养殖资格需要至少五年的专业养殖经验，在这五年的养殖实习中，实习生将获得生猪营养、疫病防控、粪便处理以及繁育管理等一系列知识和技能。中国畜禽养殖源于传统的散户养殖，农户养殖大多全凭经验，极少获得相关知识和技能培训。而绿色发展要求的是标准化养殖、规范化操作，这一要求使得广大养殖户的知识和技能显得不足，是绿色养殖行为的重要制约因素。

3. 绿色意识约束

绿色意识缺失或不坚定是绿色饲养的制约因素之一。例如，一些养殖户从传统养殖经验出发，将未经处理的畜禽粪便排放到土壤中，造成土壤重金属污染或者病虫害增多；不知道绿色生产的饲料配比作用，而在畜禽生长周期的不同阶段采用一种饲料，降低了饲料的转化率；不知道抗生素对畜禽产品品质安全的严重影响，滥用、多用抗生素现象层出不穷。

四、体制机制制约

1. 政策支持不足

以智能化畜牧养殖为例，农业农村部在《2018年畜牧业工作要点》中提出"启动现代化示范牧场创建""完善畜禽规模养殖装备指标体系，推动开展重点机械品类标准建设，提升现代畜牧业设施装备水平与智能化水平"。但是从政府的配套政策上来看，目前主要集中在畜禽品种改良、粪污资源化利用等方面，而对智能装备技术应用的政策支持较少。地方政府层面上也是如此。从企业层面上看，我国的大部分养殖场是从家庭农场一步步以滚雪球的方式发展起来的，牧场主文化程度普遍不高，对于信息化、智能化装备对提高管理效率和生产效率的认识不到位，对先进设备的获取信息渠道有限，部分牧场主并不清楚政府支持购置的智能化设备的具体功能。

2. 行业标准较少

以奶牛养殖为例，瞄准奶牛养殖智能化、信息化产品研发的企业和产品日益增多，但同类型产品没有统一标准，不同产品间出现不兼容的问题。例如，奶牛场采用某进口品牌挤奶设备和挤奶管理软件，但牧场管理软件采用国内品牌，两品牌间没有签署兼容协议，导致挤奶管理软件自动获取的产奶量数据无法直接导入牧场管理软件，牧场只能手动将产奶量数据输入牧场管理软件；又如，同样的产奶量数据，各品牌挤奶管理软件设置的产奶量单位也不一致，需要转化成同样的单位，转化过程中易出错。

3. 监管机制不健全

当前我国畜禽养殖绿色发展中的监管机制存在以下问题：一是统筹协调不足，协同监管不够。畜牧业生产监管主体涉及多个部门，部门之间只有有效协调才能达到监管效果。二是全链条监管机制不健全。首先是投入环节监管困难。畜种、饲料、兽药作为绿色养殖产业的投入品，其质量关系到畜产品的生产效率、产品安全以及环境安全。在实际工作中，上述投入品的经营与使用点多面广，监管工作量大面宽，加之执法人员相对较少，难以全方位开展监管，使得有一些不合格产品流入市场。其次是全程质量追溯机制不完善。我国2015年才将食品溯源制度纳入《中华人民共和国食品安全法》，溯源体系建设不完善，无法做到双向追溯，难以做到发现问题后第一时间切断源头。一些消费者对溯源系统不了解，企业没有将溯源系统落实到位。

在畜牧业产品安全方面，涉及《中华人民共和国动物防疫法》《动物检疫管理办法》《产品质量法》《绿色食品标志管理办法》《有机食品认证管理办法》《无公害农产品标志管理办法》等，要求在养殖环节应加强日常监管，认真落实检疫申报制度、官方兽医检疫制度、合格产品出证制度、畜禽及其产品可追溯制度、病死病害畜禽及其产品无害化处理制度；进行瘦肉精、兽药残留等有毒有害物质检测；建立健全产地检疫网络，从源头抓起，严防病死病害动物、畜产品及未经检疫的动物、畜产品等进入流通领域；在屠宰加工环节，需要入场动物查证验标、宰前检疫、同步检验、产品出证、宰后处理共"五关"，杜绝不合格产品出厂，无公害认证畜禽产品严格执行凭证入场经营。但是在现实中，上述法律法规等同样存在监督不严的问题。

第三节 绿色饲养发展战略举措

畜禽养殖绿色发展饲养战略在于以转型升级、结构优化为目标，以投入品升级和新型养殖标准或模式的推广使用为手段，升级养殖设施，构建新型种养关系，强化智能化数字化建设。为此，在战略举措上需要革新技术以加快绿色投入品创制，推进种养结合循环发展以创新生态循环产业技术体系，强化智慧化数字化养殖以推进绿色标准化生产，完善绿色饲养支持机制以推动升级改造积极性。

一、革新技术

1. 增加绿色饲料原料供给

一是因地制宜扩大粮改饲规模。近年来我国粮食形势出现新的变化，在连年丰收的同时，粮食库存量和进口量也同时增长，粮食生产结构面临调整。但从现阶段饲料原料供给结构看，作为蛋白质来源的大豆，进口依存度仍然较高。推进"粮改豆"，可提高国产大豆的种植面积和产量，增强大豆等蛋白质饲料原料的生产能力，补齐蛋白质饲料原料短板；同时，继续扩大粮改饲规模，引导发展全株青贮玉米、苜蓿等优质饲草料的生产。

二是促进非粮饲料资源高效利用。随着我国畜牧业的迅猛发展，常规饲料资源紧缺，资源综合利用率低下和"人畜争粮"等问题日益突出。因此，因地制宜地高效开发利用非粮型饲料资源是缓解我国常规饲料资源不足、提高养殖经济效益、保障国家粮食安全、促进饲料业和畜牧业可持续健康发展的重要途径。

开发利用杂交构树、饲料桑等新饲草资源。近年来，蛋白桑、杂交构树等植物资源引起了畜牧领域科研人员及一线生产人员的广泛关注，尤其是以我国中原和南方地区为主，可开展大规模化种植，并形成"循环农业"生产模式。构树为桑科、构树属落叶乔木，分布以南方为主，杂交构树的叶量大、割后再生力强，适合饲用。构树叶及嫩枝营养丰富，构树中含有的黄酮类、木脂素类等成分具有抗氧化和抑菌效果。构树叶的糖分含量低，与青绿玉米等混合青贮，或添加发酵菌种进行发酵处理可降低抗营养因子单宁的含量。

促进秸秆等非粮饲料资源高效利用。通过多渠道、多层次向广大农牧民群众深入宣传推广秸秆综合利用的效益，构建秸秆综合利用长效机制，加速农牧民群众秸秆利用的效率。同时，还应该积极推广秸秆青贮、微贮、氨化等处理技术，充分利用青贮、微贮秸秆处理技术，将废弃的秸秆资源有效利用，缓解冬、春季节青绿饲料不足的问题。政府部门应设立专项资金用于青贮窖建设补助，提高广大农牧民群众利用新技术的积极性。

2. 研发新型绿色饲料添加剂

绿色饲料添加剂是指添加于饲料中能够提高饲料的适口性、利用率，抑制胃肠道有害菌感染，增强机体的抗病力和免疫力，无论使用时间长短都不会产生毒副作用且有害物质不会在畜禽体内和产品内残留，能提高畜禽产品的质量和品质，对消费者的健康有益无害、对环境无污染的饲料添加剂。

（1）研发微生物制剂　微生物制剂是经筛选培养后的微生物处于活体状态，用于饲料原料发酵和饲料生产，以及直接用于养殖的制剂产品。尽管微生物制剂用作饲料添加剂的正效应已被公认，但亦有许多需解决的问题。目前已确认适宜作为活菌制剂的菌种仅有乳酸杆菌、链球菌、芽孢杆菌、双歧杆菌、酵母菌等少数几种，需继续开发新的有效微生物制剂。因此，应加大对微生物制剂的研究力度，坚持走可持续发展道路，研究出绿色、安全、可靠、无毒副作用且具有疫病防治效果等的微生物制剂，以促进畜牧业健康、稳定发展。

（2）研发酶制剂　酶是具有生物催化反应能力的蛋白质催化剂，在动物体内对营养物质的消化吸收与新陈代谢起着重要作用。饲用酶制剂的作用主要有四点：一是提高动物对饲料营养物质的利用率；二是降解动物饲料中的抗营养因子；三是提高动物机体的健康水平和免疫功能；四是降低环境污染。目前，应建立统一、合理的标准化检测方法，检测酶制剂的各种酶活性；建立饲养试验的标准化方法，以检测酶制剂产品在畜禽生产性能改善上的作用效果。

（3）研制高效绿色植物提取物　植物提取物是指采用适当的溶剂或方法，以植物为原料提取或加工而成的含有多种成分的物质。理想的天然植物及其提取物饲料添加剂应具备以下条件：一是低 pH 和在胆汁中的稳定性好；二是经加工混入饲料后在室温下的稳定性好；三是能抑制大肠埃希氏菌、沙门氏菌、葡萄球菌等肠道致病菌；四是微量、高效；五是能发挥抗生素作用。由于受原料品质、炮制方法等因素的影响，植物提取物的效果有较大的不稳定性，加上部分原料来源有限、价格昂贵等，因此限制了植物提取物在饲料中的大量使用。研制来源丰富、价廉效高的植物提取物饲料添加剂是一项长期任务。

3. 推广饲料营养调控低氮减排技术

一是扩大发酵饲料在饲料行业中的应用。近几年来，饲料生物发酵技术不断创新，成为行业发展技术新亮点，引起了业内广泛的关注。《全国饲料工业"十三五"发展规划》把"推动微生物发酵技术在饲料产品中的应用，开发全发酵配合饲料产品"列入了"十三五"发展重点，应用发酵饲料可能是实现无抗饲料的突破口。我国生物发酵饲料整体研发和产业化水平不高，还存在一些亟待解决的问题。未来，在产品研究、生产制备、技术应用、发酵菌种生物安全、发酵饲料标准方面应继续加强政策引导。

二是开发低蛋白质饲料技术在生产中的应用。2021 年 3 月 15 日，农业农村部畜牧兽医局发布关于推进玉米豆粕减量替代工作的通知，重点下达了《饲料中玉米豆粕减量替代工作方案》，最主要目的是推进饲料中玉米豆粕减量替代，促进料粮保供稳市。在国家重视生态环境保护和缺乏蛋白质饲料资源的背景下，低蛋白质日粮已迎来良好的发展时机，成为畜禽养殖业今后发展的趋势。目前，畜禽低蛋白质日粮领域仍存在以下亟待研究的课题：①低蛋白质日粮配制技术已相对成熟，在实际生产中也已被证明可行，但生猪和鸡高效利用氮营养素的内在调控机制，以及主要靶组织——肌肉组织对氮营养素的沉积规律有待进一步阐明；②国内外学者已越来越关注功能性氨基酸在低蛋白质日粮中的应用，但目前对其在不同生长阶段生猪和不同生产用途鸡上的适宜添加量还未明确。因此，目前亟须确定功能性氨基酸在畜禽低蛋白质日粮中的最适添加量，从而指导和完善低蛋白质日粮配制技术。

三是开发促生长药物饲料添加剂替代技术。目前还没有任何一种可行的产品能够在畜禽养殖过程中完全替代抗生素。因此，要想在畜牧养殖全过程中实现无抗化仍然任重而道远，需要不断探索新的产品和技术手段，以期最终实现养殖全过程的无抗化。随着全球各国纷纷出台政策以限制饲用抗生素的使用，畜牧养殖行业进入了"后抗生素"时代，积极寻找能够有效降低甚至替代抗生素的技术手段和产品成为各大企业、机构研究的热点，如包括植物活性物质、儿茶酚、噬菌体、益生菌等。

二、推进种养结合循环发展

1. 推行"小规模、大群体"畜牧业养殖模式

不同于以往的"小规模、大群体"养殖模式,现今在设备智能化、通信便捷化和防疫措施全面化的背景下,以绿色发展为导向、以种养结合为核心的"小规模、大群体"养殖模式融入了现代化要素,适用于畜禽养殖绿色发展。依据 2017 年《全国农产品成本收益资料汇编》划分方法,"小规模、大群体"养殖模式指每一个养殖户根据自身能力,开展小规模畜禽养殖(基础母猪 0~100 头),同村内养殖户自由组成联保小组,制定小组内部的相关制度,按照统一要求开展饲养活动。在同一地区形成大养殖群体,统一规划设计、统一技术服务、统一购买幼苗、统一提供饲料、统一防治疫病、分户建圈、分户饲养、联合管理、统一销售,共同开展畜禽养殖活动。"小规模、大群体"的养殖模式能有效解决适度规模问题,充分调动小规模养殖户的积极性,发挥其自主优势。各养殖户根据资源禀赋量力而行,开展小规模养殖,使劳动力、土地及其他自然资源得到最全面的有效分配,同一地区养殖户互相结合形成养殖群体,加强合作与联系,共同分享基础设施、技术与资源,保障增产增收。

推广"小规模、大群体"的养殖模式是"龙头企业+专业合作社+养殖户"的产业经营模式,该模式将企业与养殖户紧密相连,以合同为纽带,三者相互依托,缺一不可。龙头企业作为畜牧业绿色养殖的牵头人,发挥风向标和保障生产活动正常运行的作用,能够根据市场变化情况及时转变策略,在保障企业特色的前提下,迎合市场,引导畜牧养殖活动。企业根据产品需要,引进先进的养殖设备和环保设备,制定养殖标准,指导生产过程,进行技术培训,保障养殖活动标准、规范。养殖户是养殖活动的主体,是保障畜禽养殖绿色发展的基础,在企业的带领和合作社的帮助下,互相合作,掌握现代养殖技术,更高效地参与畜禽养殖工作,根据企业生产标准,发挥专业特长,养殖高产量、高质量的畜产品。专业合作社联结着畜禽产品的生产端与销售端,能够巩固企业与养殖户的关系,保障养殖户生产活动的正常运行,为养殖户生产活动及时提供帮助,并肩负维护养殖户权益的重任及企业生产端的管理责任,统筹规划养殖活动,减少产销中间环节,降低企业成本并提高养殖户收益。企业、专业合作社、养殖户通过合同互相联结,维护各方权益。

2. 构建"畜禽养殖—有机肥—作物种植—生物质粗饲料"的循环经济模式

该模式依托废弃物资源化利用,实现种养的高度结合。循环经济模式以种

养结合为依托、以提高农户收益为目标，坚持清洁环保底线，开展种植业和养殖业废弃物资源化利用，形成农牧循环发展模式，构建生态循环系统。小规模养殖有效提高了养殖效率，大群体发展加强了合作、降低了运行等成本，"小规模、大群体"养殖为构建和发展循环经济模式提供了基础。

循环经济模式重点在于畜禽养殖中的污染治理和生态化改造。畜禽粪污治理的根本出路在于粪便的资源化利用，主要用于肥料和能源，以实现能量循环。加快构建农牧循环的农业可持续发展新格局，各地区根据自身的资源禀赋和环境承载力，选择合理的废弃物转换强度，避免因忽视土壤承载力、过量使用有机肥而造成的土壤和环境污染。优化畜牧业生产布局，构建农牧结合、粮饲兼顾、循环可持续的种养模式，推进畜禽粪污和秸秆资源化利用，减少秸秆和粪污对生态环境的影响，改善环境状况，推动畜禽养殖绿色发展。

构建循环经济模式，使养殖户与种植户开展紧密合作，拓宽种养合作渠道，通过延长中间环节，使废弃物得到最大化利用。"小规模、大群体"模式便于对畜禽粪污进行集中处理，用于生产有机肥或燃料，种植绿色有机农作物，发展绿色农业。另外，还可将多余的畜禽粪污用作燃料或者进行售卖，增加农民收益。秸秆等废弃物作为畜牧养殖的饲草料，可直接用于畜禽养殖。严格规范饲料添加剂的使用，引进饲料生产技术，提高饲料转化率，有效降低养殖成本，同时促进资源节约，可弥补饲料不足或者质量问题给畜禽养殖业发展带来的阻碍，保障畜禽产品产量和质量。"畜禽养殖—有机肥—作物种植—生物质粗饲料"的循环经济模式能有效利用养殖和种植过程中的各类废弃资源，将它们变废为宝，真正实现能源的循环利用，在节约资源的同时维持了生态平衡，促进了畜牧业构建永续运行的绿色发展体系。

3. 构建"育种、养殖、屠宰、加工、销售、宣传"一体化经营模式

构建畜禽"育种、养殖、屠宰、加工、销售、宣传"一体化经营模式，能充分发挥养殖户、专业合作社和龙头企业优势，在现代化科技手段的帮助下，形成特色产业链，使各方收益和环境效益最大化。

畜禽养殖活动以龙头企业、专业合作社为依托，不断进行畜产品精深加工。养殖户做好畜禽养殖工作，在企业和合作社的指导帮助下，严格遵循养殖流程，进行畜产品标准化生产，提高产品质量和产量，满足深加工需求。养殖活动以科学技术为支撑、以数字化管理为手段，加快现代化科技与生产活动融合发展，有效提高饲养水平和畜禽养殖的劳动生产率。专业合作社的参与可降低企业生产、监督压力，节省沟通成本，同时提高养殖户的积极性，使养殖过程更高效、畜禽产品更高质，满足"小规模、大群体"养殖模式发展需求。

企业作为"小规模、大群体"养殖模式发展的领头羊，需要根据市场变化、做出自己的特色，获得竞争优势。龙头企业结合自身发展，制定养殖标准和生产监督体系，促使畜禽标准化养殖，保障养殖活动的有序推进。龙头企业致力于延伸、拓展产业链，促进产品精深加工，推动三产融合，不断提高产品质量、打造产品特色、完善产品服务、做强产品品牌、延长产业链、提升价值链，让三产融合成为畜禽养殖新的发展趋势。龙头企业肩负畜禽养殖产业链的所有流程，除养殖活动外，从畜禽幼苗选育到畜禽屠宰、加工、销售再到宣传，都必须有高效的团队才能完成，也只有将所有环节做好、做出特色，才能富有竞争优势。企业需要在畜禽养殖活动的配合下积极引进各类先进技术，保障幼苗质量，培育高质量畜产品品种。有条件的企业还可培育核心种业企业和育种平台，提升种业竞争力；引进先进的屠宰设备，避免畜禽产品二次污染而影响产品质量；生产特色产品，保障产品质量和品质，探寻并发扬自身产品优势，提高企业市场份额；加强与同行企业的合作，形成集群优势；迎合消费者需求，不断提升产品质量，打造自己的品牌，保障销售渠道畅通，以巩固市场地位。

4. 构建"资金、政策、技术、设备、防疫"等全方位服务体系

构建"资金、政策、技术、设备、防疫"等全方位服务体系，以转变畜禽养殖发展模式，为畜牧养殖转型升级提供有力保障，保证畜产品产量和质量安全，紧密联结、协调畜禽养殖生产的各阶段，使"小规模、大群体"养殖模式发挥效用，以实现畜禽养殖的绿色发展。

加强畜禽养殖转型升级资金保障，为"小规模、大群体"养殖模式的建设奠定基础。"小规模、大群体"养殖模式的构建需要各方共同努力，通过采用财政支持、上市融资、银行借贷、外来资本等措施，形成多元投融资机制，为生产活动提供保障。增加资金投入的同时做好多方面建设，包括基础设施建设等。另外，畜禽养殖的发展还需要政策引导，根据产业发展需要制定政策，吸引社会、企业和个人参与到畜牧业生产中，以政策支持来激发畜禽养殖从业者的创造力和积极性。通过政策完善畜禽养殖高质量发展保障机制，在制定高质量标准和规划的基础上，为社会和企业提供发展意见和保障措施，加强统筹谋划与指导服务，让政策落到实处。

在资金充足、政策合理的情况下，还需要落实技术、设备和防疫措施，以全面促进畜禽养殖的绿色发展。促使畜牧业生产与现代化技术接轨，推动畜牧业向智能化、数字化方向发展，实现生产智能化、管理数字化、交易便捷化。在生产过程中引进高产出、高效率的科技手段，实现畜牧业智能化生产，建立畜牧业智慧服务平台，实现育种、养殖、屠宰、加工、调运等全方位智能化监管；同时，借助网上交易平台，建立从养殖到销售的线上线下无缝连接渠道，简化交易流程。在设备引进方面，政府给予企业和养殖户提供一定的补助，鼓励生产各环节积极引进现代化设备。企业结合小规模养殖户的养殖特点及生产所需，引进高产出、低耗能的生产和环保设备，提高畜产品产量和质量，并降低生产过程对生态环境的危害。疫病是畜牧业发展的最大阻力，小规模养殖户应积极落实疫病防控责任，做到减量提质，减少药物使用，施行物理防控，加强清洁和空气流通，以降低疫病的发生率。企业和专业合作社加强疫病和畜产品安全监测，强化畜产品质量监督机制，从源头上维护畜产品质量，保障畜牧业的健康绿色发展。

三、强化智慧化数字化养殖

提质增效养殖技术需要精准饲喂和管理，包括精准营养、精准配制、精准检测以及饲料工艺的改善等各环节的精细化管理、实施。第一是动物的精准营养需求。简言之，就是在一定的生长环境、生理状态下的最适宜营养。第二是精准配方。首先是做好原料数据库的基本评价，其次是改进原料的加工方式。目前，精准营养虽然无法做到绝对精准，但是可以无限贴近精准营养来开展。畜牧业信息化和数字化建设，能够从根本上提高劳动生产率和畜牧企业的市场竞争力，在畜牧领域直接体现在做到精准饲喂和精细化管理，以及提高养殖中的信息化水平。精准饲喂技术是现代养殖业精细化、精益化管理的体现，是畜禽高产和养殖企业增收节支的需求，是现代"无抗养殖"的保障，是国家低碳环保节能减排战略的要求。

1. 建立并完善饲料原料营养价值数据库

饲料原料数据库是饲料配方制作和实现的基础，既是饲料技术研发与创新的结果，也是饲料技术研发与创新的工具。在配合饲料前获得饲料原料的准确营养价值对实现动物的高效生产至关重要。但是现有的饲料数据库存在信息不完全、过时或者参考价值有限等问题，因此畜禽养殖需要一个包含大量饲料原料营养价值的动态数据库。

（1）持续开展饲料原料营养价值评定　建立并完善饲料原料营养价值数据库，系统梳理国内外现有饲料原料营养价值数据，持续开展原料营养价值评定。现有的主要饲料数据库包括《中国饲料成分和营养价值表》（2020年第31版）、《美国FEEDSTUFF饲料成分表》、《美国FEEDSTUFF副产品成分表》、《法国饲料成分表（INRA）》（详见中国饲料数据库网：http://www.chinafeeddata.org.cn/）；另外，一些饲料厂也有自己的内部数据库。我国农业农村部"中国饲料数据库情报网中心"及科技部所属"国家农业科学数据中心（动物科学）"每年年底发布一期《中国饲料成分及营养价值表》，作为饲料原料营养价值评定的依据。

（2）构建饲料营养大数据应用平台系统　在建立和完善我国饲料原料营养价值数据库的基础上，构建饲料营养大数据应用平台系统极为重要。通过中国饲料大数据平台网站发布，面向饲料养殖全行业提供免费查询和应用服务。构建动态饲料营养数据库的主要工作包括：收集并储存现有饲料化学成分和营养价值数据；收集并储存畜牧生产者所需的营养价值指标；建立有关信息的资料数据库；建立维护和更新饲料数据库的程序等。

2. 提高智能化、自动化养殖技术应用

随着对畜禽产品需求量的不断上升，我国的畜禽养殖规模不断增加，养殖技术也由传统的人工养殖向自动化养殖转变。目前，畜禽自动化养殖关键技术包括畜禽状态监测技术、畜禽舍环境监测技术、畜禽自动饲养技术以及畜禽垃圾自动处理技术。从现阶段的畜禽养殖情况来看，要进一步加强养殖自动化技术的应用，需要使养殖的规模化程度继续加大，并使更多的养殖户认识到自动化技术应用的显著优势，使信息化技术得到更广泛的使用。只有实现了畜禽自动化产品的市场化，才有利于相关技术的进一步提升，促进养殖业及其周边产业的良性发展。从目前的情况来看，自动化技术在畜禽养殖业上的应用主要从以下几方面进行优化。

（1）提高畜禽疫病预防技术的准确性　尽管现阶段通过检测技术和信息技术能够对畜禽疫病进行较准确地预警，但是近年来畜禽疫病的大规模频发对疫病预防和早期预警提出了更高的要求；疫病预防技术的进一步提升应结合新的疫情特征和动物行为进行判断，并实现相关系统信息的实时更新。

（2）提升精准饲喂技术　现阶段我国的很多大型养殖场均实现了机械化饲喂，但由于畜禽存在品种、个体、健康状况、对饲料的需求差异等，故要求饲喂的自动化技术不能局限于机械化，而应向着智能化和精准化方向发展。饲养技术的研发应建立更合理的模型，利用计算机技术和数学算法优化饲喂量及饲料配比，结合生产阶段与个体差异等多重因素，及时调整日粮供应，并优化喂养效率和营养水平，保证饲喂工作的合理实施及畜禽生长的最优化。

（3）加强畜禽养殖垃圾的深化处理　畜禽粪便等垃圾具有较大的再利用价值，但因为处理不合理而造成了环境污染。因此，在畜禽粪污自动清理的基础上，加强粪污沼气化利用、肥料化利用的相关技术研究，并与畜禽自动化养殖设备实现良好匹配，为养殖场直接提供沼气等能源，实现资源的最大化利用。

（4）加强个体化数据检测技术研究　对畜禽个体进行二维码标识，可实现对畜禽个体的进一步分类和监控，能更详细地了解动物个体差异，有利于对动物行为进行细化分析与管理，从而提升检测、管理、预警的效率，并进一步提高养殖业的智能化程度，显著改良现阶段的养殖工艺。

3. 推进智能化节水技术研用

畜禽养殖用水浪费大、卫生安全状况差、水资源日益紧缺正成为制约畜牧业健康可持续发展的瓶颈。畜禽养殖的节水是个系统工程，需要在技术上、经济上因场而异地采用可行的节水技术和设备，同时加强各个养殖环节的用水系统跑冒滴漏检查和管理，推进养殖业中节水技术的发展。规模场应根据不同畜禽及其生长阶段的饮水需要，选择节水型和智能化饮水器，清理粪便时采用全自动干湿分离式清粪技术，降温时以自动控制仪表监测间隔式喷淋代替连续喷淋，采用湿料饲喂代替干饲，可从饮水、冲洗、降温、饲养四个方面分别降低用水量，减少污水排放，起到节能增效的作用。

四、完善绿色饲养支持机制

1. 实施优质饲草专项支持政策

饲草作物的生产和绿色饲料产品的加工是发展畜禽养殖的基础，饲草作物的生产只有实行规模化、机械化才能快速发展。建立专项支持政策，支持饲料加工工艺研究和生产装备升级发展，不断提高饲料生产效率及饲料原料的利用率，改善畜禽养殖的生产性能。

强化绿色生资的推广应用机制，大力促进绿色食品生产加工企业和原料标准化基地建设单位与绿色生资企业建立长期合作关系，稳定扩大绿色生资的应用，减少非绿色生资的市场采购量，降低质量安全风险，建立专项资金推动绿色生资的宣传、开发及推广应用。

将推动绿色生资发展纳入绿色食品年度工作考核范围，形成推动工作和绩效评价的长效机制。对推动绿色生资发展情况进行定期考核，并对业绩突出的单位和个人予以表彰及奖励。

2. 加大饲料及添加剂质量检验检测力度

（1）不断完善饲料和饲料添加剂的相关法律法规制定　对饲料产品质量及安全指标进行检测，是国家制定政策和标准的科学基础，是行政监督、执法的重要依据。随着《饲料和饲料添加剂管理条例》（2017年修订）的实施，《饲料原料目录》《饲料添加剂品种目录》《药物饲料添加剂品种目录》等有针对性的管理规定或实施细则相继出台，这会使我国饲料安全、质量监督管理进一步得到完善，为饲料工业健康发展提供强有力的保障。

（2）加快建设全国农产品质量检测机构体系　继续加强饲料安全评价基地建设，系统开展饲料添加剂、非粮饲料原料和潜在有毒有害物质安全评价，为饲料质量安全奠定良好的基础。

（3）进一步加快饲料标准制定和修订的进度　一是建立饲料通用性安全标准体系。二是建立添加剂标准体系。三是建立饲料检测方法标准体系。四是加强饲料中有毒有害物质检测技术、快速检测技术和潜在风险物筛查鉴定技术研究。

第十章
畜禽废弃物处理战略 ▶▶▶

　　畜禽生产过程中会产生大量废弃物，且随着养殖和屠宰总量的增加而增加。近年来，尽管科技进步和模式改进使得畜禽废弃物的处理及利用水平有所提升，但由畜禽粪污造成的环境污染问题依然严重。畜禽废弃物处理直接决定着养殖绿色发展状况，强化其处理和利用是绿色发展的重点内容。

第一节　畜禽废弃物处理现状

　　畜禽养殖废弃物主要包含零碎羽毛、粪便、饲料残食、病死尸体、垫料等。发达国家在畜禽废弃物处理和利用上借助技术创新和模式创新取得了较好的效果。我国畜禽废弃物处理和利用还没有得到足够的重视，尤其是在资源化利用方面。加强我国畜禽废弃物无害化处理与资源化利用的意义重大，不仅有利于促进种养结合、农牧循环发展，把农业资源过高的利用强度缓下来，把面源污染加重的趋势降下来，把过高的化肥投入量减下来；而且有助于催生新的产业发展，增加就业机会，如通过生产沼气、生物天然气或发电上网，优化农村用能结构，给农村生活方式和能源消费带来革命性的变化。

一、畜禽废弃物排放量大且危害较严重

　　随着大型畜禽养殖场数量的增加，畜禽废弃物的产量也越来越大，对环境造成的影响也越来越严重，主要的危害包括水源、空气、土壤、生物等方面。

1. 畜禽废弃物排放量大但逐年减少

　　近年来，我国畜禽养殖业飞速发展，畜禽总产量位居世界前列。截至2019 年底，全国大牲畜（马、牛、驴、骆驼）9 877.4 万头（峰）、生猪31 040.7万头、羊30 072.1 万只，畜牧业总产值28 697.4 亿元。畜禽养殖迅速发展，但也带来了较为严重的环境问题。2015—2019 年，废水中化学需氧

量及总氮、总磷排放量虽然总量很大，但总体呈下降趋势。表 10‑1 所示，畜禽粪便污染物排放量中化学需氧量和总氮排放量下降比较显著，而总磷排放量下降并不显著。

表 10‑1 畜禽粪便污染物排放总量（万吨）

年份	化学需氧量	总氮排放量	总磷排放量
2015	2 305.99	460.13	182.15
2016	2 257.09	450.90	180.16
2017	2 132.39	423.42	174.44
2018	2 157.80	428.01	177.46
2019	2 121.96	421.97	175.01

注：各类排放量＝各类畜禽粪便产生量×各类畜禽粪便污染物参数（粪便产生量＝畜禽饲养量×饲养周期×各类畜禽粪便日排放系数）（张藤丽等，2020）。

2. 畜禽粪便污染对环境的危害较严重

在畜禽废弃物资源化利用中，堆肥是最有效的处理方法，但却面临着因异味带来的一系列污染和健康安全问题[1]。畜禽粪污是重要的温室气体排放源之一，动物粪便排放中除了产生 CH_4、CO_2、N_2O 等温室气体外，还会产生 NH_3 等有害气体，同时 NH_3 也是 N_2O 的前体物质，结合有机质后分解可产生 N_2O，从而间接影响温室气体的产生与排放。NH_3 是臭气的主要成分之一，同时也是一种有毒气体，会危害畜禽、人体健康，污染大气环境；另外，氨沉降也是土壤和水体酸化的重要来源。

畜禽粪尿中除了生化氧量（BOD_5）、COD、TN 及 TP 容易污染水体和土壤外，还包含多种污染物，如硫化氢、氨、醇类、酚类、酰胺类、胺类和吲哚等有机物，以及大量的病原菌等。一些饲料本身就含过量的矿物质和金属元素，经运输、贮存、饲喂等过程，造成矿物质和重金属污染，其中比较突出的重金属污染有 Cu、Zn、Hg、As、Cd、Mn 等。畜禽粪便长期被作为农田肥料施入土壤，虽然能够改善土壤的理化性状，增强土壤中的微生物活性，提高作物产量。但是如果处理不当也会导致土壤中的重金属含量超标，造成重金属污染。兽用抗生素中的 30%～90% 以原形或初级代谢产物的形式随动物粪便和尿液排出体外，其中约 75% 的四环素类抗生素以母体化合物形式排出体外，金霉素和磺胺甲嘧啶通过粪尿排泄的比例分别为 75% 和 90%，60% 的恩诺沙

① 魏启航，任艳芳，何俊瑜，等，2020. 畜禽养殖废弃物堆肥过程中微生物除臭研究进展 [J]. 中国农业科学，53（15）：3134‑3145.

星和 30％的环丙沙星被直接排泄。残留的抗生素随着畜禽粪便进入环境后，最终通过食物链影响畜禽甚至人体健康。因此，如何降低或避免畜禽粪便污染风险成为目前关注的热点。

二、畜禽废弃物资源化利用取得初步成效

1. 国家不断重视畜禽废弃物的资源化利用

畜禽废弃物资源化利用率是环境友好的重要反映标志。畜禽废弃物被称为"放错了地方的资源宝物"，加大畜禽废弃物资源化利用是必由之路。2016 年12 月，习近平总书记主持召开中央财经领导小组第十四次会议，就解决好畜禽养殖废弃物处理和资源化等人民群众普遍关心的突出问题发表了重要讲话，指出"要坚持政府支持、企业主体、市场化运作的方针，以沼气和生物天然气为主要处理方向，以就地就近用于农村能源和农用有机肥为主要使用方向，力争在'十三五'时期，基本解决大规模畜禽养殖场粪污处理和资源化问题"2017 年 5 月，国务院办公厅印发《关于加快推进畜禽养殖废弃物资源化利用的意见》，明确提出建立健全畜禽养殖废弃物资源化利用制度，从环评、监管、属地管理责任、养殖场主体责任、绩效评价考核、种养循环发展机制等方面提出了具体要求。

2019 年 12 月，农业农村部办公厅、生态环境部办公厅联合印发《关于促进畜禽粪污还田利用依法加强养殖污染治理的指导意见》，指出到 2025 年，畜禽粪污综合利用率要达到 80％；到 2035 年，畜禽粪污综合利用率要达到 90％。

《农业农村部、财政部关于做好 2020 年农业生产发展等项目实施工作的通知》（农计财发〔2020〕3 号）指出，中央财政继续支持畜禽粪污资源化利用工作。为确保政策落实到位，提高资金使用效益，全面推进并做好畜禽粪污资源化利用项目实施工作：①粪污治理项目重点支持规模养殖场饮水、清粪、环境控制、臭气处理、厌氧发酵或密闭式贮存发酵以及堆（沤）肥设施建设，购置粪肥运输和施用机械设备，配套建设粪污输送管网、田间贮存池等。②规模养殖场粪污治理项目支持范围为未实施 2017—2020 年中央财政和中央预算内投资畜禽粪污资源化利用整县推进项目的非畜牧大县。规模养殖场应当具备以下条件：第一，养殖场用地、环评等相关手续齐全，已在农业农村部规模养殖场直联直报信息系统备案。第二，能够按要求建立粪污资源化利用台账，准确记录粪污处理和利用情况。第三，原则上按规定配套消纳用地或者签订粪污消纳协议，畜禽粪肥就地就近还田利用。第四，项目实施后规模养殖场臭气得到有效控制，液体粪污实现密闭贮存和

处理。③通过以奖代补、先建后补等方式对规模养殖场粪污处理设施新建、改扩建给予一次性补助。

2. 资源化利用效果显著

2015—2019 年，我国畜禽粪污资源化利用率不断提高，到 2019 年达到了 75％（图 10-1）。

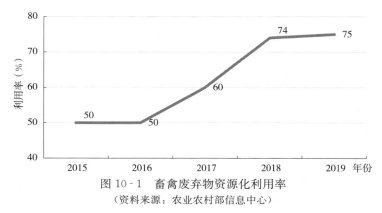

图 10-1　畜禽废弃物资源化利用率
（资料来源：农业农村部信息中心）

三、畜禽粪便资源化利用方式多样

1. 种养结合就地利用技术模式

适用于分散且具有一定农田面积的家庭农场和中小型规模养殖场。模式特点是把粪污收集、贮存和农田消纳进行有机结合，建设"1 条集污暗沟、1 个集污池、1 条硬化路、1 个堆粪棚、1 台泵或 1 辆运污车"的"五个一"工程，使养殖粪污得到有效收集和及时就近就地消纳，可实施水肥一体化整体设计。该模式重点开展源头节水工艺改造，通过三改两分工艺，可节水 50％以上，同时减少养殖污水的产生量；固体粪便和污水贮存分别建设防渗、防雨设施；另外，粪水就地还田等技术还较好地解决了小型养殖场粪污污染与处理问题。环境改善效果显著，受到养殖场及周边农户的普遍欢迎。

2. 集中处理异地利用技术模式

适用于周边农田无法有效消纳畜禽粪便的养殖密集区或大型养殖场。模式特点是对周边多个养殖场的固体粪便进行收集、运输和集中处理，采用条垛式、槽式或微生物发酵反应器方式生产有机肥或生物有机肥，实现一定半径的异地利用。如天津福盈农业科技有限公司，是一家专业从事有机肥料研发、生产、销售的新型高科技企业，年生产有机肥 1 万吨，主要产品包括生物有机肥、牛粪有机肥、发酵有机肥、腐植酸有机肥等。公司利用该模式生产有机肥，省时、省工、省空间，无味、无二次公害，高效、安全、环保，有机肥施用于农作物种植，又推动了种养结合，有效解决了周边地区养殖场粪便处理的难题。

3. 能源转化循环利用技术模式

适用于能够辐射大量农田、温室大棚、果树林地的大中型规模养殖场。模式特点是以粪便、粪水、屠宰废水及其他畜产品初加工废水等为主要原料，通过厌氧发酵方式分解有机质制备沼气，沼液、沼渣用于农业生产。例如，天津市玉祥牧业有限公司，是一家集生猪饲养、水产养殖、水稻种植、牛羊屠宰加工、水产品加工冷藏库和冷链派送、产品销售等多位一体的重点龙头企业。该公司生猪存栏量有 6 000 余头，妊娠母猪 1 000 余头，年出栏种猪 13 000 头。该模式通过废水处理回灌、生产沼渣沼肥沼气等措施，再加上稻蟹混养、环境改善、出栏增加等综合举措的实施，每年可节支增效达 140 多万元。

4. 基质转化综合利用技术模式

适用于无能源需求、自有大量农田进行特色种养的大中型规模化奶牛养殖场。模式特点是将粪便转化为其他农产品的原料基料，如将猪场肥水作为藻类培养基、牛粪作为蚯蚓养殖培养基，开展食用菌种植或回床垫料转化基料等综合利用方式，是规模养殖场的自循环模式。如天津神驰牧业有限公司，养殖占地 24.67 公顷，青贮饲料种植 733.33 公顷，存栏奶牛 2 880 头。该模式年处理养殖废水 5.07 万 m^3，节省水肥 16 万元；种植苜蓿、燕麦、玉米等青贮饲料增产 3%～5%，增收 44 万元；年产优质牛床垫料 1.4 万吨，减少沙子、稻壳的直接投入 80 万元以上，减少病害的间接效益达 100 万元。改善养殖场整体环境，减少天气极端变化时奶牛乳腺炎发病率 5% 以上。

5. 深度处理达标排放技术模式

适用于没有或少量自有农田的大中型规模养殖场。模式特点是把养殖场的粪便直接售卖或经处理后循环利用，废水经厌氧或好氧等一般处理后，再进行脱氮除磷、除臭抑菌等深度处理，达到排放标准。如天津市今日健康乳业有限公司，从事奶牛养殖，存栏奶牛 3 127 头。利用该模式，粪污可生产沼气沼渣沼液肥，干粪可生产回床垫料等，污水经过深度处理控制 COD 在 400 毫克/升以下后被纳入市政污水处理管网，每年节支增效可达 120 万元。

6. 整县推进"链融体"技术模式

该模式是整县制推进的专业化肥料与能源利用模式，适用于具有一定产业链条基础、粪污治理存在短板的大型养殖龙头企业，且当地政府积极扶持。模式特点是立足畜禽养殖基础，着眼于养殖废弃物处理与资源化，不断向上游和下游延伸产业链条，推动多产业链条的相互融合、相互促进和共同发展，形成种植、饲料、养殖、屠宰、能源环保五大产业相互融合的有机体，即"链融体"模式，实现养殖粪污的外部效应内部化和充分有效资源化。如裕丰京安养殖有限公司，位于河北省衡水市安平县，从年出栏 3 000 头的养猪场起步，发展成为以养殖为主、多业融合的农业产业化国家重点龙头企业，有员工 2 000余人，总资产在 16 亿元。该集团作为第三方专业化处理利用机构，将源头节水、沼气发电、有机肥生产、生物除臭等一批国内外领先技术应用到实际生产中，创建了以污水浓度为收费基础的收集运输体系，取得了"三增三减"（增加沼气、电力、有机肥供应，减少养殖、农林、化学污染排放）的显著成效，为整县制治理过程中农用有机肥的合理布局和运用提供了科学依据。

四、形成多种畜禽废弃物利用工艺

畜禽废弃物利用从原来的单一还田、自我消化模式逐步向肥料化、能源化、基质化和饲料化等多模式转变，这些模式运行需要不同的技术支撑。

1. 形成多种加工处理技术

目前，国内外研制出了多种畜禽粪便加工处理设备，采用的技术主要有以下几种：一是沼气发酵；二是高温烘干；三是固液分离，堆腐晾晒；四是机械搅拌，高温堆肥；五是黑水虻消纳。

（1）沼气发酵　是厌氧发酵，产生的甲烷可用作燃料和发电，沼液可用于农田灌溉，沼渣可作为肥料。但目前多数沼气工程存在投资大，运行效益低，沼液、沼渣再利用率低的情况。因此，沼液、沼渣无法消纳或转运，成为二次污染源。

（2）高温烘干　粪便经 700～900℃ 的高温直接烘干，形成有机肥料。但烘干法耗能大、成本高，高温烘干过程中产生的恶臭气体对大气环境可造成二次污染，肥料未经腐熟遇水后能产生二次发酵。

（3）固液分离，堆腐晾晒　是现代化的固液分离机与传统堆肥的相结合。目前国产分离机返修率高，分离干物低，仅为 20％～30％，分离设备尚需进一步改造和提高。传统堆肥露天堆放，没有防渗措施，日晒雨淋后氮素易挥发和淋洗，不仅肥效降低，而且由于粪便中的液体渗入地下，造成水体 COD 超标，也对环境造成了污染。

（4）机械搅拌，高温堆肥　主要是处理鸡、生猪、羊、牛等的固体粪便，在建有固定的通风发酵池中，定期用机械搅拌，充氧发酵，形成有机肥。该法虽然避免了氮的淋失，但也无法解决粪水无害化处理问题。

（5）黑水虻消纳　主要是在生猪、牛、羊粪便中加入一定的益生菌，防臭的同时为黑水虻提供了饲料原料。黑水虻成蛹后变为鸡饲料，从而达到粪便消纳的目的。此技术的关键是益生菌制剂的配方与使用。虽可以产生循环经济效应，但投资成本也比较大。

2. 开发制肥技术与燃料技术

利用清粪机清出干粪后，排出污水，将粪便和污水分开处理。粪便经深槽好氧发酵，制成有机肥。在发酵过程中可接种有效微生物，促进好氧发酵，经高温无害化处理后制成生物有机肥。通过调节温室内的通风，采用以翻堆与通气相结合的手段，促进畜禽粪便中的好氧生物发酵，以分解各类有机大分子物质。同时，利用发酵生物热能杀灭各种病虫卵，降低水分含量，最后生产出无臭无味的合格有机肥产品。

采用畜禽养殖污水处理设备，将污水加工成净化水，用于畜禽养殖场清洁环境的循环用水。应用此方案处理畜禽粪便生产有机肥，与常规方法相比，粪便处理设备的投资少、占地面积小、粪便处理时间短、省工、省力，处理能力强，其产品肥效好，施用安全，且标准化。由于本项技术具有投资少、粪便处理效率高，集无害化处理、干燥及商品有机肥生产、安全标准肥施用、核心产品、关键处理加工技术、配套设备为一体，因此非常适合规模养殖企业粪便处理与优质商品有机肥生产，具有广阔的推广应用前景。

以产气为主要目的，消化后产生的沼气、沼渣、沼液应进行充分利用，沼气可用于农户采暖、大棚加温保温、养蚕、气调保鲜等；沼渣可用作肥料还田制作营养钵，栽培蘑菇等；沼液可用于浸种、叶面喷洒、水培蔬菜、果园滴灌、养鱼、喂猪等。

第二节　畜禽废弃物处理制约因素

畜禽废弃物处理发展的制约因素突出表现为资源约束、结构约束、技术与装备约束、防治意识与管理标准约束等。

一、资源约束

畜禽养殖生产需要大量的水、土地、饲草等自然资源，我国畜禽养殖生产迅速扩大，模式也以规模化扩张为主，因而造成局部的水、土地、饲草等资源供给不足。

1. 配套土地落实难

"种地的不养猪，养猪的不种地"，现有许多养殖场并没有配套粪污消纳土地。要新上马粪污处理利用设施，往往存在用地难，不能突破 7%的附属设施用地比例、最高不超过 15 亩的面积规定。如宿州市甬桥区为解决粪肥还田"最后一公里"的问题，计划在田间地头配套建设贮粪暂存池、就近就地制造和施用有机肥，但有 10 个乡镇至今无法落实占地仅 300 米²的建池用地。异地集中处理中心等大型项目和规模场粪污利用设施在改造中，更是普遍反映基层用地审批难、程序多，影响整县推进项目的实施进度。

农业用地面积的调整虽然有利于农业的发展和农民收益的提高，但对于畜禽养殖的发展会产生制约作用。养殖产业用地受到严格的限制，例如"三区划分"和"生态红线"制约造成种养产业空间布局错位，导致种养衔接不当、粪肥消纳难、城乡发展差异、地域差异等现象。此外受到用地的限制，为了便于加工、销售和运输，大多数集约化养殖场都建在人口较密集、农田占有量相对较少、交通方便的城市郊区和工矿区，使养殖业与农田利用脱离，废弃物排放随意，大部分未经处理的污水直接排入城市污水管网，造成水体及空气严重污染。

2. 水资源利用存在矛盾

一方面表现为供水和需水间的矛盾。随着经济的发展、人民生活水平的提高、水污染的加重，畜牧养殖业对水质和水量的要求日益提高，而目前所供给的水量和水质都不能满足用水要求，水的供需矛盾日益突出。另一方面表现为季节性干旱造成的水资源短缺的矛盾，在夏秋之交时节常常出现干旱现象，此时不仅农作物生长需要大量的水分供应，而且城乡居民用水量也是最多，人畜争水矛盾明显，尤其是在西北地区缺水现象尤为明显。

未经处理的畜禽养殖场中的污物、粪便经过雨水冲刷后会流入河流，甚至可能渗透进地下水中，使得水中的微生物和有机物含量急剧升高，对生态系统平衡造成影响；不仅如此，畜禽养殖废弃物中的病原进入生物循环系统后，经过食物链传递也会威胁人体健康。而水体中骤然增加的有机物和微生物在分解过程中会消耗水中大量的氧，会使水中生物大量死亡，造成水体富营养化。如果耕地承载量不足，规模养殖场大量的畜禽粪便和废水集中排放，会引起农牧脱节问题，过剩的养分在耕地中下渗进入地下水或周边，会造成水体环境的富营养化污染。更严重的是，畜禽粪便中的重金属、抗生素和有害病菌等污染物，随着灌溉还田进入土壤环境中，增加土壤污染风险。对畜禽养殖粪污有效处理后进行灌溉和施肥，虽然达到了粪污处理与资源综合利用的目的，但也应考虑这种灌溉方式对生态环境的潜在风险。

二、结构约束

1. 产品结构约束

产品结构约束体现在畜产品生产中产生的废弃物是不一样的，一般说来，就 1 千克肉制品而言，废弃物排放量的排序是生猪大于蛋鸡、奶牛。我国居民多喜食猪肉，猪肉消费占全部肉类消费的 60%。就总量而言，生猪的化学需氧量排放量和总氮排放量较大（表 10 - 2），而总磷排放量是蛋鸡大于生猪、奶牛（表 10 - 3）。

表 10 - 2　2015—2019 年不同畜禽养殖业化学需氧量排放量、总氮排放量（万吨）

年份	化学需氧量排放量			总氮排放量		
	生猪	蛋鸡	奶牛	生猪	蛋鸡	奶牛
2015	1 239.39	692.51	374.09	209.96	158.07	92.09
2016	1 200.28	703.05	353.76	203.34	160.48	87.09
2017	1 157.47	706.91	268.01	196.09	161.36	65.98
2018	1 174.90	725.34	257.56	199.04	165.57	63.40
2019	1 139.20	723.47	259.29	193.00	165.14	63.83

资料来源：中国"三农"数据库。

注：化学需氧量排放量、总氮排放量＝各类畜禽粪便产生量×各类畜禽粪便污染物参数（粪便产生量＝饲养量×饲养周期×各类畜禽粪便日排放系数）（张藤丽等，2020）。

表 10 - 3　2015—2019 年畜禽总磷排放量（万吨）

年份	生猪	蛋鸡	奶牛
2015	79.13	87.83	15.18
2016	76.63	89.17	14.36
2017	73.90	89.66	10.88
2018	75.01	92.00	10.45
2019	72.73	91.76	10.52

资料来源：中国"三农"数据库。

注：总磷排放量＝各类畜禽粪便产生量×各类畜禽粪便污染物参数（粪便产生量＝饲养量×饲养周期×各类畜禽粪便日排放系数）（张藤丽等，2020）。

2. 区域结构约束

我国畜禽养殖呈现出区域集中化的态势，西南和西北地区以牛、羊养殖为主；中部和北部地区生猪养殖量逐渐增加，呈现出"南猪北养、东猪西进"的态势；东南沿海地区水资源丰富、稻米资源丰富，是养猪的良好场所，但由于污染治理难度大，因此，该地区生猪养殖量逐年减少，而中部和东北粮食主产区生猪养殖量快速增长。生猪养殖的这一转移现象也被称为"污染避税天堂"。但正是这一现象也使得区域结构不合理，东南沿海的生猪养殖量减少，把污染转移到了中部和东北地区。

关于污染的区域转移问题，可参见本书第四章第一节的聚类分析。

3. 数量与质量矛盾约束

在畜牧业生产过程中，还存在着数量与质量的结构矛盾。一方面，生猪稳产保供是主要发展方向，稳产保供已经成为市长"菜篮子"工程，也已上升到省负总责的高度；另一方面，生猪养殖也需要高质量发展，实现高品质、高效率、高效益和绿色化。虽然本质上量与质并不是冲突的，但当前及今后一定时期内追求数量需要允许一部分中小规模的养殖户存在，客观上拉低了总体发展质量。

三、技术与人才约束

1. 技术约束

（1）创新性技术少 我国农业废弃物资源化利用创新性技术少，有自己知识产权的技术和有很好适应性能以及推广价值的技术更少，转化产品品种单一、质量差、利用率低。一些成熟技术却无法实现产业链的延伸和配套技术间的兼容，农业废弃物肥料化或者饲料化处理技术实施以后就成为整个技术的终端。高效的机械设备与生物技术无法有机结合，工艺和工程技术得不到升级，设备水平得不到提高，不能有效地转化农业废弃物，难以实现资源化利用。

（2）机械化手段低 缺乏畜禽养殖废弃物利用的机械化手段。近年我国农业的规模化经营发展迅速，耕种收综合机械化水平达到56%以上，大田作物已基本实现机械化，机械化播种施肥已经成为农业生产不可缺少的作业方式。但机械化施肥主要针对化肥，不具备针对原始有机肥的机械化手段，致使有机肥虽好却无法被施进田里。

2. 人才约束

资源化利用模式一直在探索。人才培养与现实生产生活联系得不够紧密，没有充分认识到实践经验才是创新应用的根本。技术指导人员素质不到位，导致部分设施不达标，配建设施与养殖规模不匹配，指导服务的质量差距很大。畜牧兽医站职工存在着技术指导不到位等问题，重专业、轻学习，对粪污处理设施配建、污染治理建设相关技术不掌握、不明白。设施配建初期没有执行的标准，指导起来随意性很大。基层人员的数量和本单位的工作量极不匹配。

四、防治意识与管理标准约束

1. 中小规模养殖户污染防治意识不足

虽然现阶段中国养殖业发展正从中小规模养殖户向规模养殖、集约化养殖转变，但是养殖从业者的文化水平、技术能力及环保意识欠缺仍然没有得到根本性转变，对养殖废弃物资源属性和利用潜力并没有概念，重视程度不够，导致养殖废弃物被随意丢弃，不仅浪费了资源还污染了环境。

2. 处理污染成本高使得处理动力不足

每吨污水处理成本要 8～12 元（年出栏 500 头的规模猪场污水处理成本需要 1 万元），养 5 头猪就需要 1 亩多地来消纳粪污，导致部分养殖场投资治污设施设备的主动性不高，往往将粪污直接还田，甚至出现偷排乱排现象。虽然大部分养殖场修建了堆粪场，但是与要求有一定差距；养殖企业自身管理不到位，环保法律意识淡薄，虽然设施齐全，但照样外排粪污；或粪污处理设施配建不健全，过于简陋，很难发挥作用。

3. 监测标准不够完善

不同部门之间管理标准不一，国务院及其职能部门、农业农村部、国家发展和改革委员会等部门都对畜禽养殖废弃物污染提出了相关数据指标，各方政策的侧重点不同，达标数值要求也不同。采用不同工艺处理的有机肥养分含量不一，缺乏一套行之有效的标准，影响了有机肥的推广使用。

4. 监管体系不健全

现有的畜禽养殖废弃物资源化利用重点聚焦在畜牧业生产大县和规模养殖场，但我国中小规模养殖场基数庞大，没有合适的政策对他们加以规范和约束，也没有将他们纳入监管体系，导致其粪污治理陷入困境。一是缺乏现代化的监管手段，执法监管不严不细，存在"重工轻农、重规模轻散小"现象；二是畜禽养殖分布点多面广，基层镇（街）环保队伍力量薄弱，污染防治监管难度较大；三是政府各部门尚未形成最大监管合力；四是标准体系不够完善，不够系统全面，使得各地农业废弃物资源综合利用的技术水平和目标要求不明确，没有形成统一的思想，无法有效推动农业废弃物资源综合利用的步伐。

第三节　废弃物处理战略举措

畜禽养殖废弃物处理战略举措在于以降低废弃物处理成本或提升资源化利用效益为目标，以工程建设、技术升级和政策支持为手段，建立有机肥标准，推进种养结合循环发展，加快全过程技术升级。为此，在战略举措上，实施投入品减量化工程、病死畜禽无害化处理工程、资源化利用工程、智能化工程，实施饲料改良升级、循环利用技术升级、洁净技术升级、节水节能技术升级、粪污资源化利用技术升级等计划，强化土地、资金、环保等政策对废弃物资源化利用的引导与支持。

一、工程措施

1. 投入品减量化建设项目

（1）饲料开发利用项目　发展微生物农业、开发和利用与人类不争口粮的非常规饲料以替代常规饲料，是世界饲料的发展趋势之一。非常规饲料资源多而杂，其开发利用需要一个较长的过程，需要政府的长期大力支持。因而，建议继续实施粮改饲工程，发展青贮饲料、发酵饲料，提高饲料转化率。

（2）兽用抗菌药减量化项目　在前期农业农村部开展兽用抗菌药减量化试点行动的基础上，总结兽用抗菌药使用减量化的不同模式，在规模养殖场全面推广兽用抗菌药减量化；加强饲料加工中抗菌药添加的监管工作，减少抗菌类药物饲料添加剂的使用，切实实现兽用抗菌药使用量"零增长"的目的。

（3）养殖节水项目　积极发展畜禽养殖业节水技术，重点发展集约化节水型技术和家畜集中供水系统改造和综合利用。加大环保畜禽舍室改造技术和节水型降温技术推广，提高畜禽养殖用水效率。

2. 病死畜禽无害化处理建设项目

加强病死畜禽无害化处理工作，全面提升无害化处理的工作效率，保障生态环境安全和食品安全，加强动物疫病防控，促进畜禽养殖绿色发展。积极推动落实无害化处理属地管理责任，切实解决无害化处理企业面临的困难和问题。督促养殖场和专业无害化处理场落实生产经营者主体责任，严格管理病死畜禽的收集和处理工作，提高生物安全防控水平。健全完善以集中处理为主、自行分散处理为补充的处理体系，逐步提高专业无害化处理的覆盖率，提高处理能力和开工率。加强无害化处理监管，创新监管方式，推动实施病死畜禽无害化处理信息化监管，完善病死畜禽无害化处理与保险联动机制。加强养殖环节病死畜禽无害化处理补助资金保障力度，注重宣传培训，落实补助政策，施行动态监管。一是在畜禽养殖密集区域建设无害化处理厂，根据处理能力，科学测算辐射范围，配套建设无害化处理收集体系，对区域内的病死畜禽及其产品集中进行无害化处理。二是以企业为主导，建立健全政府扶持、保险联动的病死畜禽无害化处理设施建设机制。鼓励规模养殖场、养殖小区、养殖专业合作社，通过自建或联建等方式，建设与生产规模相适应的无害化处理设施。三是改造完善屠宰加工企业、公路动物防疫监督检查站无害化处理设施。

3. 畜禽粪污综合处理利用设施建设项目

参照《环境保护法》和《动物防疫法》，合理规划畜禽养殖场选址和舍室建造，推行标准化饲养模式，大力引导畜牧业生产由传统的生产方式向工厂化、规模化方向转变，合理配置畜禽饲养密度，降低生产成本，不断提高畜禽养殖生产效益和集约化生产水平。继续支持规模化养殖粪污治理设施建设，并组织开展设施装备配套建设情况核查，推进畜禽粪污资源化处理利用。健全畜禽粪污处理利用标准体系，鼓励发展收纳运输社会化服务组织，研究粪肥施用农田激励政策。支持大规模养殖场进行标准化建设，重点配套完善粪污综合处理利用设施，推广废弃物、清洁能源、有机肥料绿色有机结合的技术路线，确保有效处理畜禽粪污。

4. 实施智能化升级改造建设项目

加强集约化生态畜禽养殖科技的研究与普及工作，不断提高集约化生态畜禽养殖的科技水平。充分利用企业的运行机制组织生态畜禽养殖集约化生产并于与环境保护相结合，精心核算投入产出、劳动消耗、物质消耗和经营效果，降低成本，取得生态和经济效益双丰收，使畜禽养殖走上可持续发展的道路（前文已述，见第九章）。

5. 实施种养结合示范化建设项目

前文已述，见第九章。

二、技术措施

1. 发展绿色生态饲料生产技术

大力开展生物技术利用研究，开发生态饲料，注重提高饲料利用率和转化率，从畜禽养殖源头入手，减少粪污排泄量和降低处理成本。生态饲料又名环保饲料，它是指围绕解决畜产品公害和减轻畜禽粪便对环境污染等问题，从饲料原料选择、配方设计、加工、饲喂等过程，实施严格质量控制和动物营养系统调控，以改变、控制可能发生的畜产品公害和环境污染，使饲料达到低成本、高效益、低污染的效果。常见的生态饲料有多种，主要有饲料原料型生态饲料、微生态型生态饲料和综合型生态饲料。开发生态饲料的重点在于对生态饲料添加剂和生态饲料配制技术的开发与利用。前者是配制生态饲料的核心，需从酶制剂、微生态制剂、有机微量元素等方面入手，研究和开发具有明显效果的物质配方。后者的重点则是准确估计动物的营养需要量和所用原料的消化率，通过改进饲料的加工工艺以充分提高饲料中养分的消化和利用效率，从而改善饲料的卫生状况，减轻对环境的污染，并最终有利于动物生产。

2. 发展资源高效转化和循环利用技术

根据生态经济学理论，结合动物生产系统的实际情况，从生态畜牧业发展模式出发，实现资源的多层利用和高效转化，从而提高资源的利用效率，减少废弃物的生产，形成优化的高功能、高效益的动物转化体系和循环经济体系。主要包括以下几个方面：一是加强畜禽良种繁育和推广工作；二是推广普及饲料配方技术；三是推广和普及标准化养殖技术。

开发和推广畜牧业资源循环利用技术，一是指农业废弃资源的利用技术，把农作物秸秆等被当作废弃物的农业资源变废为宝，研究开发农业废弃资源的利用循环经济体系，创收经济、生态双效益。二是指畜禽粪便的再生利用技术，提高畜禽粪便废弃物的利用率。

3. 研用高效洁净生产技术

加快利用畜禽粪便和（或）堆肥热解生产生物原油或催化气化、转化富氢混合气体开发，加快利用养殖污水和畜禽粪便堆肥养殖微藻及其微藻新用途开发。加强畜禽粪便中抗生素残留的生态毒性、环境归趋以及有效去除技术开发；加强研究堆肥过程高致病性细菌、病毒包括朊病毒的杀灭技术开发。实施严格的环境控制措施，重点加强洁净畜牧业技术体系的推广和普及工作。针对畜牧业生产中大量环保意识弱的散养户，一是推广普及兽医消毒防疫技术和畜禽粪污处理技术，以减少污染、净化生活环境；二是推广标准化饲养技术，进而利于畜禽饲养管理和粪污的集中处理；三是按照"物质循环，能量转换"的原理，在农村推行以种植、畜牧业生产、沼气工程有机结合的生态畜牧业模式；四是大力推广粪污生物处理技术体系，采用机械装置处理养殖场中的粪便，制作成有机肥或饲料循环利用，促进生态环境良性循环。

4. 发展节约高效的畜禽养殖节水技术

制定养殖用水规范，改无限制用水为控制用水，规定不同畜种、单位畜禽养殖量用水配额，从制度上建立梯度水价，防止养殖企业出现水资源浪费。科学设计规模和工艺相匹配的畜禽饮水系统，逐步淘汰效率低的水槽长流供水模式，逐步引进供水保证率高的自动给水设备。推广深度处理、消毒分质供水和多级利用养殖废水的循环利用技术，推广养殖废水厌氧处理后的再利用、圈舍冲洗等循环利用技术。

5. 发展投入品减排使用技术

饲料和兽药是养殖的主要投入品，应严格监控和系统调控饲料原料选购及添加剂配入、饲料配方、饲料加工等全过程，最大限度地提高畜禽的生产性能和减少畜牧业生产带来的环境污染，促进畜牧业的可持续绿色发展：一是减少单位动物饲料用量，提高动物生产性能，降低粪尿排泄量；二是实施精细化饲养管理，提高饲料利用率，减少粪便养分排泄；三是合理添加合成氨基酸和酶制剂配制低氮低磷日粮，降低配合饲料中粗蛋白质和磷的水平；四是使用低铜、锌日粮，减少重金属对环境的污染；五是用对宿主有益的微生物或其制剂，发挥肠道减排作用，促进营养物质充分消化、吸收。

6. 发展粪污资源化利用技术

构建"政技用产学研"六位一体畜禽粪污资源化利用技术支撑体系，合力快速推进工作。行政部门的支持包括政策性支持和引导性支持两个维度，可直接推进粪污资源化利用工作，也可为技术推广部门提供管理、资金及政策上的支持。畜牧总站作为畜牧技术推广部门，有较雄厚的技术力量和技术推广经验，是技术支撑、具体协调、方案落实的主体，是"政技用产学研"六位一体技术支撑体系的组织核心，特别是在协调科研院所（科技公司）与养殖企业建立连接、实现技术迅速转化中会起关键作用。满足用户或市场需求是粪污资源化利用工作的最终目的和源动力，养殖企业是这一体系中的技术应用主体。在粪污资源化利用工作中既是生产者，同时也是用户。迫于环保压力，他们有对粪污处理的需求，也有对有机肥、沼气等产品的使用需求。专业院校有较雄厚的技术和教学力量，既能研发技术，也能发挥人才培养优势。科研院所（包括科技公司）是技术支撑体系的技术来源，是技术创新的基础。其构建是以市场为导向、养殖企业为主体、科研院所为技术来源，充分发挥院校人才培养功能，确立技术推广部门组织核心地位，突显政府部门的统一支持引导作用。作为组织核心，畜牧技术推广部门对上要为政府部门当好高参，引起重视，并认真组织实施；对下要善于了解养殖企业所需，增强服务功能；横向拓宽科技渠道，把产学研有机联系到一起，形成链条式技术服务模式，获得优势互补，效应叠加。

三、政策建议

1. 强化畜禽养殖功能分区和生产力区划布局

区域化能突出区域性和产品重点，发挥区域比较优势，调整与市场流通、市场格局及加工布局相适应的生产布局，合理配置资源，发挥资源优势，提高资源利用效率和效益。目前，我国畜禽养殖逐渐向优势产区集中，区域化生产格局逐步形成。发展生态畜牧业，就要依托目前已经形成的畜牧业优势产业带，根据各产业带的资源特点，进行合理规划和布局，将畜禽养殖的发展规模和区域性生态环境以及现代化程度综合起来考虑，形成各具特色的生态畜产品集中生产区，加速我国生态畜禽养殖的区域化进程。

2. 构建畜禽养殖生态循环系统

首先，保障粪污处理利用设施用地，实现畜禽粪便的减量化、无害化、资源化。其次积极探索"以地定养、以养肥地、种养平衡"的农牧循环机制，在畜禽养殖密集区、畜禽养殖场、果菜种植业基地，培育"畜—粪肥—林（粮、果菜）"种养对接良性循环经济模式。种植养殖通过流转土地一体运作、建立合作社联动运作及签订粪污产用合同、订单运作等方式，直接用于农作物生产，维护畜禽健康养殖、减少化肥使用量、提高土壤肥力，实现生态效益、经济效益的双丰收。①在规模养殖场周围发展与养殖规模相匹配的农田、林地、果园和菜园等消纳地，就近吸纳畜禽养殖所产生的沼液、干粪和发酵产生的有机肥等。种植企业和有机肥生产企业与养殖企业密切结合，相互依托，专业生产可再生能源，将养殖场中产生的粪便、废水统一收集，通过政府与企业联动建设大型沼气工程，经高浓度厌氧发酵后产生的沼气可就近用于农户发电、企业自用或者制备生物天然气；沼渣经有机肥生产企业加工制作有机肥后施于配套农田；沼液则可以再进行深度处理进行达标排放或用于农田。②集中收集、无害化处理后异地利用。养殖场之间加强合作，通过微生物发酵反应器的方式将固体养殖废弃物制作成有机肥。这种模式需要养殖场加大投资成本，进行技术创新，与有机肥生产企业建立长期合作关系，而有机肥生产企业则需要较为稳定地向目标客户进行销售。

3. 加大对生态畜牧业发展的财政支持力度

（1）建立健全畜牧业补贴机制和相关政策　首先，要加强畜禽养殖发展财政支持的政策研究，加快畜禽养殖财政支持的相关立法建设，明确畜禽养殖财政的支持方向、支持力度、支持目标以及支持方式，并制定科学的预算程序，增强预算透明度，为加强生态畜牧业财政支持奠定坚实的法律制度基础。其次，要建立和完善生态畜牧业的税收优惠政策、金融倾斜政策和财政补贴政策体系，减免畜牧业生产企业的税收，拓宽畜牧业的融资渠道，加大对畜牧业的资金投入。最后，要确定畜牧业财政支持的重点和方向，明确畜牧业财政支持的产品目标、地区目标和政策目标，重点支持优势畜产品和优势产业带的发展。

（2）完善对农牧民的收入补偿制度　对从事有利于保护环境的生态畜牧业生产者进行收入补贴，以保证他们的经济效益和生产积极性。目前，要逐步建立和完善针对为环境保护做出牺牲的农牧民的收入补偿制度，提高补贴规模和补贴标准，建立畜牧业补偿机制，有效弥补农牧民因保护生态环境而损失的收入。如对利用农作物秸秆等废弃物进行畜牧业生产和对畜牧业污染采取无害化处理的农牧民提供补贴，补偿他们在畜禽养殖中增加的投入。

（3）完善对畜牧业可持续发展的财政支持方式　根据不同畜产品的特点和国际贸易形势，采取多种财政投入支持形式，逐步建立相互配套的支持体系。一是针对生态畜产品的投入比传统畜产品大的情况，可以采取建立最低收购价政策等直接价格补贴方式，稳定生态畜牧业的发展；二是建立针对畜产品出口的补贴政策，如对建设畜产品出口基地进行补贴，建立畜产品出口促进基金，发展畜产品出口信贷等，帮助企业开拓畜产品国际市场；三是建立和健全畜牧业保险机制，加快研究和探索适合我国不同地区、不同畜产品的政策保险模式，减轻畜牧业生产风险和销售风险，为畜牧业的可持续发展保驾护航。

（4）加快建立企业投入为主、政府适当支持、社会资本积极参与的畜禽养殖废弃物资源化利用市场机制　积极给予财政支持，组织开展政策落实情况调研督导，重点是用地用电、有机肥生产、沼气发电、农机环保装备补贴等政策。加快研究有机肥、沼气支持政策，推动终端产品加快商品化、市场化，鼓励通过政府与社会资本合作等方式，创新畜禽养殖废弃物资源化利用设施建设和运营模式，力争有实质性进展。进一步实施项目牵动，建立项目定期调度和通报制度，加强项目实施监管调度。

4. 建立畜牧业生态环境保护的激励制度

建立完整的畜禽养殖业污染防治体系，还需充分发挥市场作用，调动社会组织、农场主、养殖户及废弃物加工第三方的积极性，达到环境效益与经济效益双赢的目的。

制度是否阻碍经济发展，关键取决于制度使报酬和努力联系在一起的程度，在《中华人民共和国环境保护法》中主要集中体现在资源权属制度的设置。在遵循正确处理国家、集体和个人三者之间利益关系的基础上，需要在保障国家和集体利益的同时给予相关市场主体积极从事畜牧业生产并保护畜牧业生态环境的制度激励，即将相关市场主体从事畜牧业生产和保护生态环境的努力与其利益获得相挂钩。探索允许个人享有的资源权益进入资源市场流转的激励制度；探索把节约利用农业资源、保护产地环境、提升生态服务功能等内容纳入农业人才培养范畴，培养一批具有绿色发展理念、掌握绿色生产技术技能的农业人才和新型职业农民。积极培育新型农业经营主体，鼓励其率先开展绿色生产。

5. 完善绿色发展的标准体系

清理、废止与畜禽养殖绿色发展不适应的标准和行业规范。制定或修订与农兽药残留、畜禽屠宰、饲料卫生安全、冷链物流、畜禽粪污资源化利用、水产养殖尾水排放等国家标准和行业标准。强化农产品质量安全认证机构监管和认证过程管控。改革无公害农产品认证制度，加快建立统一的绿色农产品市场准入标准，提升绿色食品、有机农产品、地理标志农产品等认证的公信力和权威性。实施畜牧业绿色品牌战略，培育具有区域优势特色和国际竞争力的畜产品区域公用品牌、企业品牌和产品品牌。加强农产品质量安全全程监管，健全与市场准入相衔接的食用农产品合格证制度，依托现有资源建立国家农产品质量安全追溯管理平台，加快农产品质量安全追溯体系建设。积极参与国际标准的制定和修订，推进农产品认证结果互认。

后 记

│*Postscript*│

本书系河南省哲学社会科学规划项目"数字赋能河南生猪产业生态化发展的模式研究"（2022BJJ053）、教育部科技委战略研究项目"数字赋能中国畜牧业高质量发展的战略研究"（2021-29）、中国工程院重点咨询研究项目"中国畜牧业绿色发展战略研究"（2020-XZ-19）、中国工程科技发展战略河南研究院战略咨询研究项目"新发展格局下确保粮食安全的生产扶持政策战略研究"（2021HENZDA04）的阶段性成果。

在本书的资料收集整理过程中，得到了社会各界的大力支持和帮助，借本书出版之际，感谢河南农业大学畜牧经济管理管理与乡村振兴创新团队及以上课题组全体成员的无私支持和辛苦工作；感谢接受实地调研的河南省漯河市、平顶山市、社旗县、方城县、新野县，江苏省响水县，浙江省金华市等相关职能部门有关领导和企业负责人；感谢接受问卷调研、典型调研和参加座谈会的所有养殖户或负责人；感谢所有接受访谈，并给予很好意见和建议的专家学者们；感谢河南省农业农村厅、湖北省农业农村厅、湖南省农业农村厅、江西省农业农村厅等有关单位领导的帮助和支持。正是在他们的帮助和配合下，才能顺利得到研究所需数据和资料，才使得本书内容不断完善。

最后，衷心感谢"中国畜牧业绿色发展战略研究"（2020-XZ-19）、"新发展格局下确保粮食安全的生产扶持政策战略研究"（2021HENZDA04）项目经费的资助。

著　者

2022 年 9 月

图书在版编目（CIP）数据

我国畜禽养殖绿色发展战略研究 / 何泽军，贾云飞
著 . —北京：中国农业出版社，2023.8
　　ISBN 978-7-109-30790-2

　　Ⅰ . ①我…　Ⅱ . ①何…　②贾…　Ⅲ . ①畜禽－养殖业
－经济发展战略－研究－中国　Ⅳ . ①F326.33

中国国家版本馆 CIP 数据核字（2023）第 103619 号

中国农业出版社出版
地址：北京市朝阳区麦子店街 18 号楼
邮编：100125
责任编辑：周晓艳
版式设计：王　晨　责任校对：吴丽婷
印刷：北京通州皇家印刷厂
版次：2023 年 8 月第 1 版
印次：2023 年 8 月北京第 1 次印刷
发行：新华书店北京发行所
开本：720mm×960mm　1/16
印张：13.5
字数：250 千字
定价：50.00 元